DR. RAINER PETERS

# DER BEGINN DER LIEGEZEIT

# ÜBERSEE-STUDIEN

ZUM HANDELS-, SCHIFFAHRTS- UND VERSICHERUNGSRECHT

Herausgegeben von
Prof. Dr. HANS MÖLLER

und

Prof. Dr. HANS WÜRDINGER

in Hamburg

HEFT 32

# Der Beginn der Liegezeit nach See- und Binnenschiffahrtsrecht unter Berücksichtigung gebräuchlicher Charterformulare

Von

DR. RAINER PETERS

Rechtsanwalt in Hamburg

Berlin 1964

WALTER DE GRUYTER & CO.

vorm. G. J. Göschen'sche Verlagshandlung / J. Guttentag, Verlagsbuchhandlung / Georg Reimer / Karl J. Trübner / Veit & Comp.

**Archiv-Nr. 2733641**

Satz und Druck: Saladruck, Berlin 65

# INHALTSVERZEICHNIS

# LITERATURVERZEICHNIS

## A. DEUTSCHE LITERATUR ZUM SEERECHT


| | |
|---|---|
| Abraham | Abraham, Das Seerecht. Grundriß 1956. |
| Boyens I | Lewis-Boyens, Das Deutsche Seerecht, 1. Band, 1897. |
| Boyens | Lewis-Boyens, Das Deutsche Seerecht, 2. Band, 1901. |
| Capelle | Capelle, Die Frachtcharter in rechtsvergleichender Darstellung (Übersee-Studien Heft 17), 1940. |
| Endemann | Handbuch des Deutschen Handels-, See- und Wechselrechts, herausgegeben von Endemann. Vierter Band, Erste Abteilung, Das Seerecht von Lewis. |
| Lewis | Lewis, Das Deutsche Seerecht, Kommentar, 2. Auflage, 1. Band. |
| Pappenheim | Pappenheim, Handbuch des Seerechts, 3. Band, 1918. |
| Schaps | Das deutsche Seerecht, Kommentar von Schaps, Mittelstein, Sebba, 2. Auflage, 1. Band. |
| Schlegelberger | Schlegelberger-Liesecke, Seehandelsrecht, 1959. |
| Sieveking | Sieveking, Das deutsche Seerecht, 1907. |
| Wüstendörfer | Wüstendörfer, Neuzeitliches Seehandelsrecht, 2. Auflage. |


## B. DEUTSCHE LITERATUR ZUM BINNENSCHIFFAHRTSRECHT


| | |
|---|---|
| Förtsch | Förtsch, Die Reichsgesetze, betreffend die privatrechtlichen Verhältnisse der Binnenschiffahrt und der Flößerei, 2. Auflage. |
| Landgraf | Landgraf, Reichsgesetze, betreffend die privatrechtlichen Verhältnisse der Binnenschiffahrt und der Flößerei, 1896. |
| Mittelstein | Mittelstein, Deutsches Binnenschiffahrtsrecht, I. Band, 2. Auflage. |
| Mittelstein Handbuch | Mittelstein, Binnenschiffahrtsrecht in Ehrenbergs Handbuch des gesamten Handelsrechts (7. Band, 1. Abteilung, 4. Teil, 1. Buch). |
| Vortisch | Vortisch-Zschucke, Binnenschiffahrts- und Flößereirecht, Erläuterungswerk, 2. Auflage. |
| Goldmann | Goldmann, Das Reichsgesetz, betreffend die privatrechtlichen Verhältnisse der Binnenschiffahrt, Berlin 1896. |

| | |
|---|---|
| Makower | Makower-Loewe, Gesetze, betreffend die privatrechtlichen Verhältnisse der Binnenschiffahrt und der Flößerei, 4. Auflage. |


## C. LITERATUR ZUM BÜRGERLICHEN GESETZBUCH


| | |
|---|---|
| Enneccerus-Lehmann | Enneccerus, Recht der Schuldverhältnisse, 15. Bearbeitung von Lehmann. |
| Enneccerus-Nipperdey | Enneccerus, Allgemeiner Teil des Bürgerlichen Rechts, 15. Auflage von Nipperdey. |
| Erman | Erman, Handkommentar zum BGB, 2. Auflage. |
| Palandt | Palandt, BGB-Kommentar, 19. Auflage. |
| Staudinger | J. v. Staudingers Kommentar zum Bürgerlichen Gesetzbuch mit Einführungsgesetz und Nebengesetzen, 1. Band, Allgemeiner Teil, 11. Auflage; 2. Band, Recht der Schuldverhältnisse, I. Teil, 9. Auflage. |


## D. DISSERTATIONEN


| | |
|---|---|
| Bouvain | Bouvain, Das Liegegeld und seine Voraussetzungen nach dem Reichsgesetz, betreffend die privatrechtlichen Verhältnisse der Binnenschiffahrt, vom 15. Juni 1895, Dissertation Leipzig 1913. |
| Hesper | Hesper, Die rechtliche Bedeutung des Streiks bei Berechnung der Löschzeit in der Binnenschiffahrt (§ 48 BSchG), Dissertation Köln 1930. |
| Mittag | Mittag, Das Liegegeld, Dissertation Hamburg 1935. |
| Warneken | Warneken, Lade- und Löschfristen im Seerecht, Dissertation Erlangen 1908. |


## E. AUSLÄNDISCHE LITERATUR ZUM SEERECHT


| | |
|---|---|
| Carver | Carver, Carriage of Goods by Sea, 10th edition by Colinvaux, 1957. |
| Rordam | Rordam, Treatises on The Baltcon-Charterparty, 1954. |
| Scrutton | Scrutton, Charterparties and Bills of Lading, 16th edition by McNair and Mocatta, 1955. |
| Tiberg | Tiberg, The Law of Demurrage, Uppsala 1960. |


## F. ZEITSCHRIFTEN, SAMMLUNGEN U. Ä.


| | |
|---|---|
| BB | Der Betriebs-Berater. |
| Begründung | Begründung zu dem Entwurf eines Gesetzes, betreffend die privatrechtlichen Verhältnisse der Binnenschiffahrt. |
| BGHZ | Entscheidungen des Bundesgerichtshofes in Zivilsachen. |
| Hansa | Hansa, Zeitschrift für Schiffahrt - Schiffbau - Hafen. |

| | |
|---|---|
| HGZ | Hanseatische Gerichtszeitung (früher Hamburgische Handelsgerichts-Zeitung) Hauptblatt. |
| HRGZ | Hanseatische Rechts- und Gerichts-Zeitschrift, Abteilung B. |
| HRGZ A | Hanseatische Rechts- und Gerichts-Zeitschrift, Abteilung A. |
| HRZ | Hanseatische Rechts-Zeitschrift. |
| JW | Juristische Wochenschrift. |
| LZ | Leipziger Zeitschrift für Deutsches Recht. |
| MDR | Monatsschrift für Deutsches Recht. |
| NJW | Neue Juristische Wochenschrift. |
| Protokolle | Protokolle der Kommission zur Berathung eines allgemeinen deutschen Handelsgesetzbuches, herausgegeben von Lutz, Würzburg 1858 ff. |
| RG Bolze | Bolze, Die Praxis des Reichsgerichts in Civilsachen. |
| RGZ | Entscheidungen des Reichsgerichts in Zivilsachen. |
| Rspr. | Die Rechtsprechung der Oberlandesgerichte auf dem Gebiete des Civilrechts, herausg. von Mugdan und Falkmann. |
| ROHG | Entscheidungen des Reichs-Oberhandelsgerichts. |
| Seuff. A. | Seufferts Archiv für Entscheidungen der obersten Gerichte in den deutschen Staaten. |
| Soergel | Rechtsprechung zum gesamten Zivil-, Handels- und Prozeßrecht des Reiches und der Bundesstaaten, herausgegeben von Soergel. |
| Ullrich<br>Seebohm<br>Hermann-Hirsch | Sammlung von seerechtlichen Erkenntnissen des Handelsgerichts zu Hamburg nebst den Entscheidungen der höheren Instanzen, herausgegeben von Ullrich, Hamburg 1858 und 1861,<br>herausgegeben von Seebohm, Hamburg 1866,<br>herausgegeben von Hermann und Hirsch, Hamburg 1871. |

## CHARTERFORMULARE I

Chamber of Shipping of the United Kingdom — Documentary Committee.
The Baltic and International Maritime Conference — Documentary Council

### FORMS OF APPROVED DOCUMENTS 1957

Chamber of Shipping Welsh Coal Charter, 1896 (i. d. F. v. 1. 1. 1950).

Chamber of Shipping East Coast Coal Charter-Party, 1922 (i. d. F. v. 28. 7. 1950) (MEDCON).

Chamber of Shipping Coasting Coal Charter-Party, 1920 (i. d. F. v. 1. 1. 1950) (COASTCON).

Chamber of Shipping Coasting Coal Charter-Party, 1913 (i. d. F. v. 1. 1. 1950) (WELCON).

The Baltic and White Sea Conference Coal Charter, 1921 (i. d. F. v. 1. 1. 1950) (BALTCON).

Chamber of Shipping Coasting Charter-Party, 1921, for Mersey District Ports (i. d. F. v. 1. 1. 1950) (MERSEYCON).

The Baltic and International Maritime Conference Polish Coal Charter 1950 (POLCON).

The Baltic and International Maritime Conference Continental Coal Charter 1945 (CONTCOAL).

The Baltic and International Maritime Conference German Coal Charter 1957 (GERMANCON-NORTH).

Chamber of Shipping Baltic Wood Charter 1926 (i. d. F. v. 28. 7. 1950) (BALTWOOD).

Chamber of Shipping White Sea Wood Charter 1933 (i. d. F. v. 28. 7. 1950) (RUSSWOOD).

Chamber of Shipping Pitch Pine Charter, 1906 (i. d. F. v. 1. 1. 1950) (PIX-PINUS).

Chamber of Shipping Pitwood Charter (France to Bristol Channel Ports) 1924 (i. d. F. v. 28. 7. 1950) (PITWOODCON).

The Baltic and International Maritime Conference Prop and Pulpwood Charter 1937 (PROPCON).

The Baltic and International Maritime Conference Woodcharter 1937 (CONT-WOOD).

Baltic Pulp and Paper Charter (from Finland to U. K. and Continent) (i. d. F. v. 1949) (BALTPULP).

Chamber of Shipping Baltic Wood Charter Party 1956 (i. d. F. v. 1. 2. 1956) (NUBALTWOOD).

Chamber of Shipping Black Sea Berth Contract (i. d. F. v. 1931) (RUSSCON).

Chamber of Shipping River Plate Charter-Party, 1914, (Homewards) (i. d. F. v. 1. 1. 1950) (CENTROCON).

Chamber of Shipping Australian Grain Charter, 1928 (i. d. F. v. 28. 7. 1950) (AUSTRAL).

Australian Grain Charter, 1956 (AUSTWHEAT).

Chamber of Shipping Stone Charter-Party, 1920 (i. d. F. v. 1. 1. 1950) (PANSTONE).

Chamber of Shipping Mediterranean Ore Charter, 1921 (i. d. F. v. 28. 7. 1950) (MEDITORE).

Chamber of Shipping Mediterranean Ore Charter, 1922 (i. d. F. v. 28. 7. 1950) (NECORE).

The Baltic and International Maritime Conference Ore Charter 1950 (ORECON).

Chamber of Shipping Cement Charter-Party, 1922 (i. d. F. v. 1. 1. 1950) (CEMENCO).

The Baltic and White Sea Conference Uniform General Charter, as revised 1922 (GENCON).

Chamber of Shipping General Home Trade Charter, 1928 (i. d. F. v. 1. 1. 1950) (BRITCONT).

The Baltic and International Maritime Conference Scandinavian Voyage Charter 1956 (SCANCON).

Chamber of Shipping Fertilisers Charter, 1942 (i. d. F. v. 28. 7. 1950) (FERTICON).

The Baltic and White Sea Conference Phosphate Charter 1914 (PHOSCON).

Norsk Hydro-Elektrisk Kvælstofaktieselskab Charter-Party (i. d. F. von Januar 1950) (HYDROCHARTER).

The Baltic and International Maritime Conference Groundnut Charter, 1937 (i. d. F. v. 1. 1. 1950) (ARACON).

The Baltic and International Maritime Conference Salt Charter 1947 (i. d. F. v. 1. 1. 1950) (SALTCON).

The Baltic and White Sea Conference Fruit Charter, 1926 (SPANFRUCON).

---

Chamber of Shipping Wood Charter (Scandinavia and Finland) to the United Kingdom, 1924 (SCANFIN).

Chamber of Shipping Coal and Pitch Master Charterparty 1957 (ATICOL).

## CHARTERFORMULARE II

| | |
|---|---|
| AFRICAN-PHOS | Phosphate Charter-Party 1950. |
| American. Welsh Coal | Americanized Welsh Coal Charter 1953. |
| Baltimore | Approved Baltimore Berth Grain Charter Party Steamer. Form C. Adopted 1913. |
| Herrings | Charter-Party — Herrings. |
| IRON ORE (7) | C (Ore) 7. Mediterranean. Iron Ore. Charter Party. |
| IRON ORE (8) | C (Ore) 8. Bay of Biscay Ports. Iron Ore. Charter Party. |
| NEW-BELWOOD | New Belgian Wood Charter. |
| SYN-ACOMEX | Grain Continent Charter Party. Adopted Paris 1957. |

---

| | |
|---|---|
| DEUTAL | Allgemeiner Frachtvertrag für Dampfer. III. Ausgabe. März 1918. |
| DEUT-ERZNEU | Frachtvertrag für Erzladungen von Skandinavien. Juni 1922. |
| DEUT-GENCON | Allgemeiner Einheits-Frachtvertrag. Ausgabe April 1940. |
| DEUT-HOLZ | Holz-Frachtvertrag für Dampfer nach den Niederlanden. 2. Ausgabe. Juni 1918. |
| DEUT-HOLZNEU | Holz-Frachtvertrag. Ausgabe Mai 1940. |
| DEUTKÜST | Frachtvertrag des Verbandes Deutscher Küstenschiffer. |
| KALI-CHARTER | Frachtvertrag. Kali-Transport Gesellschaft. Nordische Länder. 1939. |
| PAPIER-HOLZ-CHARTER | Papierholz-Frachtvertrag der deutschen Zellstoff-, Papier- und Holzstoff-Industrie. 2. Ausgabe. Februar 1930. |

## § 1. Einleitung

I. Bei der Verfrachtung eines Schiffes im ganzen wird dem Befrachter (Charterer) eine gewisse Zeitspanne eingeräumt, während der ihm das Schiff ohne besondere Vergütung für die Beladung zur Verfügung steht (Ladezeit), § 567 Abs. 4 S. 1 HGB[1]. Ebenso muß der Verfrachter im Löschhafen eine bestimmte Zeit ohne besondere Vergütung auf die Abnahme der Ladung warten (Löschzeit), § 594 Abs. 5 S. 1.

Dasselbe gilt für die Verfrachtung eines verhältnismäßigen Teils oder bestimmt bezeichneten Raumes eines Schiffes, §§ 587, 603.

Nach dem Vorbild des Seerechts sieht auch das Binnenschiffahrtsgesetz für die Ganz- und Teilverfrachtung eine vergütungsfreie Lade- und Löschzeit vor, §§ 28, 38 und 47, 53 BSchG[2]. Im Gegensatz zum Seerecht gelten jedoch die Vorschriften über die Teilverfrachtung auch dann, wenn der Frachtvertrag Stückgüter im Gewicht von mindestens zehn Tonnen zum Gegenstand hat, §§ 38, 53.

II. Die Hauptbedeutung der Lade- und Löschzeit liegt darin, daß mit ihrem Ablauf regelmäßig die Überliegezeit beginnt, für die der Befrachter (Absender) oder Empfänger eine Vergütung (Liegegeld, engl. demurrage) entrichten muß, §§ 567 Abs. 4 S. 2 und 594 Abs. 5 S. 2 sowie §§ 30 f. und 49 f.

Das Liegegeld stellt nach durchaus herrschender Meinung keine Vertragsstrafe und auch keinen Schadensersatz dar, sondern eine gesetzliche Vergütung für vertragsgemäße Inanspruchnahme einer verlängerten Wartezeit[3]. Der Anspruch auf Liegegeld ist einerseits nicht davon abhängig, daß der Verfrachter (Frachtführer) tatsächlich einen Schaden erlitten hat; anderseits kann dieser aber auch nicht einen durch Nichteinhaltung der Ladezeit verursachten Schaden, der über das Liegegeld hinausgeht, ersetzt verlangen. Eine Besonderheit gilt allerdings für den Löschhafen: Der Verfrachter (Frachtführer) kann im Falle der Überschreitung der

[1] Dreistellige Paragraphen, die im folgenden ohne Gesetzesangabe genannt werden, sind solche des Handelsgesetzbuchs.

[2] Zweistellige Paragraphen ohne Gesetzesangabe sind solche des Binnenschiffahrtsgesetzes.

[3] Boyens, § 567, A. 4 (S. 132 f.); Pappenheim, S. 502 ff.; Schaps, § 567, A. 11; Capelle, S. 421 f.; Abraham, S. 88; Schlegelberger, § 567, A. 15.
BSchR: BGHZ 1, 47 (49 f.); Mittelstein, § 32, A. 1.

Löschzeit für diese Zeit, soweit sie keine vertragsmäßige Überliegezeit ist, auch einen höheren Schaden geltend machen, §§ 602 sowie 49 Abs. 2, 50 Abs. 1 S. 2.

Als Gegenstück zur Überliegezeit und zum Liegegeld wird im Frachtvertrag häufig vereinbart, daß der Befrachter oder Empfänger, der die ihm nach dem Vertrag eingeräumte Lade- oder Löschzeit nicht voll ausnutzt, vom Verfrachter eine nach der ersparten Zeitspanne bemessene Vergütung (Eilgeld, engl. despatch money) erhält, die im Regelfall die Hälfte des Liegegeldes beträgt. Im Grundsatz wird die Liegezeit für das Liege- und das Eilgeld übereinstimmend berechnet[4].

III. Das Rechtsinstitut der Liegezeit, des Oberbegriffs für Lade- und Löschzeit, und der Überliegezeit dient dem Ausgleich zwischen den unterschiedlichen Interessen der Parteien des Frachtvertrages[5]. Der Verfrachter (Frachtführer) will die Beförderung so schnell wie möglich durchführen, damit das Schiff für neue Aufgaben frei wird. Darüberhinaus ist er vor allem an einer schnellen Beladung und Löschung interessiert, weil der Hafenaufenthalt für das Schiff besonders hohe Kosten mit sich bringt. Demgegenüber will der Befrachter (Absender) oder Empfänger in erster Linie, daß das Schiff wartet, bis sämtliche Güter verladen bzw. gelöscht sind. Daneben hat eine schnelle Beförderung für ihn erheblich geringere Bedeutung. Bei den Massengütern, die fast ausschließlich den Gegenstand der Charterverträge bilden, ist es meist gleichgültig, ob der Empfänger die Ladung einige Tage früher oder später erhält. Auf dem Binnenschiffahrtswege werden ohnehin keine Güter befördert, bei denen es auf einen schnellen Transport ankommt, da hier der Schienenweg und die Straße die rasche Beförderung auch größerer Sendungen ermöglichen. Außerdem ist eine schnelle Beladung oder Löschung des Schiffes für den Befrachter (Absender) bzw. Empfänger häufig mit erheblichen zusätzlichen Kosten verbunden. Sogar eine Abfertigung mit geringerer Geschwindigkeit ist oft — etwa wegen ungünstiger Witterung oder Überfüllung der Liegeplätze am Kai — nur unter Aufwendung besonderer Mittel und Kosten möglich; der Befrachter (Absender) oder Empfänger wird es dann vielfach vorziehen, die Arbeiten bis zum Wegfall der Schwierigkeiten einzustellen. Schließlich wird der Befrachter oder Ablader — in beschränktem Maße gilt das auch für den Absender — in manchen Fällen durch eine besondere Situation des Marktes dazu veranlaßt, die Abladung der Güter hinauszuzögern.

Die Begrenzung der Liegezeit schützt also den Verfrachter (Fracht-

[4] Boyens, § 567, A. 10 (S. 135); Capelle, S. 435. — S. aber auch Hans. OLG HRZ 1923, Nr. 231 (Sp. 844 f.); Hamburger Schiedsgericht HRZ 1925, Nr. 147 (Sp. 521) und HRGZ 1932, Nr. 69 (Sp. 244 ff.); Boyens, § 573, A. 2, Note 10 a. E. (S. 153); Schaps, § 575, A. 3; Capelle, S. 435 ff.; Schlegelberger, § 567, A. 12.

[5] Vgl. hierzu die ausführlichere Darstellung von Tiberg, S. 34 ff.

führer) gegen eine unnötige und für ihn kostspielige Verlängerung des Aufenthaltes des Schiffes im Hafen. Wird diese Zeit überschritten, so entschädigt ihn das Liegegeld für den entstehenden Schaden. Anderseits erhält der Befrachter (Absender) bzw. Empfänger durch die Überliegezeit die Möglichkeit, gegen Bezahlung eines Liegegeldes auch über die Liegezeit hinaus die Anlieferung oder Abnahme der Ladung fortzusetzen und damit größeren Schaden abzuwenden, der ihm durch eine vorzeitige Abreise des Schiffes oder durch ein Hinterlegungsverfahren erwachsen könnte[6].

IV. Die Dauer der Liegezeit ist regelmäßig vertraglich festgesetzt; hilfsweise wird sie durch örtliche Verordnungen oder Ortsgebrauch bestimmt, oder es gilt eine nach den Umständen des Falles angemessene Frist als Liegezeit, §§ 568 Abs. 1, 595 Abs. 1.

Im Binnenschiffahrtsrecht regelt sich die Dauer der Liegezeit, soweit sie nicht durch Vertrag oder Verordnungen festgesetzt ist, nach bestimmten von der Ladungsmenge abhängigen Fristen, §§ 29 Abs. 2 und 4 sowie 48 Abs. 2 und 4.

Lade- und Löschzeit sind mangels entgegenstehender Vereinbarung selbständige Fristen, die voneinander unabhängig sind.

V. Gegenstand dieser Untersuchung sind die mit dem Beginn der Liegezeit zusammenhängenden Fragen.

Der Beginn der Liegezeit setzt nach dem Handelsgesetzbuch und ebenso nach dem Binnenschiffahrtsgesetz dreierlei voraus: Lade- oder Löschbereitschaft des Schiffes, eine Bereitschaftsmeldung des Schiffers (im folgenden auch Notiz genannt) und den Ablauf einer gewissen Zeitspanne nach der Notizabgabe (im folgenden als Notizzeit bezeichnet).

Eine eingehende Behandlung erfordert der Begriff der Lade- oder Löschbereitschaft. Hierüber herrscht in Rechtsprechung und Literatur eine gewisse Unklarheit, da dieser Begriff sowohl zur Bezeichnung der Voraussetzungen verwendet wird, die auf seiten des Schiffes bei der Notizabgabe vorliegen müssen, als auch zur Benennung der weitergehenden Erfordernisse, die das Schiff bei Beginn der Liegezeit erfüllen muß. Im Sinne einer klaren Abgrenzung wird der Begriff der Bereitschaft hier nur für den letzten Zeitpunkt gebraucht. Seine Voraussetzungen werden im einzelnen erörtert (unten § 2).

Im Anschluß an die rechtliche und wirtschaftliche Bedeutung der Bereitschaftsmeldung (§ 3) sind die Voraussetzungen der Notizabgabe zu behandeln. Diese Frage ist in Literatur und Rechtsprechung sehr umstritten. Nach der Darstellung der verschiedenen Meinungen (§ 4 A) wird der Versuch einer neuen Lösung unternommen (§ 4 B).

---

[6] Vgl. zum vorhergehenden auch Bouvain, S. 51 f. (für das Binnenschiffahrtsrecht).

Weniger problematisch sind die mit der Abgabe der Bereitschaftsmeldung zusammenhängenden formellen Fragen, die Berechnung des Beginns der Liegezeit und die Verteilung der Beweislast (§ 5).

Erheblich bedeutsamer sind demgegenüber die verschiedenen Störungen und Hindernisse, die das Erreichen des Liegeplatzes oder den Beginn der Beladung bzw. Entlöschung verzögern können. Die entscheidende Frage ist hier, welche Partei im Einzelfall eine solche Störung vertreten muß, da Hindernisse, die zu Lasten des Befrachters oder Empfängers gehen, die Notizabgabe und die Lade- oder Löschbereitschaft nicht ausschließen. Es soll versucht werden, mit Hilfe zweier allgemeiner Grundsätze eine für die verschiedenartigen Fälle gültige Lösung zu finden. Die Brauchbarkeit dieser Prinzipien ist an Hand der wichtigsten Störungen, die nach bestimmten Fallgruppen gegliedert werden, im einzelnen zu prüfen (§ 7).

VI. In der Praxis der Seeschiffahrt werden Verträge über die Verfrachtung eines Schiffes im ganzen regelmäßig auf der Grundlage von Formularen geschlossen. Diese Einheitsverträge, die vielfach von nationalen oder übernationalen Körperschaften mitverfaßt und ausdrücklich genehmigt worden sind, nehmen weitgehend Rücksicht auf die Eigenarten der zu befördernden Güter und etwaige Besonderheiten der verschiedenen Lade- und Löschhäfen. So sind für fast alle Arten von Massengütern eigene Einheitsverträge vorgesehen. Darüberhinaus stehen vor allem bei der Beförderung von Kohle, Erz, Holz und Getreide auch für die verschiedenen Ablade- und Bestimmungshäfen jeweils besondere Formulare zur Verfügung. Diese Verträge enthalten meist eine sehr eingehende Regelung aller für die Abwicklung des Frachtvertrages bedeutsamen Fragen. In gewissen Abständen werden die Formulare, soweit dies erforderlich ist, von den Herausgebern den veränderten Verhältnissen angepaßt.

Diese Einheitsverträge haben sich aus den genannten und anderen Gründen, die hier nicht zu erörtern sind, gegenüber der Regelung des Handelsgesetzbuchs durchgesetzt. Die Formularklauseln weichen in den hier zu behandelnden Fragen des Beginns der Liegezeit vielfach von den Bestimmungen und Grundsätzen des deutschen Seerechts ab. Dies hat vor allem seinen Grund darin, daß die international gebräuchlichen Einheitsverträge in ihrer großen Mehrzahl vom englischen Seerecht beeinflußt sind, dieses aber eine Reihe der hier bedeutsamen Fragen anders als das deutsche Recht regelt.

Die verschiedenen Ursachen für die überragende Stellung des englischen Seerechts sind hier nicht im einzelnen zu behandeln. Es sei lediglich darauf hingewiesen, daß das Schiffahrtsrecht in dem Inselreich naturgemäß eine besondere Pflege genoß und die englische Vorherrschaft auf den Meeren dem englischen Seerecht einen weltweiten Einfluß sicherte.

Die englischen Gerichte und Schiedsgerichte genießen in Schiffahrtsfragen hohe Geltung und werden bevorzugt auch von Ausländern angerufen, womit wiederum die Fortentwicklung und Verbreitung des englischen Seerechts gefördert wird. Dies gilt für das Schiffahrtsrecht im allgemeinen ebenso wie für das Chartervertragsrecht im besonderen.

Demgegenüber kann die Bedeutung des deutschen Seerechts und der deutschen Rechtsprechung auf dem Gebiet der Frachtcharter nur als bescheiden bezeichnet werden: Die Vorschriften des Handelsgesetzbuchs finden auch dann nur in geringem Umfang Anwendung, wenn für einen Seefrachtvertrag deutsches Recht gilt. Kommentare und Lehrbücher können deshalb bei der Auslegung von Charterklauseln kaum herangezogen werden. Deutschsprachige Literatur über gebräuchliche Einheitsverträge oder auch nur typische Einzelklauseln ist fast überhaupt nicht vorhanden; selbst Capelles „Frachtcharter in rechtsvergleichender Darstellung", die einzige bedeutende Arbeit in deutscher Sprache auf diesem Gebiet, stellt in erster Linie die gesetzliche Regelung in den verschiedenen Ländern dar, während die Behandlung der Klauseln zurücktritt und ohnehin wegen der Vielzahl der in Betracht kommenden Einzelbestimmungen meist nur in summarischer Form möglich ist. Entscheidungen ordentlicher deutscher Gerichte gehören auf diesem Gebiet seit 1930 zu den Seltenheiten[7].

Soweit Streitigkeiten über Liegegeldforderungen überhaupt in Deutschland zur Entscheidung gebracht werden, bestellen die Parteien fast ausnahmslos Schiedsgerichte, deren Mitglieder weniger aus der Berufsrichterschaft als aus den Kreisen der Schiffahrt und deren Verbänden gewählt werden. Es liegt auf der Hand, daß bei diesen Entscheidungen englische Auslegungsregeln die Oberhand haben und evtl. abweichende Grundsätze des deutschen Seefrachtvertragsrechts vielfach unbeachtet bleiben: Die Bedeutung einer Klausel nach englischem Recht ist im Zweifel am ehesten allgemein bekannt; je geläufiger aber diese Kenntnis ist, um so eher wird das Schiedsgericht die englische Bedeutung seiner Entscheidung zugrunde legen. Ist eine Frage streitig oder eine Klausel unbekannt und wird deshalb zur Auslegung Literatur herangezogen, so kann es sich fast ausnahmslos nur um englisches Schrifttum handeln.

Nach alledem liegt die Befürchtung nahe, daß das Rechtsinstitut der Liegezeit im deutschen Seerecht allmählich jede praktische Bedeutung verliert und zum toten Buchstaben wird.

Es kann nicht die Aufgabe dieser Arbeit sein, diese Entwicklung zu hemmen oder gar zu unterbinden. Notwendig ist es aber, aufzuzeigen,

---

[7] In den Anmerkungen werden deshalb teilweise auch Entscheidungen ausländischer Gerichte aufgeführt.

wie weit sich die tatsächliche Gestaltung der Charterverträge von der Regelung des Handelsgesetzbuchs entfernt hat.

Es ist aus diesen Gründen erforderlich, die gebräuchlichen Formularklauseln, soweit sie mit dem Beginn der Liegezeit zusammenhängen, in die Untersuchung einzubeziehen. Eine auf die Vorschriften des Handelsgesetzbuchs beschränkte Darstellung wäre der Gefahr ausgesetzt, sich mit Problemen zu beschäftigen, die in der Rechtswirklichkeit nie auftreten. Tatsächlich kehren allerdings die bei der Darstellung des Handelsgesetzbuchs behandelten Fragen im wesentlichen — wenn auch teilweise in abgewandelter Form — bei den Formularklauseln wieder. Ihre praktische Rechtfertigung findet die Behandlung der mit den gesetzlichen Vorschriften verbundenen Probleme aber erst dann, wenn die hierbei entwickelten Grundsätze auch zur Lösung der Fragen herangezogen werden können, die bei der Auslegung der Charterbestimmungen auftreten. Dies ist an verschiedenen wichtigen Formularklauseln zu überprüfen.

Die in dieser Untersuchung behandelten Charterklauseln sind einer beschränkten Anzahl von Einheitsverträgen entnommen, die in zwei dem Literaturverzeichnis folgenden Aufstellungen aufgezählt sind: Die erste Liste enthält Formulare, deren Benutzung von der Baltic and International Maritime Conference (früher Baltic and White Sea Conference) und/oder der Chamber of Shipping of the United Kingdom ausdrücklich gebilligt wird oder sogar vorgeschrieben ist. Im Text der Untersuchung sind nur Klauseln aus diesen Einheitsverträgen aufgeführt. Die Aufstellung II führt verschiedene deutschsprachige Verträge sowie einige gebräuchliche englischsprachige Formulare auf, die nicht in der von den beiden genannten Verbänden herausgegebenen Formularsammlung enthalten sind. Die deutschen Klauseln stellen allerdings weitgehend nur Übersetzungen englischer Vorbilder dar. Die Bestimmungen aus diesen Formularen sind in Fußnoten abgedruckt.

Wenngleich nur ein — allerdings sehr bedeutsamer — Teil der in der Schiffahrt verwendeten Einheitsverträge erfaßt wird, so reichen die behandelten Formulare doch aus, um die verschiedenen typischen Regelungen aufzeigen zu können.

Ein großer Teil der Klauseln kann jeweils im Zusammenhang mit der entsprechenden gesetzlichen Regelung beschrieben werden: Auf § 2 G, § 3 A Ziff. 3 und C, § 5 B, C Ziff. 3 und D wird besonders hingewiesen.

Eine gesonderte Darstellung erfordern die Voraussetzungen der Bereitschaftsmeldung und der Beginn der Liegezeit nach den Formularen (§ 6). Die hiermit verbundenen Fragen müssen bei den verschiedenen Klauselgruppen — solche mit und ohne Notizzeit sowie Klauseln ohne Bereitschaftsmeldung — getrennt untersucht werden. Außerdem sind eine Reihe von Sonderbestimmungen über den Beginn der Liegezeit zu behandeln, wie z. B. das Ladedatum, die ausgeschlossenen Zeiträume und der vorzeitige Lade- oder Löschbeginn.

Eine getrennte Darstellung ist auch bei den Klauseln geboten, die sich mit den verschiedenen Störungen befassen (§ 8).

VII. Zur Vereinfachung des Textes und der Vermeidung von Wiederholungen wird soweit möglich in der folgenden Untersuchung ausdrücklich nur der Beginn der Ladezeit im Seerecht im Falle der Ganzcharter behandelt. Da für die Löschzeit im wesentlichen dasselbe gilt[8], wird sie nur dort besonders hervorgehoben, wo sich Abweichungen gegenüber der Ladezeit ergeben. Im übrigen wird auf die Anmerkungen verwiesen. — Die Teilcharter bedarf ohnehin keiner besonderen Erwähnung: Hier gilt ausnahmslos dasselbe wie bei der Ganzcharter[9].

Da sich die Vorschriften des Binnenschiffahrtsgesetzes über den Beginn der Lade- und Löschzeit weitgehend mit denen des Handelsgesetzbuchs decken, werden auch jene nur dann im Text behandelt, wenn Abweichungen gegenüber dem Seerecht vorliegen. Im übrigen werden die Bestimmungen des Binnenschiffahrtsgesetzes mit aufgeführt. Zitate werden zusammen mit den seerechtlichen genannt und durch einen Zusatz (BSchR) kenntlich gemacht. — Zwischen der Ganz- und der Teilverfrachtung besteht nur für die Einnahme des Liegeplatzes ein Unterschied, der im Text kurz dargestellt wird[10].

Literatur und Rechtsprechung konnten insoweit berücksichtigt werden, als sie bis Ende des Jahres 1960 erschienen sind.

## § 2. Die Ladebereitschaft

### A. Allgemeines

Der Begriff der Ladebereitschaft hat verschiedene Bedeutungen. Er verändert sich je nachdem, ob man ihn auf den Zeitpunkt der Notizabgabe oder auf den Beginn der Ladezeit bezieht. So ist nach v. Laun unter Ladebereitschaft für die Frage, ob die Ladezeit beginnen kann, die Bereitschaft zur normalen Vornahme der Ladung zu verstehen, während Ladebereitschaft in dem Sinne, daß die Bereitschaftsmeldung abgegeben werden kann, schon vorliegt, wenn das Schiff in der Lage ist, sich bis zum Morgen des auf die Anzeige folgenden Tages an den angewiesenen oder

---

[8] An die Stelle des Befrachters, der Beladung, der Abladung (Lieferung) der Ladung treten der Empfänger, die Entlöschung, die Abnahme der Ladung.

[9] Vgl. §§ 560, 587 i. V. m. 567 ff. und 592, 603 i. V. m. 594 ff.

[10] Vgl. im übrigen §§ 38 i. V. m. 28 ff. und 53 i. V. m. 47 ff.

ortsüblichen Ladeplatz zu begeben[1]. Da außerdem über die zur Notizabgabe erforderlichen Voraussetzungen verschiedene Ansichten bestehen, hat die Ladebereitschaft, auch soweit sie sich nur auf diesen Zeitpunkt bezieht, je nach der vertretenen Meinung eine unterschiedliche Bedeutung.

Im Rahmen dieser Untersuchung soll der Begriff der Ladebereitschaft in einheitlichem Sinne gebraucht werden. Seiner ursprünglichen Bedeutung nach bezieht er sich auf den Beginn der Ladezeit. Der Gesetzgeber des Allgemeinen Deutschen Handelsgesetzbuchs verstand unter Ladebereitschaft die Zusammenfassung der Voraussetzungen, die bei Beginn der Ladezeit auf seiten des Schiffes vorliegen müssen. In diesem Sinne wird in den Protokollen zu diesem Gesetz davon gesprochen, daß für den Beginn der Ladezeit die Ladebereitschaft nicht genügen solle, sondern noch eine Bereitschaftsmeldung des Schiffers erforderlich sei[2]. Bei Beginn der Ladezeit dürfen von seiten des Schiffes der Beladung keinerlei Hindernisse mehr entgegenstehen; von Störungen, die der Befrachter zu vertreten hat, soll hier abgesehen werden. Dies folgt aus dem Wesen der Ladezeit und ist im Prinzip unstreitig. Danach aber bedeutet Ladebereitschaft, daß der Schiffer willens und in der Lage ist, sofort mit der Übernahme der Ladung zu beginnen. Dasselbe ergibt sich, wenn man den Begriff der Ladebereitschaft nach seiner wörtlichen Bedeutung und dem gewöhnlichen Sprachgebrauch versteht: Bereitschaft liegt vor, nachdem man sich vorbereitet hat, nicht aber schon während der Vorbereitung; die Bereitschaft erfordert sowohl inneres als auch äußeres Bereitsein. Dieselbe Bedeutung haben auch die Worte „zur Einnahme der Ladung fertig und bereit“ in § 567 Abs. 1[3]. Schließlich ist noch auf die Charterformulare hinzuweisen: Auch dort wird unter Ladebereitschaft ("the ship is ready to receive the cargo") die Bereitschaft verstanden, sofort mit der Übernahme der Ladung zu beginnen; eine Ladebereitschaft vor diesem Zeitpunkt ist regelmäßig nicht möglich.

Ladebereitschaft liegt also nur dann vor, wenn der Schiffer willens und in der Lage ist, mit der Übernahme der Ladung zu beginnen. Der Beladung dürfen weder tatsächliche noch rechtliche Hindernisse entgegenstehen. Eine Ausnahme gilt nur dann, wenn eine Störung, durch die die Übernahme der Ladung verhindert wird, vom Befrachter zu vertreten ist; in solchen Fällen ist die Ladebereitschaft nicht ausgeschlossen[4].

---

[1] V. Laun Hansa 1951, 239.

[2] Protokolle 2079 f.

[3] BSchR: Die kürzere Formulierung in § 28 Abs. 1 („zur Einnahme der Ladung bereit“) stellt inhaltlich keine Abweichung gegenüber dem Seerecht dar; vgl. dazu unten § 4 A III Ziff. 3 sowie Anm. 22.

[4] Hindernisse und Störungen tatsächlicher Art werden im Zusammenhang unten § 7 behandelt.

Die einzelnen Voraussetzungen der Ladebereitschaft lassen sich wie folgt gliedern:

a) die subjektive Bereitschaft des Schiffers (unten B);
b) die Einnahme eines bestimmten Ladeplatzes = die örtlichen Voraussetzungen (C);
c) die erforderliche Ausrüstung des Schiffes und der geeignete Zustand der Laderäume = die ladungstechnischen Voraussetzungen oder die Ladefertigkeit i. e. S. (unten D);
d) das Fehlen rechtlicher Hindernisse (E);
e) das Fehlen tatsächlicher Hindernisse, soweit es dadurch nicht schon an einer der vorgenannten Voraussetzungen mangelt (unten F).

Andere gesetzliche Verpflichtungen des Verfrachters, wie insb. die Pflicht, ein seetüchtiges Schiff zu stellen (§ 559), haben für den Begriff der Ladebereitschaft keine eigene Bedeutung.

## B. Die subjektiven Voraussetzungen

Die Ladebereitschaft erfordert, daß der Schiffer subjektiv bereit ist, die Ladung zu übernehmen[5].

Praktisch bedeutsamer ist die Frage der subjektiven Bereitschaft beim Löschen. Herrscht unter den Parteien Streit über die Höhe einer Forderung des Verfrachters oder über die Zahlungsweise, so wird der Schiffer vielfach versuchen, seinen Standpunkt in der Weise durchzudrücken, daß er mit der Einstellung der Löscharbeiten droht. In solchen Fällen liegt eine bedingte subjektive Bereitschaft vor: Der Schiffer will nur dann ausliefern, wenn der Empfänger seinen Forderungen nachgibt.

Bei der Lösung der Frage, ob eine bedingte Bereitschaft des Schiffers ausreicht, ist von dem Grundsatz auszugehen, daß jede Partei das Risiko für die Richtigkeit ihres Standpunktes trägt[6]. Wird also die Löschung unterbrochen oder gar nicht erst begonnen, weil der Empfänger eine unberechtigte Forderung des Verfrachters ablehnt, so zählt diese Zeit nicht als Löschzeit[7]. Kommt es dagegen zu einem Streit über eine berechtigte Forderung des Verfrachters, so geht eine vom Schiffer veranlaßte Einstellung der Löscharbeiten nicht in jedem Fall zu Lasten des Empfängers. Nach § 624 Abs. 1 ist der Verfrachter nämlich bei einem Streit über die Höhe seiner Forderungen zur Auslieferung der Güter verpflichtet, sobald die streitige Summe öffentlich hinterlegt ist. Gibt sich der Schiffer

---

[5] Pappenheim, S. 160; Schaps, § 567, A. 1 und § 594, A. 1.
BSchR: Vortisch, § 28, A. 1 a.

[6] RGZ 36, 187 (188 f.).

[7] Hans. OLG HRGZ 1928, Nr. 254 (Sp. 614). — Vgl. aber auch Tiberg, S. 394.

mit einer solchen Hinterlegung nicht zufrieden, so geht eine anschließende Unterbrechung der Löschung zu Lasten des Verfrachters.

Will der Empfänger die Fracht erst nach Erhalt der gesamten Ladung bezahlen, während der Schiffer eine weitere Auslieferung davon abhängig macht, daß vorher die Fracht für die bereits gelöschten Güter beglichen wird, so unterbricht eine folgende Einstellung der Löscharbeiten den Lauf der Löschzeit nicht; denn aus § 614 Abs. 2 ist zu entnehmen, daß der Verfrachter Zahlung Zug um Zug jeweils gegen Auslieferung einer größeren Teilpartie verlangen kann[8].

## C. Örtliche Voraussetzungen

### *I. Die Anweisung des Liegeplatzes*

1. Ganz- und Teilcharter im Seerecht. — Ganzcharter im Binnenschiffahrtsrecht.

Ist der Ladeplatz nicht behördlich[9] vorgeschrieben[10] und nicht im Frachtvertrag vereinbart[11], so steht die Wahl des Ladeplatzes dem Befrachter (Absender) oder dem ihn vertretenden Ablader[12] zu, § 560 Abs. 1 (§ 27 Abs. 1)[13].

Der Befrachter kann mangels entgegenstehender Vereinbarung nur einen Ladeplatz anweisen[14]. Für das Binnenschiffahrtsrecht ist dies ausdrücklich bestimmt, §§ 27 Abs. 3, 46 Abs. 3, ohne daß hieraus ein Unterschied gegenüber dem Seerecht folgt.

Die Verpflichtung zur Einnahme weiterer Ladeplätze kann sich jedoch aus den besonderen Verhältnissen des Ladeplatzes[15] oder aus einem Ortsgebrauch ergeben[16].

---

[8] RG Bolze 20, 233; Schaps, § 614, A. 14.

[9] BSchR: durch örtliche Verordnungen oder Verfügungen der Hafen- oder Wasserpolizeibehörde, s. Vortisch, § 27, A. 3 b.

[10] Insb. wenn das Schiff gefährliche Güter einnehmen soll; vgl. Boyens, § 560, A. 6 (S. 116); Pappenheim, S. 154, Note 3; Schaps, § 560, A. 7.

[11] Vgl. Beispiele bei Capelle, S. 180.

[12] Boyens, § 560, A. 9 (S. 117); Pappenheim, S. 155, Note 2; Schaps, § 560, A. 2.

[13] Für den Löschplatz gilt entsprechendes, § 592 Abs. 1 (§ 46 Abs. 1); das Recht zur Anweisung des Liegeplatzes hat hier der Empfänger, d. h. derjenige, an den die Ladung abzuliefern ist.

[14] Protokolle S. 2075; Boyens, § 560, A. 4 (S. 113); Pappenheim, S. 155; Schaps, § 592, A. 7 für den Löschhafen; Capelle, S. 189.

[15] BSchR: Vortisch, § 27, A. 3 c.

[16] Boyens, § 560, A. 4 (S. 113).

BSchR: Vortisch, a. a. O.

Mehrere Befrachter — gleichgültig ob mehrere eine Ganzcharter geschlossen haben oder Teilverfrachtungen vorliegen — müssen ihr Anweisungsrecht gemeinschaftlich ausüben, § 560 Abs. 2[17]. Der Schiffer darf anderseits nur der von allen Befrachtern gemeinsam erteilten Anweisung Folge leisten[18].

§ 27 sieht den Fall, daß mehrere Absender einen Frachtvertrag über das Schiff im ganzen geschlossen haben, zwar nicht vor. Eine Abweichung gegenüber dem Seerecht besteht indes nicht: Nur die übereinstimmend erteilte Anweisung eines gemeinsamen Ladeplatzes ist rechtswirksam[19].

Das Recht des Befrachters (Absenders), den Ladeplatz anzuweisen, ist bedingt[20], und zwar auch dann, wenn es vertraglich vereinbart ist[21]:

a) Die Anweisung muß rechtzeitig erfolgen. Maßstab für die Rechtzeitigkeit ist die in der Notiz enthaltene Zusage, daß das Schiff bei Beginn der Ladezeit am Ladeplatz liegen wird. Jede Anweisung, die dem Schiffer die Erfüllung dieser Zusage unmöglich macht, ist danach verspätet. Zum Teil wird deshalb auch gefordert, der Befrachter müsse den Platz entweder im voraus oder doch nach Empfang der Notiz so frühzeitig anweisen, daß das Schiff bis zum Beginn der Ladezeit an den Platz gelegt werden kann[22]. Diese Formulierung ist jedoch zu allgemein gehalten. Da nämlich der Schiffer hilfsweise einen ortsüblichen Ladeplatz aufsuchen muß und er außerdem zwar einen freien ortsüblichen Platz und die für das Verholen erforderliche Zeit ermitteln, nicht aber entsprechende Kenntnisse über den vom Befrachter anzuweisenden Platz erlangen kann, muß es für die Frage der Rechtzeitigkeit auf die Zeit ankommen, die das Schiff braucht, um einen ortsüblichen Ladeplatz zu erreichen. Auch der Befrachter oder sein Vertreter im Hafen kann unschwer ermitteln, welche Zeit das Schiff zum Verholen an den ortsüblichen Ladeplatz benötigt, so daß beide Seiten gleichermaßen feststellen können, bis zu welchem

---

[17] Praktisch bedeutsamer ist der Fall mehrerer Empfänger.

[18] ROHG 19, Nr. 84 (S. 291) für den Fall mehrerer Empfänger; Schaps, § 560, A. 4 und § 592, A. 10.

[19] BSchR: Begründung S. 61 (zitiert nach Mittelstein, § 27, A. 1); Förtsch, § 27, A. 2; Vortisch, § 27, A. 4 a.

[20] RGZ 15, 157 (159).

[21] Boyens, § 560, A. 4 (S. 113); Schaps, § 560, A. 3 und § 592, A. 9; Capelle, S. 182 f.

[22] So für das BSchR: Mittelstein, § 27, A. 1; Vortisch, a. a. O. Ungenau sind ROHG 19, Nr. 84 (S. 290); Schaps, § 560, A. 4 und § 592, A. 10; Capelle, S. 182, Note 89. Sie verlangen, daß der Beginn der Ladezeit nicht verzögert wird. Diese Formulierung sagt nicht, was rechtzeitig ist, sondern welche Folgen eine verspätete Anweisung hat. — Ungenau sind auch Boyens, § 560, A. 4 (S. 113); Pappenheim, S. 155. Sie fordern, daß der Beginn des Ladens nicht verzögert wird. Dabei übersehen sie, daß die Ladebereitschaft und der Beginn der Ladezeit nicht davon abhängen, ob tatsächlich mit dem Laden angefangen wird.

Zeitpunkt eine Anweisung rechtzeitig ist. Stehen dem Schiff mehrere Ladeplätze zur Verfügung, so ist auf den nächstgelegenen abzustellen[23], damit einerseits eine einheitliche Feststellung möglich bleibt und anderseits die dem Befrachter eingeräumte Zeit nicht über Gebühr verkürzt wird.

Zusammenfassend ergibt sich: Eine Anweisung ist rechtzeitig, solange dem Schiff die Möglichkeit bleibt, bis zum Beginn der Ladezeit einen nahegelegenen ortsüblichen Ladeplatz aufzusuchen.

Ob die Anweisung durch einen oder mehrere Befrachter (Absender) erteilt wird, hat auf die Frage der Rechtzeitigkeit keinen Einfluß. Können sich die mehreren Befrachter nicht oder nicht schnell genug einigen, so ist dies ihre Sache[24].

b) Der angewiesene Platz muß geeignet sein. Dies ist nicht der Fall, wenn die Wassertiefe, die Sicherheit des Schiffes oder die örtlichen Verordnungen oder Einrichtungen die Befolgung der erteilten Anweisung nicht gestatten, § 560 Abs. 2 (§ 27 Abs. 2). Der Platz ist auch dann ungeeignet, wenn das Schiff den Platz zwar ungehindert erreichen, aber dort nicht sicher und flott liegen oder — nachdem es beladen (entlöscht) ist — von dort nicht ohne Gefahr für das Schiff oder unter Aufwendung besonderer Kosten wieder auslaufen kann[25].

Teilweise wird allerdings auch ein solcher Ladeplatz als ungeeignet bezeichnet, der mit anderen Schiffen besetzt ist oder dessen Ladeeinrichtungen vorübergehend nicht zur Verfügung stehen[26] und daraus die Folgerung gezogen, daß der Schiffer der Anweisung nicht nachzukommen brauche[27].

Diese Meinung ist abzulehnen[28]. § 560 Abs. 2 will nur die Fälle tatsächlicher und rechtlicher Unmöglichkeit treffen[29]. Dies lassen einmal

[23] Zur Frage, an welchem von mehreren ortsüblichen Plätzen das Schiff tatsächlich anlegen darf oder muß, vgl. unten § 7 D I Ziff. 2.

[24] ROHG 19, Nr. 84 (S. 290); Schaps, § 560, A. 2 und § 592, A. 8.

[25] ROHG 5, Nr. 85 (S. 372 f.); RGZ 15, 157 (158); Boyens, § 560, A. 4 (S. 113); Pappenheim, S. 156; Schaps, § 560, A. 6 und § 592, A. 13; Capelle, S. 183.

Weitere Einzelheiten s. bei Schaps, § 560, A. 5—7 und § 592, A. 11—14 sowie (BSchR) Vortisch, § 27, A. 4 b und § 46, A. 4 b.

[26] Hans. OLG HRGZ 1931, Nr. 109 (Sp. 309); Lewis, Art. 593, A. 2 (S. 294 f.); Schlegelberger, § 560, A. 4.

BSchR: BGHZ 1, 47 (51); Vortisch, § 27, A. 4 b.

[27] BGH a. a. O.; Lewis a. a. O.; Schlegelberger a. a. O.

[28] Ebenso ROHG 15, Nr. 66 (S. 235); Pappenheim, S. 156, Note 4; Schaps, § 560, A. 7 und § 592, A. 14; Capelle, S. 183.

BSchR: So auch im Ergebnis Hans. OLG HGZ 1899, Nr. 18 (S. 48).

[29] Zu unrecht verlangt ROHG a. a. O. dauernde Unmöglichkeit. Auch eine vorübergehende tatsächliche Unmöglichkeit, wie ein jahreszeitlich bedingter niedriger Wasserstand oder ein Wrack, das in der Zufahrtsstraße liegt, fällt unter § 560 Abs. 2; Boyens, § 560, A. 4 (S. 113); Capelle, S. 183.

die in der Vorschrift genannten Beispiele erkennen. Zum anderen geht es aus der Wortfassung („gestatten die Wassertiefe ... die Befolgung der Anweisung nicht ..") hervor. Platzmangel oder vorübergehendes Fehlen von Ladeeinrichtungen gestatten aber die Befolgung einer Anweisung durchaus; das Anlegen an diesen Platz ist nur mit einer Wartezeit verbunden und evtl. unzweckmäßig.

Der Befrachter hat meist ein besonderes Interesse daran, daß das Schiff an einem bestimmten von ihm bezeichneten Ladeplatz anlegt, weil dies sein eigener Platz ist oder die Ladung dort bereits liegt oder der Platz sonstige Vorteile aufweist. Ist eine Abladung an diesem Platz aber vorübergehend nicht möglich, während das Schiff an einem anderen ortsüblichen Platz beladen werden könnte, so geht dieses Hindernis zu Lasten des Befrachters, da es von ihm veranlaßt ist[30]. Wenn sich aber der Befrachter für den besetzten Platz entscheidet, obwohl das Schiff dadurch evtl. auf Liegegeld kommt, dann ist das seine Sache; möglicherweise ist das Liegegeld niedriger als die mit der Benutzung eines anderen Platzes verbundenen Kosten. Der Befrachter ist nicht verpflichtet, das Schiff soweit möglich schneller als bis zum Ende der ihm zustehenden Wartezeit zu beladen; er kann die Lade- und Überliegezeit vielmehr nach seinem nur durch § 226 BGB eingeschränkten Belieben ausnutzen[31].

Die oben angeführte Gegenmeinung übersieht offenbar folgenden bedeutsamen Unterschied: Eine fehlende Eignung i. S. des § 560 Abs. 2 zwingt den Schiffer, einen ortsüblichen Platz aufzusuchen, damit er dort die Ladebereitschaft des Schiffes herstellt. Mängel anderer Art lassen seine Verpflichtung, die Anweisung zu befolgen, bestehen; dafür gilt das Schiff von dem Zeitpunkt an, in dem es an einem anderen freien und geeigneten Platz hätte anlegen können, als ladebereit. Führte man die Gegenmeinung konsequent durch, so wäre der Schiffer nicht nur berechtigt, der Anweisung eines besetzten Liegeplatzes nicht nachzukommen, sondern verpflichtet, an einen ortsüblichen Platz zu gehen, um die Ladebereitschaft und damit den Beginn der Liegezeit herbeizuführen. Der Schiffer müßte also dem Interesse seines Vertragspartners zuwiderhandeln, auch wenn er wegen des Liegegeldes mit einer gewissen Wartezeit einverstanden wäre. Ein von ihm unternommener Versuch, den § 560 Abs. 2 durch Partei-

---

[30] Dies entspricht dem allgemeinen Grundsatz, daß Besonderheiten des vom Befrachter angewiesenen Platzes zu dessen Lasten gehen; vgl. dazu unten § 7 C und D.

[31] Hans. OLG HGZ 1915, Nr. 66 (S. 132); Boyens, § 574, A. 2 (S. 156); Pappenheim, S. 184; Schaps, § 567, A. 10 und § 594, A. 11; Capelle, S. 209; Schlegelberger, § 567, A. 12; Tiberg, S. 172 (für das deutsche Recht).

BSchR: Mittelstein, § 29, A. 1; Bouvain, S. 18.

vereinbarung abzubedingen, würde aber den Verfrachter im Falle des Scheiterns mit der dabei verlorenen Zeit belasten.

§ 560 Abs. 2 findet also nur bei tatsächlicher oder rechtlicher Unmöglichkeit Anwendung. Ist das Anlegen wegen Platzmangels oder die Beladung nur vorübergehend verhindert, muß der Schiffer der Anweisung folgen. Dies gilt selbst dann, wenn der Mangel mit Sicherheit erst so spät behoben werden kann, daß eine Beladung innerhalb der gesamten dem Befrachter zustehenden Wartezeit nicht mehr möglich ist; denn dem Verfrachter bleiben in jedem Fall die Rechte aus §§ 578 ff.

2. Teilcharter nach Binnenschiffahrtsrecht.

Bei einer Teilverfrachtung, §§ 38, 53, hat der Frachtführer an einem ortsüblichen Lade- oder Löschplatz anzulegen. Ist aber dem Absender oder Empfänger vertraglich das Recht zur Anweisung eines Liegeplatzes eingeräumt worden, so gilt dasselbe wie bei der Ganzcharter, §§ 40, 55.

3. Die Folgen einer nicht rechtzeitigen Anweisung oder der Anweisung eines ungeeigneten Liegeplatzes werden unten § 7 D im Zusammenhang mit anderen Störungen behandelt.

### *II. Die Einnahme des Ladeplatzes als Voraussetzung der Ladebereitschaft*

Die Ladebereitschaft erfordert, daß das Schiff den angewiesenen oder ortsüblichen Ladeplatz eingenommen hat. Dies folgt unmittelbar aus dem oben beschriebenen Begriff der Ladebereitschaft und der Vorschrift des § 560 bzw. § 27 und entspricht auch der durchaus herrschenden Meinung[32]. Eine Ausnahme gilt, wenn das Schiff den Ladeplatz aus einem Grunde nicht erreichen kann, den der Befrachter zu vertreten hat[33].

In zahlreichen Entscheidungen[34] und bei den älteren Autoren[35] findet sich allerdings der Satz, die Ladebereitschaft erfordere nicht, daß das Schiff bereits seinen Liegeplatz eingenommen habe, es genüge vielmehr, wenn das Schiff in der Lage sei, diesen Platz unverzüglich einzunehmen. Diese Formulierung erscheint regelmäßig im Zusammenhang mit der Forderung, daß die Meldung der Ladebereitschaft der Wirklichkeit entsprechen müsse. Daraus folgt aber, daß sich jener Satz nicht auf die

---

[32] So ausdrücklich LG Hamburg Hansa 1954, 1030 für die Löschbereitschaft; Warneken, S. 15; Capelle, S. 210; v. Laun Hansa 1951, 239.

BSchR: Mittelstein, § 28, A. 2.

[33] Vgl. dazu unten § 7 D ff.

[34] S. unten die in § 4 A I aufgeführten Entscheidungen.

[35] Boyens, § 567, A. 2 (S. 130) und § 594, A. 2 (S. 191); Pappenheim, S. 161; Sieveking, S. 52.

BSchR: Mittelstein, § 28, A. 1.

Ladebereitschaft in dem hier verstandenen Sinne, sondern auf die „Ladebereitschaft bei Abgabe der Bereitschaftsmeldung“ bezieht. Wenn das Schiff bei der Notizabgabe imstande ist, unverzüglich den Ladeplatz zu erreichen, so muß es, falls keine Verzögerung eintritt, bei Beginn der Ladezeit an diesem Platz liegen. Die Ladebereitschaft zu Beginn der Ladezeit setzt also, wenn nicht eine vom Befrachter zu vertretende Störung vorliegt, die Einnahme des Liegeplatzes voraus. Dies wird von Capelle und v. Laun, die beide ausdrücklich zwei verschiedene Begriffe der Ladebereitschaft behandeln, bestätigt[36]. Wenn schließlich Schaps u. a.[37] für die Ladebereitschaft fordern, daß das Schiff in der Lage sein müsse, den Liegeplatz bis zum Morgen des auf die Anzeige folgenden Tages zu erreichen, so besagt dies nichts anderes, als daß bei Beginn der Ladezeit der Platz eingenommen sein muß.

### D. Ladungstechnische Voraussetzungen (Ladefertigkeit i. e. S.)

Zur Ladebereitschaft gehört, daß das Schiff ladefertig ist, d. h. alle ladungstechnischen Voraussetzungen so erfüllt sind, daß mit dem Laden begonnen werden kann.

Die zur Aufnahme der Ladung bestimmten Räume müssen leer sein[38]. Ist das Schiff im ganzen verfrachtet, so kann der Schiffer, wenn erst ein Teil der Schiffsräume leer ist, diese nicht zur Beladung anbieten[39].

Es ist nicht in jedem Fall erforderlich, daß sämtlicher Ballast gelöscht ist[40]. Das Vorhandensein von Ballast steht der Ladebereitschaft nicht entgegen, wenn dies für die Sicherheit (Stabilität) des Schiffes notwendig ist und der Ballast jeweils nur im Austausch gegen eine entsprechende Ladungsmenge gelöscht werden kann[41].

---

[36] Capelle, S. 205 f. und S. 210; v. Laun Hansa 1951, 239.

[37] Schaps, § 567, A. 1 und § 594, A. 1; Wüstendörfer, S. 249.
BSchR: BGHZ 1, 47 (50); Makower, § 28, A. 1; Vortisch, § 28, A. 1 b.

[38] Hans. OLG HGZ 1911, Nr. 62 (S. 137); Pappenheim, S. 161, Note 1; Schaps, § 567, A. 1; Warneken, S. 15; Capelle, S. 205 f.
BSchR: Vortisch, § 28, A. 1 a.

[39] Boyens, § 567, A. 2, Note 1 (S. 130); Warneken, S. 15.

[40] HG Hamburg HGZ 1876, Nr. 47 (S. 69); Boyens, a. a. O.; Schaps, a. a. O.; Warneken, S. 16.

[41] RG Soergel 1906, S. 756; Hans. OLG HGZ 1911, Nr. 62 (S. 137); Pappenheim, a. a. O.; Warneken, S. 16; Schlegelberger, § 567, A. 9. — Eine besondere Vereinbarung über "stiffening cargo" behandelt RG HGZ 1912, Nr. 107 (S. 225 ff.).

Die Räume müssen für die Aufnahme der vereinbarten Ladung gehörig vorbereitet, z. B. gesäubert, entlüftet, getrocknet[42], garniert, sein[43]. Das Schiff muß, soweit dies für das Laden (Löschen) notwendig ist, ordnungsgemäß ausgerüstet und bemannt sein; insb. darf das Ladegeschirr keine Mängel aufweisen[44].

Dagegen ist nicht erforderlich, daß das Geschirr zum Laden (Löschen) bereits aufgestellt ist; die Zeit, welche die Schiffsmannschaft oder die Schauerleute zum Aufstellen des Geschirrs benötigen, rechnet mit in die Liegezeit[45]. Das ist gerechtfertigt, weil diese Arbeit, die ohnehin nur wenig Zeit in Anspruch nimmt, nach der Usance vieler Häfen von oder gemeinsam mit Hafenarbeitern ausgeführt wird; diese Arbeiter erscheinen aber erst mit dem Schichtbeginn, der mit dem praktischen Beginn der Liegezeit zusammenfällt[46], auf dem Schiff.

Ladebereitschaft liegt nicht vor, wenn das Schiff nicht auf normale Art und mit der üblichen Geschwindigkeit laden kann[47].

---

[42] Vgl. z. B. den vom Schutzverein Deutscher Rheder berichteten Fall (Nr. 8067) in Hansa 1957, 1667.

[43] Vgl. im einzelnen Tiberg, S. 257 f. und 264.

Hans. OLG Bremen Hansa 1960, 1802 f.: Bei der Verladung von losem Getreide müssen nicht nur sämtliche Räume leer und gesäubert, sondern außerdem auch Getreidelängsschotten eingesetzt sein.

[44] Schaps, § 573, A. 7 und § 597, A. 7; Capelle, S. 210; Schlegelberger, § 567, A. 9, § 573, A. 3 und § 597, A. 4.

BSchR: Förtsch, § 29, A. 5; Vortisch, § 28, A. 1 a.

[45] Hans. OLG HGZ 1889, Nr. 106 (S. 260); Sieveking, S. 51; Schaps, § 594, A. 1. — Vgl. auch Rordam, S. 45 f., und Tiberg, S. 264: Die Luken brauchen noch nicht aufgedeckt und die Ladebäume noch nicht aufgestellt zu sein. Entsprechend Rordam, S. 127 u. H. a. skandinavische Entscheidungen, für das Löschen.

[46] Die Liegezeit beginnt zwar um 0 Uhr morgens des auf die Anzeige folgenden Tages. Der Verfrachter braucht aber nur während der üblichen Arbeitszeit, also ab Schichtbeginn, ladebereit zu sein; vgl. unten § 5 F.

[47] Hans. OLG HGZ 1889, Nr. 59 (S. 144) = Seuff. A. 44, Nr. 274 für das Löschen: Eine Löschung mittels Leichter oder mit Hilfe eines vom Schiff nach dem Lande gelegten Steges ist anormal. — Aus demselben Grunde ist ein Schiff, das im Dock liegt, nicht löschbereit, selbst wenn von dort in Leichter gelöscht werden kann; Schaps, § 594, A. 1.

BSchR: BGHZ 1, 47 (51): Keine Löschbereitschaft, wenn der Liegeplatz erst durch umständliche und besondere Aufwendungen fordernde Vorrichtungen für die Durchführung der Entladung hergerichtet werden muß.

## E. Das Fehlen rechtlicher Hindernisse

Der Beladung dürfen keine rechtlichen Hindernisse entgegenstehen[48]. Unter rechtlichen Hindernissen werden hier nur solche verstanden, die die tatsächliche Ladebereitschaft nicht, jedenfalls nicht notwendig, beeinflussen und, da sie ihre Ursache in tatsächlichen oder rechtlichen Verhältnissen des Schiffes haben, vom Verfrachter zu vertreten sind. Als rechtliche Hindernisse, die die Ladebereitschaft ausschließen, haben vor allem Bedeutung:

Die erforderlichen Formalitäten bei den Behörden, insb. die Einklarierung bei der Zollbehörde[49], sind noch nicht erledigt[50];

der freie Landverkehr ist durch gesundheitspolizeiliche Vorschriften (Quarantäne) untersagt[51];

hafenpolizeiliche Vorschriften verzögern die Beladung[52]; dies kommt vor allem beim Laden gefährlicher Güter in Betracht[53];

das Laden wird durch sonstige Maßnahmen einer staatlichen Stelle verhindert[54].

## F. Das Fehlen tatsächlicher Hindernisse

Der Beladung dürfen von seiten des Schiffes keine tatsächlichen Hindernisse entgegenstehen. In den meisten Fällen bewirken solche Hindernisse allerdings, daß es schon an den positiven Voraussetzungen der Ladebereitschaft, insb. der Einnahme des Ladeplatzes, mangelt. Daneben ist es aber auch möglich, daß trotz Vorliegens der subjektiven, örtlichen und ladungstechnischen Voraussetzungen der Beginn der Beladung aus Gründen hinausgeschoben wird, die vom Verfrachter zu vertreten sind. Als Hauptbeispiel ist hier zu nennen, daß die Übernahme der Ladung durch Wind und Wetter verhindert ist. In einem solchen Fall ist zwar von seiten des Verfrachters alles getan, damit die Beladung begonnen werden kann. Trotzdem schließt das zufällige Hindernis

---

48 Hans. OLG HGZ 1907, Nr. 63 (S. 161 f.); Boyens, § 567, A. 2 (S. 130); Pappenheim, S. 161, Note 2; Schaps, § 567, A. 5 und § 594, A. 5; Capelle, S. 210.

49 Hans. OLG a. a. O.: auch wenn das Schiff keine zollpflichtigen Waren führt; Schaps, § 567, A. 5; Tiberg, S. 263. — A. A. Hans. OLG HGZ 1898, Nr. 53 (S. 128) u. H. a. eine besondere Übung in Bremen.

50 Capelle, S. 210; Schlegelberger, § 567, A. 9.

51 Boyens, § 567, A. 2, Note 2 (S. 130); Capelle, S. 210; Schlegelberger, a. a. O.; Tiberg, S. 263.

52 Boyens, § 567, A. 2 (S. 130); Schaps, § 567, A. 5 und § 594, A. 5. HG Hamburg Ullrich Nr. 267: Verbot der Löschung durch Hafenmeister.

53 Vgl. dazu unten § 7 G II Ziff. 1.

54 BSchR: RGZ 115, 214 (217) und 122, 221 (227), beide für das Löschen: Verbot der französisch-belgischen Besatzungsbehörden.

ungünstiger Witterung, wenn es auf der Seite des Schiffes eintritt, die Ladebereitschaft aus: Die fragliche Zeit zählt nicht als Ladezeit, § 573 Abs. 2 Ziff. 2[55].

## G. Die Lade- und Löschbereitschaft in den Charterformularen

1. Auch die Charterverträge bestimmen grundsätzlich, daß die Liegezeit nur beginnen kann, wenn das Schiff lade- oder löschbereit ist. Der Begriff der Lade-(Lösch)bereitschaft muß dabei regelmäßig in dem oben beschriebenen Sinne verstanden werden. Etwas anderes kann nur dann gelten, wenn ein Formular ausdrücklich abweichende Voraussetzungen aufstellt.

Vielfach verlangen die Chartern nur allgemein, daß das Schiff lade- oder löschbereit sein müsse:

"ready to load (receive)"[56],
"ready to discharge"[57],
"ready to load or discharge"[58].

Daneben finden sich auch Formulierungen wie

"..Vessel is ready in every respect to load her entire Cargo.."[59],
"..Vessel being completely discharged of inward cargo and ballast in all her holds and ready to load."[60]

Häufig fordern die Charterformulare als Voraussetzung für die Lade- oder Löschbereitschaft ausdrücklich die Erledigung der Zoll- und/oder Quarantäneformalitäten:

"..when the Vessel is reported at the Custom House and ready .. to deliver.."[61],

---

[55] Für den Löschhafen gilt § 597 Abs. 2 Ziff. 2.

BSchR: Hier gilt dasselbe wie im Seerecht, wie im Wege des Umkehrschlusses aus §§ 29 Abs. 3 und 48 Abs. 3 zu entnehmen ist. Eine ausdrückliche Bestimmung wurde bei den Beratungen zum BSchG für entbehrlich gehalten, da es, solange der Frachtführer an der Übernahme der Ladung gehindert ist, an der Ladebereitschaft fehle, s. Mittelstein, § 29, A. 4e.

[56] Z. B. Nubaltwood 6, Centrocon 13, Orecon 6b, Aracon 6, Saltcon 5.

[57] Z. B. Propcon 13, Contwood 15, Nubaltwood 15, Saltcon 6.

[58] Z. B. Hydrocharter 13, Scancon 8.

Entsprechend ist in vielen deutschen Chartern nur allgemein von „Lade"- oder „Löschbereitschaft" die Rede: Deutal 7, Deutgencon 5 und 6, Deutholz 7, Deutholzneu 6 und 7, Papierholzcharter 6 und 12.

[59] Welcon 3, Coastcon 3 A; entsprechend Baltpulp 3.

[60] Welsh Coal 3.

[61] Baltcon 15, Germancon-North 10, Polcon 10 für Ostsee- und skandinavische Häfen, Phoscon 7. — Entsprechende Klauseln für das Laden enthalten Polcon 4, Germancon-North 4.

Auch Deuterzneu 8 verlangt ausdrücklich, daß das Schiff „einklariert" ist.

"..(when Vessel is) reported at the Custom House, or permit obtained to commence loading (discharge), and is ready to receive (deliver).."[62],
"..(the Vessel) being then in free pratique, cleared by the Customs, and ready to load in all her holds.."[63].

2. In einzelnen Fällen werden in den Chartern besondere Anforderungen an die Ladebereitschaft gestellt, die mit der Eigenart der abzuladenden Güter oder mit der Art der Beladung zusammenhängen:

Saltcon 14: "The holds to be properly cleaned and white-washed before loading; such readiness to be accepted by the Shippers after proper inspection. Shippers are not bound to commence loading and lay-days not to count until the holds are in such condition as not to damage the cargo."

Polcon 4 und Germancon-North 4: "The Vessel shall not be considered ready to commence the loading until the holds intended for cargo are free of inward cargo and properly cleaned. All hatch beams shall be removed before the loading commences. If the hatch beams are not removed the Vessel shall not be considered ready to receive the cargo until they have been actually removed."

Austwheat 9: "Half time occupied in taking off and replacing hatches shall count as loading time except at the commencement and completion of loading at each port in which case time shall not count."

3. Auch in örtlicher Hinsicht wird grundsätzlich an dem Erfordernis voller Ladebereitschaft festgehalten: Das Schiff muß bei Beginn der Liegezeit seinen Ladeplatz eingenommen haben.

Phoscon 7 schreibt dies ausdrücklich vor:

"Laydays for loading in no case to count before Vessel is in her proper berth."

Die Bedeutung dieser Phoscon-Klausel liegt in dem Gegensatz zur Regelung der Löschzeit, für die "whether in berth or waiting for a berth" vereinbart ist[64]. Anders als im Löschhafen trägt also der Verfrachter für Verzögerungen bei der Einnahme des Ladeplatzes das volle Risiko.

Von solchen Klauseln müssen deutlich die sog. Berth-Chartern unterschieden werden:

Austral 9: "..time for loading shall count..from 24 hours after Charterers..have received the..notice..that the Vessel is ready to load in the berth ordered by Charterers."

Diese Bestimmung setzt nach englischem Recht die Einnahme des Liegeplatzes schon für die Abgabe der Bereitschaftsmeldung voraus, wäh-

---

[62] Coastcon 18 und Welcon 16 für das Löschen; Polcon 10 für Löschen außer in Ostsee- und skandinavischen Häfen; Contcoal 4 (Laden) und 11 (Löschen), jeweils innerhalb Hamburg/Brest range.

[63] Russcon 6. — Entsprechende Klauseln enthalten Necore 13 und Meditore 13, beide für Laden und Löschen. — Vgl. auch Iron Ore (8) 6 und die unten § 6 B Anm. 38 abgedruckte Klausel der Baltimore-Charter.

[64] Vgl. zu dieser Klausel unten § 8 C Ziff. 2.

rend anderseits beim Fehlen einer entsprechenden Klausel die Ankunft im Hafen oder einem bestimmten Hafenbezirk sowohl für die Notizabgabe als auch für den Beginn der Liegezeit ausreicht. Die Unterscheidung zwischen Port-Charter und Berth-Charter hat jedoch für das deutsche Recht keine Bedeutung[65]. Die Einnahme des Liegeplatzes ist deshalb auch bei einer sog. Port-Charter Voraussetzung für den Beginn der Liegezeit. — Soweit eine Klausel Lade- oder Löschbereitschaft fordert, ohne ausdrücklich für das Anlegen am Liegeplatz etwas abweichendes zu bestimmen, bleibt es beim gesetzlichen Begriff der Lade- oder Löschbereitschaft. Aus den folgenden Klauseln ist deshalb ein Verzicht auf die Einnahme des Liegeplatzes für den Beginn der Liegezeit nicht zu entnehmen[66]:

> Russwood 6 und Baltwood 28: "Time for loading shall count.. from 24 hours after arrival at the loading port and notice of readiness to load has been given.."
>
> Orecon 8 a: "Time for discharging to commence to count after the Vessel has arrived at the discharging port... and reported at the customs and notice of readiness has been given."

In einzelnen Klauseln finden sich allerdings abweichende Regelungen:

> Spanfrucon 6: "Time for loading at subsequent loading ports to count after arrival at or off the ports notwithstanding any regulations or customs of the port.."
>
> Aracon 6: "The discharging time shall count 24 hours after the Vessel's arrival in the roads or in the port.."

In beiden Klauseln ist keine Rede von Lade- oder Löschbereitschaft. Der Beginn der Liegezeit wird ausdrücklich nur von der Ankunft im Hafen abhängig gemacht. Weitere örtliche Voraussetzungen brauchen hier also bei Beginn der Liegezeit nicht vorzuliegen[67].

Eine Einschränkung dieser Art kann jedoch nicht aus der häufigen Klausel "whether in berth or not" entnommen werden. Sie besagt nicht etwa, daß es für die Notizabgabe oder den Beginn der Liegezeit gleichgültig sei, ob das Schiff an seinem Lade- oder Löschplatz liegt. Diese Klausel wälzt vielmehr nur das Risiko für bestimmte Verzögerungen, so

[65] Vgl. zu dieser Frage unten § 6 B I.

[66] Dieselbe strenge Auslegung zu Lasten des Verfrachters vertritt auch Tiberg, S. 246, für das deutsche Recht, und S. 245, für das insoweit übereinstimmende skandinavische Recht: "Where the time is to begin a certain period 'after readiness to discharge' it is hard to see why this unqualified statement should relieve the shipowner of his duty to find a customary or practicable berth.."

[67] Spanfrucon 6 verzichtet außerdem ausdrücklich auf die Erledigung der Quarantäne-Formalitäten: "..notwithstanding whether the vessel is in free pratique or not."

vor allem Platzmangel, auf den Befrachter oder Empfänger ab. Tritt kein solches Hindernis ein, so muß das Schiff bei Beginn der Liegezeit seinen Lade- oder Löschplatz eingenommen haben[68].

## § 3. Die Bedeutung der Bereitschaftsmeldung. Die sog. Voranzeige

### A. Die rechtliche Bedeutung der Bereitschaftsmeldung

1. Bei der Verfrachtung eines Schiffes im ganzen hat der Schiffer, sobald er zur Einnahme der Ladung fertig und bereit ist, dies dem Befrachter anzuzeigen, § 567 Abs. 1. Mit dem auf die Anzeige folgenden Tage beginnt die Ladezeit, § 567 Abs. 2[1].

In der Auslösung des Beginns der Ladezeit liegt die Hauptbedeutung der Bereitschaftsmeldung. Daneben hat die Erstattung oder Nichterstattung der Anzeige aber noch weitere rechtliche Wirkungen, die hier nur kurz angeführt werden sollen[2].

2. Mit der ordnungsgemäßen Notiz erfüllt der Verfrachter die ihm durch § 567 Abs. 1 auferlegte Schuldnerpflicht.

Die Unterlassung oder Verzögerung der Anzeige kann nach allgemeinen Grundsätzen zu einem Schadensersatzanspruch[3] oder Rücktrittsrecht des Befrachters führen[4].

Auch eine unrichtige Notiz kann Schadensersatzansprüche des Befrachters entstehen lassen[5]. Voraussetzung ist ein Verschulden des Schiffers, etwa indem er das Bereitschaftsdatum fahrlässig falsch berechnet oder den angekündigten Zeitpunkt infolge willkürlicher Verzögerungen nicht einhält[6]. Ein Verschulden des Schiffers liegt auch dann vor, wenn er zwar schuldlos den angegebenen Termin nicht einhalten kann, es jedoch unterläßt, den Befrachter schnellstmöglich von der Verzögerung zu unterrichten[7].

---

[68] Vgl. zu dieser Klausel im einzelnen unten § 8 C Ziff. 2.

[1] Für den Löschhafen gilt § 594 Abs. 1 und 2.
BSchR: §§ 28 Abs. 1, 29 Abs. 1 sowie 47 Abs. 1, 48 Abs. 1.

[2] Vgl. zum folgenden Pappenheim, S. 163 f.

[3] Capelle, S. 205.

[4] Pappenheim a. a. O.

[5] V. Laun Hansa 1951, 241.
BSchR: Bouvain, S. 15, Note 15; Vortisch, § 28, A. 3 a.

[6] Schlegelberger, § 567, A. 3. Vgl. den vom Schutzverein Deutscher Rheder (Nr. 7985) berichteten Fall in Hansa 1957, 1667. — Vgl. Schiedsgericht HRGZ 1928, Nr. 77 (Sp. 195 f.) für den Fall der Voranzeige und ebenso Hansa 1958, 2362 f. (Voranzeige).

[7] See- und Handelsgericht Kopenhagen Hansa 1953, 425 mit zustimmender Anmerkung von Lebuhn.

3. Die Unterlassung oder Verzögerung der Anzeige kann besondere vertraglich vereinbarte Rechtsfolgen haben, insb. die Verwirkung einer Vertragsstrafe. — Eine sehr bedeutende Rolle spielt in der Praxis der Frachtcharter die sog. Cancelling-Klausel[8]: Dem Befrachter wird für den Fall, daß das Schiff nicht bis zu einem bestimmten Tage ladebereit ist, ein Rücktrittsrecht eingeräumt. Auch hier ist eine Bereitschaftsmeldung erforderlich, die vor dem Cancelling-Datum zugehen muß[9].

4. Schließlich beginnt auch die Zeitcharter im Regelfall mit dem auf die Bereitschaftsanzeige folgenden Tage, § 622.

## B. Die wirtschaftliche Bedeutung der Bereitschaftsmeldung

Der Befrachter wird durch die Anzeige des Schiffers der Mühe enthoben, sich selbst nach der Ankunft des Schiffes im Hafen und seiner Ladebereitschaft zu erkundigen. Die selbst verschaffte Kenntnis wäre auch mit einer erheblichen Unsicherheit belastet, da ein Außenstehender kaum beurteilen kann, ob das Schiff tatsächlich ladebereit und der Schiffer willens ist, mit der Übernahme der Ladung zu beginnen.

Die Anzeige ermöglicht dem Befrachter, die zur Vorbereitung der Abladung erforderlichen Maßnahmen zu treffen, so vor allem die Bereitstellung der Ladung sowie der Arbeitskräfte und technischen Hilfsmittel, außerdem die Erledigung behördlicher Formalitäten. Weiter kann der Befrachter alsbald von seinem Recht zur Anweisung eines Ladeplatzes Gebrauch machen.

Da zwischen dem Zugang der Notiz, die nur bis zum Ende der Geschäftszeit erstattet werden kann, und dem Arbeitsbeginn des folgenden Tages eine freie Zeit (Notizzeit) von mindestens zwölf Stunden liegt[10], ist der Befrachter imstande, die noch von seiner Seite zur Abladung erforderlichen Vorkehrungen so rechtzeitig zu treffen, daß bei Beginn der Ladezeit auch tatsächlich mit der Beladung angefangen werden kann.

## C. Die sog. Voranzeige

Der Ablader muß die zu verschiffenden Güter vielfach aus dem Binnenland heranschaffen und längere Zeit im voraus abrufen. Er ist deshalb in hohem Maße daran interessiert, den Zeitpunkt der Ladebereitschaft so früh zu erfahren, daß die erforderlichen Dispositionen rechtzeitig

[8] Z. B. Welsh Coal 11, Coastcon 11, Baltcon 19, Polcon 16, Baltwood 3, Contwood 3, Russcon 5, Centrocon 12, Austral 10, Meditore 28, Orecon 15, Gencon 11, Scancon 6, Cemenco 16.

[9] Hans. OLG HGZ 1895, Nr. 56 (S. 156) und 1911, Nr. 62 (S. 137).

[10] Vgl. dazu unten § 5 E und F.

getroffen und zusätzliche Kosten vermieden werden können. Die Chartern sehen daher in zunehmendem Maße vor, daß der Verfrachter oder Schiffer eine oder mehrere Voranzeigen abgeben muß. Dabei sind zu unterscheiden: a) die Meldung der voraussichtlichen Ankunft im Ladehafen (probable/expected date of arrival), b) die Angabe des endgültigen Ladedatums (definite loading-date) und c) das Abfahrtstelegramm vom letzten vorhergehenden Hafen (sailing telegram)[11].

Die Folgen eines Verstoßes gegen die Pflicht zur Abgabe einer ordnungsgemäßen Voranzeige sind in den Chartern unterschiedlich geregelt. Teilweise wird der Verfrachter mit einer Schadensersatzpflicht belastet, die ihn allerdings schon kraft Gesetzes träfe. So wird er häufig zum Ersatz der Leichtermiete einschließlich Liegegeld und der Waggonstandgelder verpflichtet, soweit diese auf Grund einer schuldhaft unrichtigen Voraussage über die Ankunft des Schiffes entstanden sind[12]. Zahlreiche Klauseln bestimmen weitergehend, daß bei verspäteter oder unrichtiger Voranzeige der Beginn der Ladezeit hinausgeschoben oder die Ladezeit verlängert wird. Solche Klauseln sind vor allem im Hinblick auf das Abfahrtstelegramm üblich[13].

Entsprechende Voranzeigen an die Empfänger über die Ankunft im Löschhafen sind nicht gebräuchlich. Die Abfertigung im Löschhafen erfordert keine so umfangreiche Vorbereitung wie die Abladung. Außerdem kann sich der Empfänger vom Befrachter über die Abfahrt vom Ladehafen unterrichten lassen.

Als Beispiel für eine ältere Charter, die ein Abfahrtstelegramm vorsieht, ist das Standardformular Welsh Coal zu nennen. Klausel 2 bestimmt:

> "A sailing telegram to be sent to the Charterers on Vessel leaving her last port, or in default twenty-four hours more to be allowed for loading."[14]

Sehr eingehende Regelungen enthalten die neueren Chartern:

> Nubaltwood 2: "The Master or Owners shall telegraph the Shipper or Shippers of the cargo ... stating the Vessel's and the Charterers' names, and giving at least seven working days' notice of the probable date of Vessel's arrival at loading port or ports. If subsequently it be found that the Vessel cannot arrive within two days after the probable date so notified the Master or Owners shall inform the Shipper or Shippers thereof by telegram or radiogram as early as practicable stating when the Vessel will probably arrive. Default under this clause shall not be con-

---

[11] Vgl. auch Capelle, S. 206 f.; Schlegelberger, § 567, A. 6.

[12] Z. B. Germancon-North 26. S. auch die unten abgedruckten Klauseln Polcon 4 und Nubaltwood 2.

[13] Z. B. Medcon 3, Baltcon 7, Coastcon 11, Contcoal 3, Russcon 19, Pitwoodcon 4, Meditore 6, Necore 6, Panstone 10, Cemenco 5. — S. auch die unten abgedruckten Klauseln Welsh Coal 2 und Polcon 3.

[14] Ähnlich Deutal 18: „Der Kapitän hat den Abgang vom letzten Hafen nach dem Ladehafen zu telegraphieren an folgende Telegrammadresse: . . "

sidered a breach of charter, but the Owners shall be responsible to the Charterers and/or Shippers for demurrage on lighters or trucks due to nonarrival by the stated date or dates if due care has not been exercised in the giving of notice of the probable date of Vessel's arrival. In the event of the Owners or Master failing to give notice as required by this clause, then lay-days shall be extended by the period of seven days from the date of arrival of the Vessel where no notice has been given or by the number of days by which the notice falls short of seven days in cases where short notice has been given. In either case if Charterers or Shippers should commence loading before the expiration of such extended period then lay-days shall count as from the commencement of such loading."

Polcon 3: "The loading shall not be before 7 a.m. on the ..., but Shippers' Agents are to receive from the Owners at least 10 clear running days' written notice of the approximate loading date and at least 5 clear running days' written notice of the definite loading date (at 7 a.m.). The Captain or the Owners or their Agents shall keep the Shippers' Agents continuously advised by telegram of any alterations regarding the Vessel's position.

If the Vessel be not ready to load within 48 hours after the definite loading date, 24 hours' extra loading time shall be allowed.

A sailing telegram shall be sent or communicated to the Shippers' Agents when the Vessel leaves her last port, or if bound to or lying at a local port to discharge, 24 hours' written notice shall be given when the Vessel is expected to be clear of cargo, or in default 24 hours more shall be allowed for the loading."

Polcon 4: "If the Owners ... have given incorrect notice of the definite loading date or the Captain or Owners or their Agents fail to keep the Shippers' Agents advised by telegram of any alteration regarding the Vessel's position, the Owners shall be responsible for truck hire or demurrage on lighters proved to be incurred thereby."[15]

[15] Papierholzcharter 3: „Der Kapitän oder die Reederei hat die Ablader ... wenigstens 7 laufende Kalendertage vorher von der voraussichtlichen Ladebereitschaft des Dampfers telegrafisch in Kenntnis zu setzen. ... Der Befrachter ist ... von der Verantwortung für eine entsprechend verspätete Beladung durch ... (eine) Unterlassung der Benachrichtigung befreit." — Vgl. auch Papierholzcharter 28, Kalicharter 6, Deuterzneu 21, Deutholzneu 17 und 18.

## § 4. Die Voraussetzungen der Bereitschaftsmeldung

### A. Die verschiedenen Ansichten

### *I. Die ältere herrschende Meinung*

a) Die Voraussetzungen im allgemeinen.

Nach älterer herrschender Meinung[1] muß die Anzeige der Ladebereitschaft der Wirklichkeit entsprechen. Nur eine wahre Bereitschaftsmeldung löst die Wirkung des § 567 Abs. 2 aus[2]; eine unrichtige Notiz hat nicht etwa zur Folge, daß mit dem späteren Eintritt der Ladebereitschaft ohne weiteres die Notizzeit beginnt; der Schiffer muß vielmehr eine neue Anzeige erstatten[3]. Eine Vorausanzeige, welche die Ladebereitschaft für die Zukunft ankündigt, vermag die Liegezeit nicht in Lauf zu setzen[4].

Zur Begründung dieser Ansicht führt das Reichsoberhandelsgericht in Band 19, Nr. 84 (S. 285) aus:

> „. . (es wird) vorausgesetzt, daß der Schiffer zur Zeit der Anzeige auch in Wirklichkeit zum Löschen fertig und bereit gewesen ist, was schon daraus hervorgeht, daß nach Abs. 1 die Anzeige überhaupt erst dann erfolgen soll, überdies aber aus den Berathungen zu dem analogen Art. 568 H.G.B. erhellt, indem man es als selbstverständlich anerkannte, daß dem Schiffer im entgegengesetzten Falle eine wirksame Einrede des Empfängers entgegenstehe. Vergl. Protokolle S. 2080."

Die ältere herrschende Meinung verlangt also schon im Zeitpunkt der Bereitschaftsmeldung Ladebereitschaft. Scheinbar folgerichtig wird deshalb für den Zeitpunkt der Notizabgabe und den Beginn der Ladezeit derselbe Begriff verwendet. Tatsächlich deckt sich jedoch die Ladebereitschaft bei der Notizabgabe nicht vollständig mit derjenigen bei Beginn der Ladezeit: Während für diesen Zeitpunkt grundsätzlich verlangt wird, daß das Schiff seinen Liegeplatz erreicht hat[5], werden an die Abgabe der Bereitschaftsmeldung geringere Anforderungen gestellt.

Dagegen wird bei den übrigen Voraussetzungen kein Unterschied zwischen den beiden fraglichen Zeitpunkten gemacht: Schon bei der Notizabgabe ist in subjektiver und ladungstechnischer Hinsicht volle Bereitschaft auf seiten des Schiffes erforderlich; ebenso dürfen keinerlei

---

[1] Die Vertreter dieser Ansicht werden unten im einzelnen aufgeführt.

[2] ROHG 15, Nr. 66 (S. 233); Hans. OLG HGZ 1889, Nr. 59 (S. 144) = Seuff. A. 44, Nr. 274; Lewis, Art. 595, A. 4 (S. 297 f.); Pappenheim, S. 160, 163; Schaps, § 567, A. 10 und § 594, A. 11; Warneken, S. 12; Capelle, S. 205.
BSchR: Mittelstein, § 28, A. 2; Vortisch, § 28, A. 3 a.

[3] ROHG 23, Nr. 133 (S. 416 f.); Schaps, a. a. O.; Warneken, S. 12.

[4] Pappenheim, S. 160, Note 5; Capelle, S. 205; Wüstendörfer, S. 249.

[5] S. oben § 2 C.

Hindernisse vorliegen, es sei denn, daß sie zu Lasten des Befrachters gehen[6].

b) Die örtlichen Voraussetzungen im besonderen.

Nach durchaus herrschender Meinung muß das Schiff im Bestimmungshafen angekommen sein[7]. Dabei ist der Begriff des Hafens im kommerziellen Sinne zu verstehen; die verwaltungsmäßigen Grenzen spielen keine Rolle[8].

Darüberhinaus fordert die ältere herrschende Meinung: Dem Anlegen an den Ladeplatz dürfen keine Hindernisse entgegenstehen, die vom Verfrachter zu vertreten sind. — Auf diesen allgemeinen Grundsatz lassen sich, wie im einzelnen noch dargelegt wird, die unterschiedlichen Formulierungen der Vertreter dieser älteren Meinung zurückführen.

1. Ausgangspunkt dieser Ansicht sind einige Entscheidungen des Reichsoberhandelsgerichts[9].

In ROHG Band 15, Nr. 66 (S. 233 f.) heißt es u. a.:

„.. der Schiffer (hat) nach Art. 593 Abs. 1 H.G.B. das Schiff zur Löschung der Ladung an denjenigen Platz hinzulegen, welcher ihm von dem Empfänger ... angewiesen wird. Allein hieraus ergibt sich keineswegs, daß die Anzeige des Schiffers von seiner Löschbereitschaft oder der an dieselbe geknüpfte Beginn der Löschzeit die zuvorige Anweisung eines Löschplatzes seitens des Empfängers, resp. das Einnehmen desselben zur Voraussetzung habe. .. (Es ist) davon auszugehen, daß es schon genügt, wenn das Schiff überhaupt am Bestimmungsort angekommen ist und von Seiten des Schiffers nichts entgegensteht, den ihm anzuweisenden oder den ortsüblichen Löschplatz ohne Verzug einzunehmen[10], da es dem Schiffer, welcher, abgesehen von den in Art. 593 Abs. 2 H.G.B. bezeichneten Ausnahmsfällen, in Ansehung des Löschplatzes an die Anweisungen des Empfängers gebunden ist, nicht zugemuthet werden kann, sein Schiff schon im voraus unter Aufwendung von Zeit und Kosten an irgend einen bestimmten ortsüblichen Löschplatz zu legen, auf die Gefahr hin, daß dieser dem Interesse des Empfängers nicht entspricht

---

[6] Boyens, § 567, A. 2; Pappenheim, S. 160 f.; Schaps, § 567, A. 1 sowie A. 7 und 10; Capelle, S. 205 f.

BSchR: Goldmann, § 28, Anm. a; Mittelstein, § 28, A. 2; Vortisch, § 28, A. 3 a.

[7] ROHG 15, Nr. 66 (S. 234) und 23, Nr. 132 (S. 416); Endemann, S. 137; Lewis, Art. 595, A. 2 (S. 297); Boyens, § 567, A. 2 (S. 130); Schaps, § 567, A. 1; Warneken, S. 11; Wüstendörfer, S. 249.

BSchR: Mittelstein, § 28, A. 1; Vortisch, § 28, A. 1 c.

[8] Queen's Bench Division Hansa 1958, 315; Tiberg, S. 209, 212.

BSchR: Vortisch, § 27, A. 2 a.

[9] Vgl. außer den hier aufgeführten Entscheidungen auch ROHG 17, Nr. 23 (S. 92 ff.) und 23, Nr. 132 (S. 414 ff.).

[10] Sperrung vom Verfasser.

und deßhalb alsbald wieder mit einem ihm von diesem angewiesenen anderen Löschplatze vertauscht werden muß."

In ROHG Band 19, Nr. 84 (S. 286 f.) wird ausgeführt:

„.. (Es kann) hier dahingestellt bleiben, ob .. (bei rechtzeitiger Anweisung eines geeigneten Platzes) auch die Löschzeit schon mit dem auf die Anzeige der Löschbereitschaft, oder aber erst mit dem auf die Erreichung des angewiesenen Löschplatzes folgenden Tage beginnt ... Dagegen läßt sich jedenfalls nicht annehmen, daß die Anzeige der Löschbereitschaft und der Beginn der Löschzeit schlechthin und in allen Fällen das Einnehmen des angewiesenen oder doch des ortsüblichen Löschplatzes zur unerläßlichen Voraussetzung haben solle. .. Denn zunächst, d. h. so lange dem Empfänger das Recht zusteht, den Löschplatz seinerseits zu bestimmen, fehlt es für den Empfänger an jeglichem Interesse daran, ob das Schiff zur Zeit jener Anzeige an dem ortsüblichen Löschplatze oder an irgend einer anderen Stelle des Bestimmungshafens liegt, und es kann um so weniger angenommen werden, daß das Gesetz dem im Uebrigen zum Löschen bereiten und fertigen Schiffer das mit Aufwand an Zeit und Geld verbundene Anlegen an dem ortsüblichen Löschplatze von vornherein und so lange dasselbe auf eine nutzlose Formalität hinauslaufen würde, als eine nothwendige Vorbedingung der Wirksamkeit seiner dem Empfänger zu machenden Anzeige für den Beginn der Löschzeit habe auferlegen wollen, als durch die dem Schiffer in Art. 595 cit. auferlegte Anzeigepflicht nur hat festgestellt werden sollen, daß für den Beginn der Löschzeit nicht schon ... die Thatsache der Löschbereitschaft entscheidend, der Empfänger also verpflichtet sei, sich nach der Ankunft und Löschbereitschaft des Schiffes seinerseits zu erkundigen, sondern der Schiffer den Empfänger erst von der Ankunft und Löschbereitschaft des Schiffes zu benachrichtigen habe. Vergl. die Berathungsprotokolle zu dem analogen Art. 568 H.G.B. S. 2079."

(S. 228) „.. von einem Mangel der Löschbereitschaft auf Seiten des Schiffers .. (kann) nicht die Rede sein, wenn derselben nur die Unterlassung der Anweisung eines Löschplatzes seitens des Empfängers entgegensteht .."

Danach ist eine wirksame Bereitschaftsanzeige möglich, sobald das Schiff im Bestimmungshafen angekommen ist und der Einnahme des Liegeplatzes von seiten des Schiffes nichts entgegensteht. Diese Formulierung — in Anlehnung an den gesperrt geschriebenen Text der ersten Entscheidung — entspricht der schon oben genannten allgemeinen Fassung der älteren herrschenden Meinung.

Das Reichsoberhandelsgericht stellt seinen Grundsatz allerdings nur für den Fall auf, daß bei der Notizabgabe noch kein Liegeplatz angewiesen ist; die Begründungen beider Entscheidungen sind nur auf diesen Fall zugeschnitten. Die andere Möglichkeit, daß nämlich der Liegeplatz bei der Notizabgabe auf Grund vorheriger Anweisung schon feststeht, bleibt offen.

2. Das Reichsgericht sagt in Bolze 15, Nr. 337:

„Zur Ladebereitschaft des Schiffes im gesetzlichen Sinne gehört es nicht ohne Weiteres, daß dasselbe die angewiesene Stelle bereits eingenommen hat; vielmehr ist, wie aus der Zusammenstellung der Art. 561 und 568 H.G.B. folgt, das Schiff schon dann ladebereit, wenn es sich in dem Stande befindet, sich unverzüglich an den angewiesenen Ladeplatz begeben zu können."

Diese allgemeine und nicht auf den Fall der noch nicht erteilten Anweisung beschränkte Formulierung findet sich auch in den Reichsgerichtsentscheidungen Seuff. A. 61, Nr. 207 und Soergel 1906, S. 756.

Wenn das Reichsgericht verlangt, das Schiff müsse imstande sein, unverzüglich an den Ladeplatz zu gehen, so ist dies — ebenso wie in den Entscheidungen des Reichsoberhandelsgerichts[11] — dahin zu verstehen, daß dem Anlegen keine Hindernisse entgegenstehen dürfen. „Unverzüglich" bedeutet hier nämlich: ohne Verzögerung, die vom Verfrachter zu vertreten ist[12]. Diese Ergänzung der Legaldefinition („ohne schuldhaftes Zögern", § 121 BGB) folgt zwingend aus dem Umstand, daß der Verfrachter neben den vom Schiffer verschuldeten auch andere Verzögerungen zu vertreten hat.

3. Auch das Hanseatische Oberlandesgericht[13] vertritt in einigen Entscheidungen die Meinung des Reichs- und des Reichsoberhandelsgerichts: HGZ 1889, Nr. 59 (S. 144) = Seuff. A. 44, Nr. 274; HGZ 1898, Nr. 53 (S. 128).

4. Die Formulierung des Reichsgerichts wird auch von den älteren Schriftstellern verwendet, und zwar regelmäßig unter Bezugnahme auf einzelne der vorgenannten Entscheidungen: Endemann, S. 137f.; Lewis, Art. 595, A. 2 (S. 297) für die Löschbereitschaft; Boyens, § 567, A. 2 (S. 130) und § 594, A. 2 (S. 191); Pappenheim, S. 160f.; Sieveking, S. 52; Warneken, S. 12ff.

5. Schaps, § 567, A. 1, verlangt für die Ladebereitschaft bei der Notizabgabe, daß das Schiff in der Lage sei, „sich unverzüglich, jedenfalls bis zum Morgen des auf die Meldung folgenden Tages, an den angewiesenen oder ortsüblichen Ladungsplatz zu begeben".

Auch dies ist dahin zu verstehen, daß dem Anlegen keine Hindernisse entgegenstehen dürfen. Schaps übernimmt im wesentlichen die Formulierung des Reichsgerichts. Die scheinbare Erweiterung — daß es genüge, wenn das Schiff bis zum nächsten Morgen anlegen kann — hat daneben keine selbständige Bedeutung: Sie besagt nur, daß das Schiff bei Beginn der Ladezeit am Platz liegen muß. Diese Verpflichtung aber wird der Schiffer immer einhalten, wenn keine Verzögerung eintritt. Allerdings könnte die Formulierung Schaps' auch dahin verstanden werden, daß

---

[11] RG Seuff. A. 61, 207 verweist auf ROHG 15, Nr. 66 und RG Bolze 15, Nr. 337.

[12] Vgl. zur Auslegung dieses Begriffs auch v. Laun in Hansa 1951, S. 239f.

[13] S. demgegenüber aber auch unten III Ziff. 1b.

Hindernisse, auch wenn sie zu Lasten des Verfrachters gehen, die Wirksamkeit der Notiz nicht beeinträchtigen, soweit das Schiff trotzdem bis zum nächsten Morgen seinen Platz erreichen kann. Einer solchen Auslegung steht jedoch entgegen, daß Schaps Hindernissen, die nicht vom Befrachter zu vertreten sind, ganz allgemein die Wirkung beimißt, die Ladebereitschaft und damit auch die Berechtigung zur Notizabgabe auszuschließen[14].

Capelle, S. 205 f., läßt es genügen, wenn das Schiff imstande ist, den Ladeplatz ohne erheblichen Zeitverlust, jedenfalls bis zum nächsten Morgen, zu erreichen.

Wüstendörfer, S. 249, verlangt schließlich nur, daß das Schiff den Ladungsplatz bis zum nächsten Morgen erreichen kann.

Da nach Capelle und Wüstendörfer Hindernisse, die nicht zu Lasten des Befrachters gehen, die Ladebereitschaft und damit auch die Wirksamkeit der Bereitschaftsmeldung aufheben[15], gilt hier im Ergebnis dasselbe wie für die Formulierung von Schaps.

6. Für das Binnenschiffahrtsrecht sind als Vertreter der älteren herrschenden Meinung anzuführen:

> Mittelstein, § 28, A. 1: „Das Schiff muß im Abladehafen angekommen und derartig im Stande sein, daß seinerseits nichts entgegensteht, sich unverzüglich an den angewiesenen oder anzuweisenden oder ortsüblichen Ladeplatz (Bsch. G. § 27) zu legen und mit der Einnahme der Ladung zu beginnen . ."

Mittelstein verweist dabei auf die Begründung zum Binnenschiffahrtsgesetz, S. 62:

> „Insbesondere wird ebensowenig wie im Handelsgesetzbuch verlangt, daß das Schiff sich bereits am Ladeplatz befinde . . . Es muß vielmehr genügen, daß der Frachtführer seinerseits bereit ist, der Anweisung des Absenders in Betreff des Ladeplatzes sofort nachzukommen und die Ladung daselbst in Empfang zu nehmen."

Die Formulierung Mittelsteins findet sich auch bei Bouvain, S. 11. Im übrigen meint Bouvain, S. 12, das Schiff müsse tatsächlich in der Lage sein, am nächsten Tag die angewiesene Stelle zu erreichen. Zur Ladebereitschaft sei nicht erforderlich, daß der „Schiffer sofort mit der Ladung beginnen kann", Bouvain, S. 16.

Nach RGZ 114, 160 (163) muß „der Frachtführer an dem auf die Anzeige folgenden Löschtage tatsächlich löschbereit" sein.

Auch nach Makower, § 28, A. 1, und Goldmann, § 28, Anm. a, braucht das Schiff bei Abgabe der Notiz noch nicht am Ladeplatz zu liegen, wenn nur der Frachtführer der Anweisung des Ladeplatzes durch den Absender nachkommen kann. Makower fordert weiter, am Beginn

---

[14] Schaps, § 567, A. 2—5 und § 594, A. 2—5.

[15] Capelle, S. 184 f.; Wüstendörfer, S. 260 f., für die Löschbereitschaft.

des der Anzeige folgenden Tages müsse mit der Beladung angefangen werden können.

Das Kammergericht übernimmt in HRGZ 1933, Nr. 261 (Sp. 693 f.) die Formulierung Makowers[16]. Nach dieser Entscheidung genügt es — bei der Verfrachtung von zwei Kähnen — wenn der zweite Kahn nach der Beladung des ersten ladebereit ist: Der Schiffer durfte den zweiten Kahn schon melden, obwohl dieser noch auswärts lag.

In einer früheren Entscheidung in Rspr. 2, 370 läßt es das Kammergericht für die Notizabgabe genügen, wenn der Schiffer imstande ist, bis zum Beginn der Löschzeit den angewiesenen Platz einzunehmen. Der Kahn lag hier bei Abgabe der Bereitschaftsmeldung außerhalb des Weichbildes des Bestimmungsortes.

Diese Formulierung des Kammergerichts findet sich schließlich auch bei Vortisch, § 28, A. 1 b und § 47, A. 1 b.

### *II. Neuere herrschende Meinung*

Ältere und neuere herrschende Meinung stimmen darin überein, daß die Bereitschaftsmeldung der Wirklichkeit entsprechen müsse: Im Zeitpunkt der Notizabgabe muß also Ladebereitschaft vorliegen.

Tatsächlich stellen jedoch die Vertreter der neueren Meinung im Verhältnis zur älteren Ansicht geringere Anforderungen an die „Ladebereitschaft bei der Notizabgabe". Die verschiedenen Formulierungen lassen sich dahin zusammenfassen, daß es genügt, wenn das Schiff im Bestimmungshafen angekommen und imstande ist, Ladebereitschaft in dem hier verstandenen Sinne[17] bis zum folgenden Morgen herzustellen.

1. In Hansa 1951, 204 vertritt ein hamburgisches Schiedsgericht die Ansicht, daß der Schiffer im voraus melden könne, er werde an einem bestimmten Tage ladebereit sein. Diese Auffassung stehe im Einklang mit dem Zweck der Bereitschaftsanzeige und der Festsetzung einer Ladezeit, nämlich für beschleunigte Abwicklung der Beladung zu sorgen und dem Befrachter Gelegenheit zu geben, sich für die Beladung rechtzeitig vorzubereiten. Weiter stehe diese Ansicht auch nicht im Widerspruch zum Gesetz, das die Anzeige erst nach Vorliegen der Ladebereitschaft zulasse; denn für die Annahme der Ladebereitschaft genüge nach feststehender Auffassung, daß das Schiff im Hafen eingetroffen und in der Lage sei, sich bis zum Beginn der Ladezeit ladefertig an den Ladeplatz zu legen.

2. Nach dem Landgericht Hamburg Hansa 1954, 1029 f. = MDR 1954, 299 verlangt der Wortlaut des Gesetzes, daß das Schiff grundsätz-

---

[16] In dieser Entscheidung wird ohne weitere Begründung eine am 25. 2. für den 29. 2. 1932 abgegebene Bereitschaftsmeldung für zulässig erachtet.

[17] S. oben § 2.

lich im Augenblick der Abgabe der Löschbereitschaftsmeldung auch löschbereit sein muß. Eine Ausnahme könne nur dann gelten, wenn kleinere, in der Regel übersehbare Hindernisse, die bis zum Beginn der Löschzeit behoben werden können, dem Schiff entgegenstehen. Voraussetzung sei dabei jedoch in jedem Fall die Ankunft des Schiffes im Bestimmungshafen.

3. Auch der Bundesgerichtshof hat sich in einer binnenschiffahrtsrechtlichen Entscheidung in diesem Sinne ausgesprochen[18]. Nach BGHZ 1, 47 (50) setzt die Anzeige der Löschbereitschaft die Löschzeit nur dann in Lauf, wenn objektive Löschbereitschaft vorhanden war. Davon könne aber nur gesprochen werden, „wenn der Schiffer für den Zeitpunkt des Beginns der Löschzeit in der Lage ist, einen geeigneten angewiesenen oder einen ortsüblichen Löschplatz aufzusuchen, und dort zum Löschen der Ladung ... bereit ist."

## *III. Die Gegenansicht*

Verschiedentlich ist die Meinung vertreten worden, die Bereitschaftsmeldung sei an keinerlei Voraussetzungen auf seiten des Schiffes geknüpft, die Notiz könne also jederzeit für die Zukunft abgegeben werden.

1. Nach einer Entscheidung des Handelsgerichts Hamburg in HGZ 1876, Nr. 47 (S. 69) kann die Anzeige der Ladebereitschaft auch für die Zukunft erfolgen. Das Schiff brauche dabei noch nicht vollkommen ladefertig zu sein. In der Begründung wird lediglich darauf hingewiesen, daß eine frühzeitige Anzeige für den Ablader nur von Vorteil sei.

Das Hanseatische Oberlandesgericht führt in HGZ 1903, Nr. 87 (S. 202) aus:

> „.. die Beklagte (hatte) ihren Seeleichter ... der Klägerin in der ersten Hälfte des Juni 1902 ladefertig zu stellen; sie war mithin auch berechtigt, die Ladefertigkeit ihres Fahrzeuges der Klägerin für den 1. 6. 1902 anzumelden und konnte diese Anmeldung an jedem Tage vor dem 1. 6. in rechtsverbindlicher Weise beschaffen, wenn nur das Fahrzeug tatsächlich am 1. 6. zur Einnahme der Ladung an dem ... bezeichneten Ladeplatz bereit lag. ... Klägerin giebt auch zu, daß das Fahrzeug jedenfalls am 2. Juni ladebereit war. Ob solches auch am 1. Juni (Verfasser: ein Sonntag, der nicht in die Liegezeit rechnete) der Fall war, kann dahingestellt bleiben. .. Weshalb aber die Beklagte .. nicht berechtigt gewesen sein sollte, die Anzeige der Ladefertigkeit am 31. Mai zu machen, ist nicht abzusehen."

Diese Entscheidung stellt nach ihrem eindeutigen Wortlaut keine Anforderungen an die Wirksamkeit der Bereitschaftsmeldung — allerdings ohne Begründung. Dem Urteil ist ebensowenig wie dem vorhergehenden zu entnehmen, ob das Schiff bei der Notizabgabe bereits im

---

[18] S. aber auch unten IV Ziff. 6.

Hafen angekommen war; dieser Punkt wird in beiden Entscheidungen nicht behandelt.

Auch Lebuhn vertritt in Hansa 1953, 426 unter Berufung auf ein unten angeführtes Urteil des Landgerichts Stettin die Ansicht, daß der Zweck, dem Ablader die Vorbereitungen zur Abladung zu ermöglichen, durch jede Anzeige gewahrt werde, wenn nur das Schiff bis zu dem in der Notiz genannten Termin auch tatsächlich ladebereit am vereinbarten Platz liege. Daher mache es keinen Unterschied, ob das Schiff bei Abgabe der Notiz schon ladebereit am Ladeplatz liege oder noch nicht einmal im Bestimmungshafen eingetroffen sei.

Für das Binnenschiffahrtsrecht meint Förtsch, § 47, A. 2 — unter fälschlicher Berufung auf ROHG 15, Nr. 66 und 19, Nr. 84 — daß es für die Bereitschaftsanzeige nicht unbedingt erforderlich sei, daß das Schiff den Ablieferungsort erreicht habe. Eine solche Folgerung könne keineswegs aus den Worten „nach der Ankunft am Ablieferungsort" in § 46 Abs. 1 gezogen werden, da sie dort überflüssig seien[19].

2. Schaps, der schon oben als Vertreter der älteren herrschenden Meinung aufgeführt ist, vertritt daneben in § 567, A. 7 und § 594, A. 7 die Ansicht, der Verfrachter könne auch im voraus anzeigen, daß er an einem bestimmten Tage ladefertig sein werde. Er beruft sich dabei auf die oben genannte Entscheidung des Hanseatischen Oberlandesgerichts in HGZ 1903, Nr. 87.

Auch Warneken, der S. 12ff. fordert, bei der Notizabgabe müsse Ladebereitschaft vorliegen, hält S. 33 eine Vorausanzeige für zulässig (unter Berufung auf die Entscheidungen HG Hamburg HGZ 1876, Nr. 47 und Hans. OLG HGZ 1903, Nr. 87).

Schließlich heißt es in einer Entscheidung des Landgerichts Stettin vom 11. 3. 1936[20]:

> „Das Gericht steht auf dem Standpunkt, daß Ladebereitschaft grundsätzlich dann vorhanden ist, wenn das Schiff zu dem Zeitpunkt, von dem an die Ladebereitschaft rechnet, ladebereit am Ladeplatz liegt, daß aber der Kapitän das Recht hat, sich ladebereit zu melden, wenn er annehmen darf, daß sein Schiff zu diesem Zeitpunkt ladebereit in obigem Sinne sein wird (wie er ja auch das Recht hat, seine Ladebereitschaft im voraus für einen bestimmten Tag anzuzeigen). Vgl. Schaps, Seerecht, Anm. 7 zu § 594."

3. Weiter muß noch Landgraf, § 27, A. 20 und § 28, A. 1 und 2, genannt werden. Er zieht aus dem Umstand, daß aus der ursprünglichen

---

[19] Förtsch sagt demgegenüber in § 48, A. 2, daß der Beginn der Löschzeit ordnungsmäßige Anzeige der tatsächlich vorhandenen Löschbereitschaft gemäß § 47 Abs. 1 und 2 voraussetze. Auch in § 28, A. 2 fordert er für die Wirksamkeit der Anzeige, daß von seiten des Schiffers nichts entgegenstehe, den Ladeplatz einzunehmen.

[20] Zitiert nach v. Laun Hansa 1951, 240.

Fassung des § 28 Abs. 1 „Sobald der Frachtführer am Ladeplatze zur Einnahme der Ladung fertig und bereit ist, hat er dies dem Absender anzuzeigen“ die gesperrten Worte weggelassen wurden, zwei Folgerungen: a) Die Ladezeit beginne bereits einen Tag nach der Erklärung des Frachtführers an den Absender, er sei bereit, seiner Anweisung des Ladeplatzes sofort nachzukommen und die Ladung daselbst in Empfang zu nehmen. b) Die Ladefertigkeit des Schiffes sei nicht Voraussetzung für den Beginn der Ladezeit; etwas anderes gelte nur, wenn das Schiff leck, wenn es noch nicht gelöscht, ferner wenn es ersichtlich ungeeignet sei etc.

Landgraf steht mit dieser Auslegung des Gesetzestextes, soweit ersichtlich, allein[21]. Mit der fast einhelligen Meinung[22] ist davon auszugehen, daß die Vorschriften der §§ 28 Abs. 1 und 47 Abs. 1 keine sachliche Änderung gegenüber ihren Vorbildern, den Art. 568 Abs. 1 und 595 Abs. 1 ADHGB (= §§ 567 Abs. 1 und 594 Abs. 1 HGB), bringen sollten. Damit wird aber der Auslegung Landgrafs der Boden entzogen.

## *IV. Die moderne Auffassung*

1. Nach einem Hamburger Schiedsgutachten in HRGZ 1932, Nr. 212 (Sp. 666), kann die Löschbereitschaftsanzeige wirksam abgegeben werden, wenn das Schiff im Hafen eingetroffen und für den Beginn der Löschzeit zu einer nach Zeit und Art normalen Ausführung des Löschens imstande und willens ist.

2. Laun in Hansa 1951, 239 ff. hält es nicht für erforderlich, daß das Schiff im Zeitpunkt der Notizabgabe schon ladebereit ist. Das Schiff brauche weder am Ladeplatz zu liegen noch ladefertig zu sein; ein Unterschied zwischen diesen beiden Voraussetzungen bestehe nicht. Laun hält also den Grundsatz der neueren und älteren herrschenden Meinung, daß die Bereitschaftsmeldung der Wirklichkeit entsprechen müsse, nicht aufrecht. Einzige Voraussetzung für die Notizabgabe ist nach v. Laun, daß das Schiff den Bestimmungshafen erreicht hat; im übrigen komme es nur darauf an, daß das Schiff zu dem in der Notiz angegebenen Zeitpunkt ladefertig am Platz liege. Die Ansicht Launs unterscheidet sich also hinsichtlich der sachlichen Voraussetzungen, die für die Bereitschaftsmeldung gefordert werden, nicht von der neueren herrschenden Meinung.

3. Nach Schlegelberger, § 567, A. 9, setzt die Bereitschaftsmeldung nicht voraus, daß das Schiff schon ladebereit am Ladeplatz liegt; es

---

[21] Da Landgrafs Meinung in keinem Zusammenhang mit den übrigen Ansichten steht, paßt sie nicht in die unten folgende Gesamtkritik und wird schon hier behandelt.

[22] Mittelstein, § 28, A. 1; Makower, § 28, A. 1; Goldmann, § 28, Anm. a; Förtsch, § 28, A. 1; Vortisch, § 28, A. 1a. — Pappenheim, S. 160, Note 8.

genügt vielmehr, wenn es den Platz bis zum nächsten Morgen erreichen kann. Das Schiff muß aber bereits im Bestimmungshafen angekommen sein[23].

Auch nach Abraham, S. 88, ist es nicht unbedingt erforderlich, daß das Schiff bei Abgabe der Anzeige schon am Ladeplatz liegt, wenn es diesen nur bis zum Beginn der Ladezeit erreichen kann; dazu sei es „regelmäßig nötig, daß sich das Schiff jedenfalls schon im Ladehafen befindet".

4. In einer Entscheidung des Hans. OLG Bremen Hansa 1960, 1802 wird für die Wirksamkeit der Bereitschaftsanzeige nur vorausgesetzt, daß das Schiff bei Beginn der Ladezeit in jeder Hinsicht ladebereit ist. Zu einer Äußerung über die Frage der Ankunft im Bestimmungshafen bestand hier kein Anlaß.

5. Tiberg[24] bezeichnet die Zulässigkeit der Vorausanzeige als herrschende Auffassung im geltenden deutschen Schiffahrtsrecht: Die Bereitschaftsmeldung könne abgegeben werden, sobald das Schiff den Bestimmungshafen erreicht habe; praktisch gelte also dasselbe wie nach skandinavischem Recht[25].

6. Schließlich muß hier auch eine weitere binnenschiffahrtsrechtliche Entscheidung des Bundesgerichtshofs genannt werden. Nach BGHZ 2, 20 (22) wird die Löschzeit „in Lauf gesetzt, wenn der Schiffer die Löschbereitschaft anzeigt und wenn auch tatsächlich (objektiv) die Löschbereitschaft in dem Zeitpunkt, für welchen sie erklärt worden ist, vorhanden war". Die Entscheidung läßt nach ihrem Wortlaut eine Vorausanzeige zu: Die Löschbereitschaft kann für die Zukunft angemeldet werden. Der Bundesgerichtshof verweist allerdings ausdrücklich auf seine Entscheidung in BGHZ 1, 47[26], so daß es fraglich erscheint, ob das neuere Urteil als Abweichung gegenüber der früheren Entscheidung aufgefaßt werden kann.

---

[23] U. H. a. den Begriff des "arrived ship" sowie Carver, S. 864, und Scrutton, S. 142, wird weiter verlangt, daß das Schiff nach Hafengebrauch gegebenenfalls in einem engeren Bezirk des Hafens oder an einer bestimmten Stelle angekommen sein muß. Schlegelberger verkennt hier offenbar, daß es sich bei den unterschiedlichen Voraussetzungen des "arrived ship" um eine Rechtsinstitution handelt, die ausschließlich von der englischen Rechtsprechung entwickelt wurde und nur für das englische Recht gilt. Vgl. hierzu unten § 6 B I Ziff. 6 a.

[24] S. 184 f. u. H. a. RGZ 114, 160; Hans. OLG MDR 1954, 299; Schaps, § 567, A. 7; Wüstendörfer, S. 137.

[25] Vgl. hierzu unten § 6 B I Ziff. 6 b.

[26] S. oben A II Ziff. 3.

## B. Kritik und eigene Stellungnahme

1. Die verschiedenen Ansichten über die Voraussetzungen zur Notizabgabe lassen sich auf zwei gegensätzliche Prinzipien zurückführen. Nach der herrschenden Meinung muß die Bereitschaftsmeldung der Wirklichkeit entsprechen, also im Zeitpunkt der Notizabgabe Ladebereitschaft vorliegen. Die Gegenmeinung hält es für zulässig, daß die Notiz die Ladebereitschaft für einen späteren Zeitpunkt anzeigt.

Nach Schaps[27] lassen sich diese Grundsätze allerdings miteinander vereinbaren. Einmal fordert er, daß die Bereitschaftsmeldung der Wirklichkeit entsprechen müsse; an anderer Stelle erklärt er auch eine Vorausanzeige der Ladebereitschaft für zulässig. Diese Meinung ist abzulehnen. Zwar lassen sich zwei verschiedene Arten der Bereitschaftsmeldung denken, deren eine die Bereitschaft für die Gegenwart, deren andere diese für die Zukunft anzeigt. Dies führt jedoch zu unhaltbaren Ergebnissen, wenn beiden Arten der Notiz dieselbe Wirkung beigemessen wird. Schaps läßt im Anschluß an eine Vorausanzeige die Ladezeit schon mit dem angekündigten Termin beginnen, vorausgesetzt natürlich, daß dieser eingehalten wird. Wenn aber eine Vorausanzeige für den folgenden Morgen den Beginn der Ladezeit zu diesem Zeitpunkt auslöst, so verliert die Bereitschaftsanzeige für die Gegenwart ihren Sinn. Bei gleichem Erfolg für den Verfrachter würde nämlich diese Anzeige die Ladebereitschaft des Schiffes erfordern, während die Vorausanzeige an keine Voraussetzungen geknüpft wäre.

Würde man dagegen der Vorausmeldung nur die Wirkung beimessen, daß die Liegezeit einen Tag nach dem angekündigten Termin beginnt, so verlöre sie jede Bedeutung für den Verfrachter.

An der absolut herrschenden Meinung in Rechtsprechung und Literatur, welche die Möglichkeit verschiedener Arten der Bereitschaftsmeldung — regelmäßig stillschweigend — ablehnt und sich jeweils entweder für die der Wirklichkeit entsprechende Bereitschaftsnotiz oder für die Vorausanzeige entscheidet, ist danach festzuhalten. Sie entspricht auch dem Gesetz und der Schiffahrtspraxis, die ebenfalls beide nur eine Art der Bereitschaftsanzeige kennen.

Es ist zu beachten, daß auch die jeweiligen Vertreter des einen oder anderen Grundsatzes zum Teil unter sich voneinander abweichen und an die Notizabgabe unterschiedliche Anforderungen stellen. Gegenstand der folgenden Untersuchung ist deshalb nicht nur die Frage, welchem Prinzip der Vorzug zu geben ist, sondern außerdem, ob und gegebenen-

---

[27] Vgl. oben A I Ziff. 5 sowie III Ziff. 2. Dasselbe gilt für Warneken, oben III Ziff. 2, und wohl auch für LG Stettin, ebenfalls oben III Ziff. 2.

falls welche Voraussetzungen im Zeitpunkt der Notizabgabe auf seiten des Schiffes erfüllt sein müssen.

2. Die ältere herrschende Meinung geht davon aus, daß die Bereitschaftsmeldung der Wirklichkeit entsprechen, zu diesem Zeitpunkt also Ladebereitschaft vorliegen müsse. Nach dieser Ansicht ist jedoch nicht erforderlich, daß das Schiff bei der Notizabgabe schon am Ladeplatz liegt; es genügt vielmehr, wenn es im Bestimmungshafen angekommen ist.

Da für den Beginn der Ladezeit auch hier grundsätzlich die Einnahme des Liegeplatzes gefordert wird, ergibt sich eine unterschiedliche Bedeutung des Begriffs der Ladebereitschaft, auf die schon oben (§ 2 A) hingewiesen wurde: Je nachdem, ob sich die Ladebereitschaft auf die Notizabgabe oder den Beginn der Ladezeit bezieht, ist die Einnahme des Liegeplatzes notwendig oder nicht.

Diese Doppeldeutigkeit ist abzulehnen. Sie kann nur Unklarheit und Verwirrung stiften und verschleiert außerdem die in ihr enthaltene Durchbrechung des Prinzips, daß die Bereitschaftsmeldung der Wirklichkeit entsprechen müsse.

Ausgangspunkt für die Umgehung dieses Grundsatzes war die Überlegung des Reichsoberhandelsgerichts, daß es sinnlos sei, dem Schiffer vor Abgabe der Notiz aufzuerlegen, sein Schiff an einen ortsüblichen Platz zu verholen, solange der Befrachter das Recht habe, einen anderen Platz anzuweisen; eine solche Formalität, die dem Befrachter keinen Nutzen bringe, dem Verfrachter aber Kosten verursache, könne vom Gesetzgeber nicht gewollt sein[28].

Mit dieser Begründung läßt sich rechtfertigen, daß die Einnahme des Ladeplatzes dann nicht Voraussetzung der Bereitschaftsmeldung ist, wenn der Platz bei Ankunft des Schiffes im Bestimmungshafen[29] noch nicht feststeht. Ob das Schiff später den vom Befrachter angewiesenen oder einen ortsüblichen Ladeplatz aufsucht, ist dabei gleichgültig, da auch das Anlegen an einen ortsüblichen Platz von einem Verhalten des Befrachters, nämlich verzögerter oder fehlerhafter Ausübung seines Anweisungsrechts, abhängt[30].

In diesem Zusammenhang ist auch folgende den Löschhafen betreffende Überlegung Lewis' anzuführen[31]: Wäre die Löschbereitschaft vom Anlegen an den Löschplatz abhängig, so hätte das Gesetz den Schiffer verpflichten müssen, vor Abgabe der Notiz beim Empfänger die Anweisung eines Löschplatzes einzuholen. Dies sei jedoch nicht der Fall; das

---

28 Vgl. oben A I Ziff. 1.

29 Genauer: in dem Zeitpunkt, in dem zur Ladebereitschaft des Schiffes nur noch die Einnahme des Ladeplatzes fehlt.

30 Endemann, S. 137 f.

31 Lewis, Art. 595, A. 2 (S. 297).

Gesetz lasse vielmehr auch gegenüber unbekannten Empfängern eine Anzeige durch öffentliche Bekanntmachung zu.

Ähnlich ist das Argument, daß die Ladebereitschaft nur das Ergebnis einer Tätigkeit des Schiffers darstelle; sie würde aber durch eine Mitwirkung des Befrachters bedingt, wenn man die Einnahme eines bestimmten Platzes fordere; denn dieser Platz sei von der Wahl des Befrachters abhängig[32].

Auch diese Überlegungen, die m. E. nicht voll überzeugen können, treffen nur den Fall, daß der Ladeplatz bei Ankunft des Schiffes im Hafen noch nicht bestimmt ist.

Offen bleiben somit die Fälle, in denen der Ladeplatz bereits früher angewiesen oder vertraglich vereinbart oder durch örtliche Verordnung bestimmt ist; denn hier kann das Schiff gleich an den endgültigen Platz gehen. Die ältere herrschende Meinung sieht trotzdem ganz allgemein von dem Erfordernis der Einnahme des Ladeplatzes ab, ohne für die Ausdehnung dieser Ausnahme auf die vorgenannten Fälle eine Begründung zu geben.

In ROHG 19, Nr. 84 (S. 286) wird allerdings behauptet, daß sich die zur Notizabgabe im Löschhafen erforderliche Löschbereitschaft auf seiten des Schiffers augenscheinlich zunächst nur auf die ihm beim Löschen obliegende Mitwirkung, also auf die Ausladung der Güter aus dem Schiff, beziehe. Soweit damit gesagt werden soll, daß der Gesetzgeber mit den Worten „zum Löschen fertig und bereit" nicht auch die Einnahme des Löschplatzes gemeint habe, ist die Behauptung willkürlich und findet im Wortlaut keine Stütze. Zur Löschbereitschaft, die mit den zitierten Worten umschrieben werden sollte, gehört begriffsnotwendig, daß das Schiff einen Löschplatz eingenommen hat; denn anders kann die Ladung nicht gelöscht werden.

Zugunsten dieser Meinung läßt sich auch nicht die Überlegung verwerten, daß der Befrachter in keinem Falle einen Vorteil davon habe, wenn das Schiff vor Beginn der Ladezeit an seinem Ladeplatz liege; denn er könne nicht verlangen, vor diesem Zeitpunkt mit der Beladung anzufangen, und der Schiffer werde sich darauf nur zum Preise eines vorverlegten Ladezeitbeginns einlassen. Dieses Argument gilt nämlich gleichermaßen für alle Voraussetzungen der Ladebereitschaft: Es macht für den Befrachter keinen Unterschied, ob das Schiff nicht am Ladeplatz liegt oder ob es nur an der Ladefertigkeit i. e. S. mangelt, z. B. die Laderäume noch nicht bereit sind, oder ob endlich weder die eine noch die andere Voraussetzung gegeben ist[33].

Die Herstellung der Ladefertigkeit kann zwar im Einzelfall mit erheblich größerem Zeitaufwand verbunden sein, insb. wenn eine um-

[32] Endemann, S. 137; Warneken, S. 13.

[33] V. Laun Hansa 1951, 240.

fangreiche Ladung vorher gelöscht werden muß, als das Anlegen an einen Ladeplatz. Diese Überlegung läßt sich jedoch nicht verallgemeinern. Die zur Herstellung der Ladefertigkeit erforderliche Zeitspanne ist nämlich von Fall zu Fall verschieden: Das Schiff kann sogar schon bei der Ankunft im Hafen ladefertig sein. Anderseits kann aber auch die Einnahme des Ladeplatzes durch Überfüllung des Hafens, Eis, Streik u. a. auf lange Zeit hinausgeschoben werden. Ein grundsätzlicher Unterschied hinsichtlich der Schwierigkeiten und des Zeitaufwandes besteht somit zwischen den örtlichen und den ladungstechnischen Voraussetzungen nicht.

Tatsächlich läßt sich eine überzeugende Begründung dafür, warum gerade die Einnahme des Ladeplatzes nicht Voraussetzung der Notizabgabe sein soll, während im übrigen Ladebereitschaft vorliegen muß, nicht finden.

Der älteren herrschenden Meinung muß also neben der doppeldeutigen Verwendung des Begriffs der Ladebereitschaft vorgeworfen werden, daß sie trotz des Grundsatzes von der Wahrheit der Bereitschaftsmeldung ohne ausreichende Begründung von dem Erfordernis der Einnahme des Ladeplatzes absieht.

Diese Ausnahme wirkt sich aber auch auf die Ladefertigkeit aus. Während Außenstehende zwar ohne weiteres feststellen können, ob das Schiff am Ladeplatz liegt, ist die Überprüfung der ladungstechnischen Voraussetzungen für Dritte nur schwer möglich. Der Verfrachter wird deshalb in vielen Fällen trotz Fehlens einzelner Voraussetzungen mit Erfolg das Vorliegen der Ladefertigkeit behaupten können. Dies wird ihm um so leichter gemacht, als nach einer verbreiteten Ansicht die Beweislast hinsichtlich der Ladebereitschaft dann auf den Befrachter übergeht, wenn feststeht, daß das Schiff im Bestimmungshafen angekommen ist[34]. Damit ist aber der Grundsatz, daß die Notizabgabe die Ladebereitschaft zur Voraussetzung habe, praktisch weitgehend durchbrochen.

3. Die Vertreter der neueren herrschenden Meinung gehen zwar auch von dem Grundsatz der Wahrheit der Bereitschaftsmeldung aus. Tatsächlich heben sie ihn jedoch wieder auf, da sie für die Notizabgabe weder die Einnahme des Ladeplatzes noch die Ladefertigkeit des Schiffes fordern. Mindestvoraussetzung ist nach dieser Meinung nur die Ankunft im Bestimmungshafen.

Nach Ansicht des Bundesgerichtshofs in BGHZ 1, 47 ff. setzt die Löschbereitschaft — wie sie für die Notizabgabe erforderlich ist — voraus, daß der Schiffer bis zum Beginn der Löschzeit einen Löschplatz aufsuchen und sich zum Löschen der Ladung bereit machen kann[35]. Dies besagt

---

[34] Auf eine solche Verschiebung der Beweislast läuft die unten § 5 H Ziff. 2 angeführte Meinung jedenfalls praktisch hinaus.

[35] Vgl. das Zitat oben A II Ziff. 3.

nichts anderes, als daß Löschbereitschaft schon dann vorliegt, wenn sie bis zum Beginn der Löschzeit hergestellt werden kann. Die Unhaltbarkeit einer solchen Terminologie liegt auf der Hand.

Der Bundesgerichtshof will im Ergebnis eine Vorausanzeige der Löschbereitschaft für den folgenden Tag — dem Zeitpunkt des Beginns der Liegezeit — zulassen. Damit ist aber der Grundsatz, daß bei der Notizabgabe Löschbereitschaft vorliegen müsse, nicht zu vereinbaren.

Auch das hamburgische Schiedsgericht in Hansa 1951, 204 läßt die Bereitschaftsmeldung erst nach Vorliegen der Ladebereitschaft zu und fordert für diese nur, daß das Schiff in der Lage ist, sich bis zum Beginn der Ladezeit ladefertig an den Ladeplatz zu legen. Es gilt hier dasselbe wie für das Urteil des Bundesgerichtshofs. — Außerdem vertritt das Schiedsgericht aber die Ansicht, daß der Schiffer auch im voraus melden könne, er werde an einem bestimmten Tage ladebereit sein. Die Entscheidung stellt ein Paradebeispiel dafür dar, daß sich widersprechende Grundsätze mit Hilfe der doppelten Bedeutung der Ladebereitschaft miteinander in Einklang gebracht werden können[36].

Die Entscheidung des Landgerichts Hamburg in Hansa 1954, 1029f. genießt gegenüber den beiden vorgenannten Entscheidungen den Vorzug, daß sie keinen doppeldeutigen Begriff der Löschbereitschaft verwendet, sondern sogar ausdrücklich feststellt, daß zur Löschbereitschaft die Einnahme des Löschplatzes gehöre.

Auch das Landgericht hält an dem Grundsatz fest, daß das Schiff bei Abgabe der Bereitschaftsmeldung tatsächlich löschbereit sein müsse. Eine Ausnahme soll jedoch dann gelten, wenn sich der Bereitschaft nur solche kleineren Hindernisse entgegenstellen, die mit an Sicherheit grenzender Wahrscheinlichkeit bis zum Beginn der Löschzeit beseitigt werden können. Wie die angeführten Beispiele erkennen lassen, wird dabei kein Unterschied zwischen dem Verholen und den ladungstechnischen Voraussetzungen gemacht; nur die Ankunft im Bestimmungshafen ist unabdingbare Voraussetzung einer wirksamen Notiz. Die „Ausnahme" des Landgerichts führt danach praktisch — ebenso wie die beiden vorgenannten Entscheidungen — zur Aufhebung des Grundsatzes, daß die Bereitschaftsmeldung der Wirklichkeit entsprechen müsse.

Die neuere herrschende Meinung stellt somit die konsequente Fortführung der von der älteren Ansicht begonnenen Aufweichung des Prinzips von der Wahrheit der Bereitschaftsmeldung dar. Dieser Grundsatz

---

[36] Die Argumentation dieser Entscheidung, vgl. oben A II Ziff. 1, läßt sich kurz wie folgt zusammenfassen: 1. Der Schiffer kann melden, daß er morgen ladebereit sein wird. 2. Die Anzeige ist erst nach Vorliegen der Ladebereitschaft zulässig. 3. Kein Widerspruch; denn Ladebereitschaft liegt vor, wenn das Schiff morgen ladebereit ist.

wird nur noch der Form nach aufrechterhalten, während tatsächlich die Möglichkeit einer Vorausanzeige anerkannt wird.

4. Die moderne Ansicht verzichtet schließlich auf den Grundsatz der herrschenden Meinung. Weder das Hamburger Schiedsgutachten in HRGZ 1932, Nr. 212, noch Laun in Hansa 1951, 239 ff., fordern, daß die Bereitschaftsanzeige der Wirklichkeit entsprechen müsse. Allerdings nehmen beide zu dieser Frage nicht ausdrücklich Stellung, sondern übergehen dieses bedeutsame Prinzip der herrschenden Meinung mit Stillschweigen.

In den tatsächlichen Anforderungen an die Bereitschaftsmeldung stimmen die neueren Vertreter der herrschenden Meinung und die moderne Ansicht überein: Einzige Voraussetzung für die Notizabgabe ist die Ankunft des Schiffes im Bestimmungshafen. Im übrigen kommt es nur darauf an, daß das Schiff zum angekündigten Zeitpunkt ladebereit ist.

5. Die dargestellten Ansichten zeigen zwei Entwicklungslinien. Die eine beginnt mit dem vom Reichsoberhandelsgericht nur für einen bestimmten Ausnahmefall eingeschränkten Prinzip, daß die Notizabgabe volle Ladebereitschaft erfordere und führt über die Zulassung immer weiter gehender Ausnahmen bis zu einem völligen Verzicht auf den Grundsatz. Die andere verläuft entgegengesetzt: Dem Verfrachter wurden hinsichtlich der Voraussetzungen zur Bereitschaftsmeldung immer größere Konzessionen gemacht.

Ursache dieser Entwicklung dürfte das Bestreben sein, dem Schiffer Gelegenheit zu geben, die Notizzeit für die Herstellung der Ladebereitschaft auszunutzen. Verlangt man nämlich, daß das Schiff schon bei der Notizabgabe in vollem Maße ladebereit ist, so wird es in den meisten Fällen während der ganzen Notizzeit zum Schaden des Verfrachters beschäftigungslos am Ladeplatz liegen. Auch der Befrachter hat regelmäßig kein berechtigtes Interesse an der früheren Ladebereitschaft des Schiffes. Der Verfrachter braucht nämlich eine Beladung vor dem Beginn der Liegezeit nicht zuzulassen[37], und er wird sich damit meist nur unter der Bedingung einverstanden erklären, daß die vorher benutzte Zeit als Ladezeit zählt; im übrigen wird der Befrachter die Ladung vielfach erst bis zum Beginn der Ladezeit bereitstellen können. Da der Verfrachter einen Zeitverlust von mindestens einem halben Tag je Lade- und Löschhafen bei seiner Frachtkalkulation berücksichtigen muß, kann sich das nutzlose Bereitliegen des Schiffes über die Frachtrate auch zum Nachteil des Befrachters auswirken. Schließlich widerspricht das Warten am Ladeplatz auch dem allgemeinen Interesse der Wirtschaft an möglichst weitgehender Ausnutzung der Kapazität des Schiffsraums und der Hafen-

[37] Vgl. dazu unten § 5 G.

anlagen[38]. Wirtschaftliche Erwägungen sprechen somit für die Zulässigkeit einer Vorausanzeige[39].

Auch der Zweck der Bereitschaftsmeldung, dem Befrachter die Möglichkeit zu geben, die zur Abladung erforderlichen Vorbereitungen zu treffen, wird durch eine vorzeitige Notiz nicht beeinträchtigt. Je eher der Befrachter erfährt, wann das Schiff ladebereit sein wird, um so einfacher ist für ihn die Planung und Durchführung der vorbereiteten Maßnahmen.

6. Gegen die Zulässigkeit einer Vorausanzeige und für die Richtigkeit des Grundsatzes der herrschenden Meinung scheint jedoch der Wortlaut des Gesetzes zu sprechen. Nach § 567 Abs. 1 hat nämlich „der Schiffer, sobald er zur Einnahme der Ladung fertig und bereit ist, dies dem Befrachter anzuzeigen“[40]. Das Gesetz geht also davon aus, daß das Schiff im Zeitpunkt der Anzeige tatsächlich ladebereit ist. Anderseits schließt aber der Gesetzeswortlaut die Möglichkeit einer vorzeitigen Bereitschaftsmeldung nicht ausdrücklich aus. Legt man die Vorschrift des § 567 Abs. 1 nur nach ihrem Wortsinn aus, so besagt sie: Wenn der Schiffer ladebereit ist, dann muß er dies anzeigen. Die Meldung ist also eine Schuldnerpflicht des Verfrachters, deren Verletzung ihn schadensersatzpflichtig machen kann. Außerdem ist die Anzeige gemäß § 567 Abs. 2 Voraussetzung für den Beginn der Ladezeit. Die andere Frage aber, ob eine Meldung auch dahin abgegeben werden kann, daß das Schiff zu einem späteren Zeitpunkt ladebereit sein werde, bleibt nach dem Wortlaut des § 567 Abs. 1 offen. Etwas anderes folgt auch nicht aus Abs. 2, wonach die Ladezeit mit dem der Anzeige folgenden Tag beginnt; denn diese Vorschrift bezieht sich nur auf den in Abs. 1 behandelten Fall und besagt nichts über die Zulässigkeit einer Bereitschaftsmeldung für die Zukunft und einen damit verbundenen späteren Beginn der Ladezeit.

Bei der Klärung der Frage, ob der Gesetzgeber nur eine Anzeige des in § 567 Abs. 1 genannten Inhalts anerkennen oder auch eine Vorausanzeige zulassen wollte, können auch die Beratungsprotokolle zum Allgemeinen Deutschen Handelsgesetzbuch herangezogen werden; die hier bedeutsamen Vorschriften des Handelsgesetzbuchs sind nämlich — von sprachlichen Verbesserungen abgesehen — unverändert aus jenem

---

[38] Bertram (Norddeutscher Lloyd) in Hansa 1951, 1700: „Ein Schiff erfüllt seine ökonomische Funktion nur auf See, im Hafen ist es nichts weiter als ein phantastisch teures Lagerhaus.“

[39] Vgl. auch Hamb. Schiedsgericht Hansa 1951, 204; v. Laun Hansa 1951, 239 ff.

[40] Für den Löschhafen gilt gemäß § 594 entsprechendes.

BSchR: Die §§ 28 Abs. 1, 29 Abs. 1 sowie 47 Abs. 1, 48 Abs. 1 sind in Anlehnung an das ADHGB gefaßt worden; die §§ 567 und 594 aber sind aus dem ADHGB übernommen. Für das BSchR gelten also keine Abweichungen.

Gesetz übernommen worden. Wenn auch Gesetzesmaterialien keine selbständige Bedeutung haben, können sie doch als Hilfsmittel für die Auslegung des Gesetzes dienen[41].

Die Protokolle lassen erkennen[42], daß die Vorschrift des Art. 568 Abs. 1 ADHGB (= § 567 Abs. 1 HGB) auf die Überlegung zurückzuführen ist, daß der Beginn der Ladezeit nicht allein durch die Ladebereitschaft des Schiffes bestimmt werden solle, sondern außerdem eine Bereitschaftsmeldung des Schiffers erforderlich sei. Die Absicht des Gesetzgebers deckt sich also mit der oben durch grammatische Auslegung ermittelten Bedeutung der Vorschrift: Durch Art. 568 sollte nur eine Anzeigepflicht des Schiffers und eine zusätzliche Voraussetzung für den Beginn der Ladezeit statuiert, nicht dagegen eine vorzeitige Bereitschaftsmeldung ausgeschlossen werden. Auch das Reichsoberhandelsgericht hat diese Stelle in den Protokollen als Argument dafür verwendet, daß die Einnahme des ortsüblichen Ladeplatzes nicht unbedingt Voraussetzung für die Abgabe einer wirksamen Bereitschaftsmeldung sein könne[43].

Anderseits heißt es in den Protokollen, S. 2079 f., aber auch:

> „Nach Erörterung .. wurde ... mit Stimmeneinhelligkeit beschlossen, auszusprechen, daß der Schiffer schuldig sei, sich bei dem Befrachter zu melden, wenn das Schiff ladungsbereit sei, und daß am nächsten Tage nach dieser Meldung die Ladezeit beginne. Dabei wurde als selbstverständlich anerkannt, daß der Befrachter gegenüber dem Schiffer eine wirksame Einrede habe, wenn der Letztere die Ladungsbereitschaft angemeldet habe, ohne daß das Schiff wirklich ladungsbereit gewesen."

Diese Feststellung bezieht sich, wie der Zusammenhang deutlich zeigt, nur auf den Fall, daß der Schiffer die bestehende Ladebereitschaft anmeldet. Über die Zulässigkeit einer Vorausanzeige besagt das Zitat also unmittelbar nichts. Mittelbar ließe sich allerdings folgern, daß der Gesetzgeber nur eine Anzeige der bestehenden Ladebereitschaft als wirksam anerkennen wollte.

Tatsächlich ist die Möglichkeit einer Bereitschaftsmeldung für die Zukunft gar nicht Gegenstand der Beratungen zum Allgemeinen Deutschen Handelsgesetzbuch gewesen; die ausführlichen Protokolle enthalten nichts zu dieser Frage[44]. Dies muß wohl darauf zurückgeführt werden, daß eine solche Art der Anzeige damals weithin unbekannt war. Nach dem allgemeinen europäischen Seerecht in der ersten Hälfte des 19. Jahrhunderts — ebenso im Prinzip noch heute das englische Recht[45] — beginnt die Ladezeit nämlich mit der Anzeige des Schiffers, daß er zur Übernahme der

---

[41] Enneccerus-Nipperdey, S. 202; vgl. RGZ 128, 111.

[42] Protokolle S. 2079 oben.

[43] ROHG 19, Nr. 84: S. das Zitat oben A I Ziff. 1.

[44] Vgl. z. B. Protokolle S. 2079 f., 2093 ff., 2115 f., 2240.

[45] S. unten § 6 B I Ziff. 6 a.

Ladung bereit sei[46]. Wenn aber zwischen der Bereitschaftsmeldung und dem Beginn der Liegezeit keine Notizzeit liegt, so besteht kein Interesse des Verfrachters an einer Vorausanzeige; diese soll ja nur das nutzlose Bereitliegen des Schiffes während der Notizzeit vermeiden. Daß mit der Einführung einer sog. freien Zeit auch eine Bereitschaftsanzeige für die Zukunft Bedeutung erlangen könnte, hat der Gesetzgeber wahrscheinlich übersehen. Dies ist verständlich, wenn man bedenkt, daß sich die moderne Entwicklung der Schiffahrt mit ihrer außerordentlichen Erhöhung der Reisegeschwindigkeit in der Mitte des vorigen Jahrhunderts noch im Anfangsstadium befand und damit kleinere Zeitgewinne für den Reeder keine erhebliche Rolle spielten.

Wenn aber der Gesetzgeber die Bedeutung der Vorausanzeige nicht kannte oder nicht kennen konnte, so wäre seine etwaige Vorstellung, nur eine Bereitschaftsmeldung für die Gegenwart zuzulassen, nicht verbindlich. Die aus den Gesetzesmaterialien ersichtlichen Überlegungen des Gesetzgebers sind nur ein Hilfsmittel zur Auslegung, das unter Berücksichtigung der besonders schnellebigen Entwicklung der Schiffahrt in den letzten hundert Jahren[47] sehr vorsichtig verwertet werden muß. Das oben angeführte Zitat und der Umstand, daß weder das Gesetz noch die Protokolle die Möglichkeit einer Bereitschaftsmeldung für die Zukunft erwähnen, reichen deshalb zur Begründung des von der herrschenden Meinung vertretenen Prinzips nicht aus.

Demgegenüber fordern wirtschaftliche Erwägungen, wie oben näher ausgeführt, die Zulässigkeit der Vorausanzeige. Die neuere Rechtsprechung und Literatur stimmen hiermit teils im Ergebnis, teils sogar ausdrücklich überein. Die Zulassung der Vorausmeldung entspricht schließlich auch den Anschauungen der Schiffahrtspraxis[48] und verschiedenen modernen ausländischen Seerechtsordnungen[49].

Nach alledem muß der Grundsatz der herrschenden Meinung, daß die Bereitschaftsanzeige nur für die Gegenwart erstattet werden könne, aufgegeben werden. Das Gesetz läßt die Vorausanzeige zwar nicht zu, schließt sie aber auch nicht aus. Erlaubt aber der Wortlaut des Gesetzes eine Deutung, die den praktischen Bedürfnissen und den Anschauungen der Praxis gerecht wird, so ist dieser Auslegung gegenüber anderen, die diese Voraussetzungen nicht erfüllen, der Vorzug zu geben.

---

[46] So Pöhls, S. 409, für das allgemeine europäische Seerecht; Kaltenborn I S. 260 für das Gemeine Recht. — Auch diese Autoren erwähnen nicht die Möglichkeit einer Vorausanzeige.

[47] Das obige Zitat bezieht sich auf die Sitzung v. 5. 11. 1858.

[48] S. die Stellungnahme der Baltic and International Maritime Conference, zitiert bei v. Laun Hansa 1951, 240.

[49] Vgl. z. B. die skandinavischen Rechte, s. unten § 6 B I Ziff. 6 b.

7. Mit der grundsätzlichen Zulassung der Vorausanzeige ist aber noch nicht die Frage geklärt, ob nicht an eine solche Anzeige bestimmte Anforderungen zu stellen sind.

Die Bereitschaftsmeldung für die Zukunft dient zwar auch dem Interesse des Befrachters. Voraussetzung ist dabei jedoch, daß der Schiffer den von ihm angekündigten Termin einhält. Ist das Schiff nämlich zu diesem Zeitpunkt nicht ladebereit, so wird häufig ein erheblicher Schaden für den Befrachter entstehen[50]; denn für die zum Ladeplatz beorderten Güter fallen Lagerkosten an, und die bestellten Arbeitskräfte und technischen Hilfsmittel müssen bezahlt werden; die Störung der Verkaufsdispositionen kann weiteren Schaden mit sich bringen.

Der Befrachter kann sich wegen eines solchen Schadens beim Verfrachter erholen, wenn dieser die Verspätung verschuldet oder den Ladetermin schuldhaft falsch gemeldet hat. Wird aber durch höhere Gewalt eine unvorhersehbare Verspätung verursacht, so kann der Verfrachter nicht in Anspruch genommen werden: Das Risiko für einen etwaigen Schaden trägt der Befrachter[51]. Zwar ist der Schiffer in jedem Falle verpflichtet, seine Bereitschaftsmeldung zu berichtigen, sobald er feststellt, daß sein Schiff den angekündigten Ladetermin nicht einhalten kann. Eine solche Meldung wird den Befrachter aber häufig erst zu spät erreichen.

Die Tatsache, daß unvorhersehbare Ereignisse die Herstellung der Ladebereitschaft zum angemeldeten Termin ausschließen können, bringt also eine beachtliche Gefährdung der Interessen des Befrachters mit sich. Hauptursache für solche Verzögerungen durch höhere Gewalt sind die mit der Schiffahrt auf offener See verbundenen Gefahren; durch schlechtes Wetter, Havarie oder Schiffskollision kann die planmäßige Ankunft im Bestimmungshafen ebenso hinausgeschoben werden wie durch einen durch Hilfeleistung in Seenot bedingten Aufenthalt. Solange das Schiff auf offener See schwimmt, ist eine Vorhersage über den Verlauf der Reise mit einer erheblichen Unsicherheit belastet[52]. Demgegenüber treten innerhalb eines Hafens nur selten unvorhersehbare Schwierigkeiten auf. Der Schiffer oder der Agent des Verfrachters kann sich über die besonderen Verhältnisse des Bestimmungshafens und ebenso über das Ausmaß etwaiger Störungen, wie insb. Überfüllung des Hafens, unterrichten und

---

[50] Vgl. hierzu auch oben § 3 und die dort aufgeführten Beispiele.

[51] Tiberg, S. 185 (bei der Darstellung des deutschen Rechts), belastet dagegen den Verfrachter mit dem Risiko einer unverschuldet falschen Vorausanzeige. Da die Vorausmeldung nicht ausdrücklich im Gesetz vorgesehen, sondern lediglich ein Zugeständnis an den Verfrachter sei, müsse dieser auch die Gewähr für die Richtigkeit seiner Anzeige tragen. — Dieser Überlegung kann nicht zugestimmt werden: Der Schiffer übernimmt mit der Vorausanzeige keine stillschweigende Gewährleistung.

[52] V. Laun Hansa 1951, 240.

dies bei seiner Vorausanzeige berücksichtigen. Dieselbe Möglichkeit hat im übrigen der Befrachter.

Das Interesse des Befrachters verlangt deshalb, die Bereitschaftsmeldung des Schiffers erst nach seiner Ankunft im Bestimmungshafen zuzulassen, damit das Risiko für den durch eine schuldlos falsche Vorausanzeige entstehenden Schaden weitgehend gemindert wird. Es ist nicht gerechtfertigt, diesen Zeitpunkt zugunsten des Verfrachters weiter nach vorn zu verlegen, wenn eine zufällige Verspätung dem Befrachter erheblichen Schaden zufügen kann[53].

Diesen Überlegungen entspricht im Ergebnis — zum Teil mit übereinstimmender Begründung[54] — die durchaus herrschende Meinung: Danach ist die Ankunft des Schiffes im Bestimmungshafen[55] Voraussetzung für eine wirksame Bereitschaftsmeldung[56]. Dieser Forderung ist grundsätzlich zuzustimmen.

8. Auch die oben behandelten wirtschaftlichen Bedürfnisse, die als Ansatzpunkt für die Zulässigkeit der Vorausanzeige dienten, werden im Regelfall nicht beeinträchtigt, wenn der Schiffer seine Anzeige erst nach der Ankunft im Hafen erstatten kann. Die Vorausanzeige soll ermöglichen, daß die Notizzeit nicht ungenutzt für den Verfrachter verstreicht. Die Zeit, die zwischen einer bei Ankunft abgegebenen Meldung und dem dadurch bestimmten Ladezeitbeginn liegt, wird aber oft nicht einmal ausreichen, um die volle Ladebereitschaft des Schiffes herzustellen. Der Verfrachter verliert nur dann einen vollen Tag, wenn das Schiff den Hafen nach Schluß der Geschäftszeit erreicht, so daß die Ladezeit erst am übernächsten Morgen beginnt[57], während die Ladebereitschaft bis zum Arbeitsbeginn des folgenden Tages hergestellt werden kann. Solche Fälle sind als Ausgleich dafür anzusehen, daß umgekehrt der Befrachter bei einer erst kurz vor Schluß der Geschäftszeit zugegangenen Notiz vielfach nicht mehr die Möglichkeit hat, bis zum folgenden Morgen die für die Abladung erforderlichen Vorbereitungen zu treffen[58].

---

[53] LG Hamburg Hansa 1954, 1030.

[54] Vgl. Anm. 52 und 53.

[55] Der Begriff des Hafens ist im kommerziellen, nicht im verwaltungstechnischen Sinne zu verstehen, s. oben A, Anm. 8.

[56] S. die oben A I-III angeführten Urteile und Autoren.

BSchR: Hier gilt im Ergebnis dasselbe, vgl. oben A I Ziff. 6. Da auch in der Binnenschiffahrt unvorhersehbare Schwierigkeiten außerhalb der Häfen erheblich häufiger auftreten als innerhalb derselben, finden die für die Seeschiffahrt geltenden Ausführungen im Text auf das BSchR entsprechende Anwendung.

[57] Vgl. dazu unten § 5 E und F.

[58] Im übrigen bestimmen viele Chartern, daß bei einer nach Schluß der Geschäftszeit abgegebenen Notiz die Ladezeit am Mittag des folgenden Tages beginnt; vgl. dazu unten § 6 B II.

In einzelnen Fällen muß der Schiffer, der vor dem Bestimmungshafen angekommen ist, eine gewisse Zeit warten, bis er in den Hafen einlaufen kann. Dies kommt besonders häufig bei Häfen vor, die von größeren Schiffen nur mit der Flut erreicht werden können; dasselbe gilt für Schleusenhäfen, die ihre Schleusen nur bei Hochwasser öffnen. Auch bei Überfüllung des Hafens müssen neu aufkommende Schiffe vielfach auf der Reede oder sonst vor dem Hafen liegen bleiben. Das Schiff kann auch aus anderen Gründen, wie z. B. behördliche Anweisung, gezwungen sein, vor dem Hafen zu warten.

In Fällen dieser Art besteht das Bedürfnis, eine Anzeige schon vor dem Einlaufen in den Hafen zuzulassen[59]. Der Schiffer wird nämlich regelmäßig schon im voraus angeben können, wann das Hindernis behoben und demzufolge das Schiff ladebereit sein wird. Da Hindernisse der hier genannten Art mangels anderweitiger Vereinbarung zu Lasten des Verfrachters gehen[60], ist es gerechtfertigt, dem Schiffer die Möglichkeit zu geben, die Gefahr eines weiteren Zeitverlustes, wie er vor allem bei einem Einlaufen nach Schluß der Geschäftszeit entstehen kann, auszuschließen. Für den Befrachter bringt diese Erweiterung keine Belastung mit sich, da eine unmittelbar vor dem Bestimmungshafen getroffene Vorhersage keine größere Unsicherheit in sich trägt als die Vorausanzeige nach dem Eintreffen im Hafen.

Die letzte Überlegung kann indes nicht dazu führen, einem in Fahrt befindlichen Schiff auch schon in unmittelbarer Nähe des Hafens die Bereitschaftsmeldung zu gestatten. Wird das Schiff nicht zu einem Aufenthalt vor dem Hafen gezwungen, so tritt ein Zeitverlust für den Verfrachter nur in Ausnahmefällen ein, die für sich allein eine Durchbrechung des Prinzips nicht rechtfertigen. Im übrigen dürfte es kaum möglich sein, eine brauchbare Abgrenzung dafür zu finden, wann sich ein Schiff in unmittelbarer Nähe des Hafens befindet. Dies ist um so schwieriger, als die Lage zur offenen See bei jedem Hafen verschieden ist.

Dagegen läßt sich bei einem erzwungenen Aufenthalt vor dem Hafen eine feste Abgrenzung dadurch treffen, daß das Schiff an den für solche Fälle vorgesehenen Anlegeplatz gehen muß. Nur von hier aus kann eine wirksame Anzeige erstattet werden.

9. Weitere Anforderungen sind an eine Vorausanzeige nicht zu stellen. Die übrigen zur Ladebereitschaft notwendigen Voraussetzungen bringen keine besonderen Schwierigkeiten und Risiken mit sich. Die Herstellung der Ladefertigkeit i. e. S. läßt sich regelmäßig mit derselben Sicherheit vorausberechnen wie das Verholen an den Liegeplatz. Unvor-

---

[59] Viele Chartepartien treffen deshalb für diese Fälle besondere Vorschriften; vgl. dazu unten § 8 C.

[60] S. dazu unten § 7 F und G.

hersehbare Hindernisse können zwar in jedem Fall eintreten; sie sind jedoch verhältnismäßig selten und stellen eine geringe und zumutbare Belastung für den Befrachter dar.

Eine Bereitschaftsmeldung für die Zukunft ist also zulässig und setzt nur voraus, daß das Schiff den Bestimmungshafen erreicht hat oder bei erzwungenem Aufenthalt vor dem Hafen an dem für solche Fälle üblichen Platz liegt.

Eine gewisse Einschränkung für die Vorausanzeige folgt allerdings aus § 567 Abs. 2[61]. Diese Vorschrift bezieht sich zwar nicht auf die Bereitschaftsmeldung für die Zukunft. Wenn aber der Gesetzgeber der Anzeige der gegenwärtigen Ladebereitschaft nur die Wirkung beimißt, daß die Ladezeit mit dem folgenden Tage beginnt, so kann für die Vorausanzeige nichts anderes gelten: Auch sie kann nicht für einen früheren Zeitpunkt als den folgenden Morgen abgegeben werden. Im übrigen kennt das Handelsgesetzbuch[62] ohnehin nur eine Berechnung der Liegezeit nach vollen Tagen[63].

Mit der Zulassung der Vorausanzeige verliert die Bereitschaftsmeldung für die Gegenwart ihre Bedeutung. Die Bereitschaftsnotiz setzt in keinem Falle die Ladebereitschaft des Schiffes voraus. Die für die Vorausanzeige ermittelten Erfordernisse gelten für jede Notiz; es kommt nur darauf an, daß das Schiff bei Beginn der Ladezeit ladebereit ist. Es gibt also nur eine Bereitschaftsmeldung mit einheitlichen Voraussetzungen und Rechtswirkungen. Ob sich der Schiffer schlechthin ladebereit meldet oder die Bereitschaft für den folgenden Tag anzeigt, macht keinen Unterschied.

10. Die in einzelnen Fällen vertretene Ansicht, die Notiz sei an keinerlei Voraussetzungen geknüpft und könne jederzeit für einen späteren Zeitpunkt abgegeben werden[64], ist demgegenüber abzulehnen.

Die beiden Entscheidungen der hamburgischen Gerichte und das Urteil des Landgerichts Stettin können kein besonderes Gewicht beanspruchen, da sie ihre abweichende Ansicht nicht begründen und das besondere Risiko, das eine vor der Ankunft im Bestimmungshafen abgegebene Notiz mit sich bringt, nicht behandeln. Außerdem verzichten diese Entscheidungen auch nicht ausdrücklich auf das Erfordernis der Ankunft im Bestimmungshafen. — Dasselbe gilt für Schaps und Warneken, die sich nur auf die beiden hamburgischen Entscheidungen beziehen und im übrigen an anderer Stelle der herrschenden Meinung beitreten.

---

[61] Für den Löschhafen gilt § 594 Abs. 3.
BSchR: Die Vorschriften der §§ 29 Abs. 1 und 48 Abs. 1 stimmen mit denen des HGB überein.

[62] Dasselbe gilt für das BSchG.

[63] Vgl. dazu im einzelnen unten § 5 F.

[64] S. dazu oben A III.

Eine Begründung liefert auch Lebuhn nicht, wenngleich er ausdrücklich sagt, die Notiz könne auch schon vor Erreichen des Bestimmungshafens erstattet werden. Er beschränkt sich auf die Forderung, daß der Schiffer seine Vorhersage mit der erforderlichen Sorgfalt treffen müsse. Führt man diesen Gedanken weiter, so muß man zu dem Ergebnis kommen, daß ein gewissenhafter Schiffer seine Meldung nicht vor dem Bestimmungshafen abgeben kann, weil sie im anderen Falle mit zu großen Fehlerquellen belastet wäre.

Die von Förtsch aus dem Wortlaut der §§ 46, 47 gezogene Folgerung, die Notizabgabe sei nicht durch die Ankunft am Bestimmungsort bedingt, kann nicht überzeugen. Wie oben ausgeführt, behandelt das Binnenschifffahrtsgesetz ebenso wie das Handelsgesetzbuch nur den Fall einer Anzeige nach Vorliegen der Lade- oder Löschbereitschaft. Das Erfordernis der Ankunft im Bestimmungshafen für eine Vorausanzeige folgt nicht aus dem Gesetz, sondern aus der besonderen Interessenlage der Parteien und dem ungerechtfertigten Risiko einer vor diesem Zeitpunkt abgegebenen Notiz für den Befrachter.

## § 5. Die Abgabe der Bereitschaftsmeldung. Der Beginn der Liegezeit. Beweislast

### A. Die Rechtsnatur der Bereitschaftsmeldung

Die Bereitschaftsanzeige ist nach Schaps und anderen[1] eine Willenserklärung. Diese Ansicht wird von Pappenheim und Capelle[2] abgelehnt; nach Capelle ist die Notiz eine Anzeige der Leistungsbereitschaft i. S. des § 295 BGB[3].

Wäre die Bereitschaftsmeldung eine Willenserklärung, so müßten die an sie geknüpften Rechtswirkungen, also vor allem der Beginn der Liegezeit, deshalb eintreten, weil der Schiffer diesen Erfolg herbeiführen wollte. Tatsächlich beginnt jedoch die Ladezeit unabhängig von einem solchen Willen des Schiffers auf Grund Gesetzes, nämlich der §§ 567 Abs. 2 und 29 Abs. 1. Die Bereitschaftsmeldung gehört danach zu den Rechtshandlungen. Diese unterscheiden sich von den Willenserklärungen gerade dadurch, daß sie nicht auf die Herbeiführung eines Rechtserfolges gerichtet zu sein und diesen auch nicht zu bezeichnen brauchen und daß

[1] Schaps, § 567, A. 7 und § 594, A. 7; Warneken, S. 31.
BSchR: Vortisch, § 28, A. 2 c.

[2] Pappenheim, S. 162, Note 3; Capelle, S. 203.

[3] Die Erklärung nach § 295 BGB ist allerdings nach Staudinger, § 295, A. 2 a; Erman, § 295, A. 3; Palandt, § 295, A. 1 eine Willenserklärung. — A. A. Enneccerus-Lehmann, S. 245 (Rechtshandlung).

die Rechtswirkung eintritt, nicht weil sie gewollt, sondern nur weil sie vom Gesetz bestimmt ist[4].

Die Anzeige der Ladebereitschaft ist eine geschäftsähnliche Willensäußerung, eine Unterart der Rechtshandlungen, und stellt eine Aufforderung dar, die vom Gegner ein Tun verlangt[5]. Dies wird deutlich, wenn man bedenkt, daß die einfache Aufforderung an den Befrachter, mit der Abladung zu beginnen, genügt, um die Ladezeit in Lauf zu setzen.

Auf die Bereitschaftsmeldung finden jedoch die Vorschriften über Willenserklärungen weitgehend entsprechende Anwendung[6], so insb. die §§ 130 ff. BGB[7]. Die Anzeige wird also erst mit ihrem Zugang wirksam.

## B. Beteiligte Personen

Nach §§ 567 Abs. 1 und 594 Abs. 1 muß die Anzeige vom Schiffer erstattet werden. An seiner Stelle kann auch ein anderer Vertreter des Verfrachters, insb. der Schiffsmakler, oder der Verfrachter selbst die Notiz abgeben[8].

Das Binnenschiffahrtsgesetz nennt anstelle des Schiffers den Frachtführer, §§ 28 Abs. 1 und 47 Abs. 1.

Adressat der Anzeige ist:

a) im Ladehafen: der Befrachter oder sein Vertreter, insb. der Ablader[9] oder der Agent, an den der Verfrachter z. B. in der Charterpartie verwiesen ist[10]. — In Kohlenchartern wird als Empfänger der Bereitschaftsmeldung häufig der Staithman[11], zum Teil auch die Hafenbehörde[12] genannt. — Im Binnenschiffahrtsrecht muß die Anzeige dem Absender erstattet werden. Vielfach wird der Frachtführer im Befrachtungsschein auf einen Vertreter des Absenders, vor allem den Spediteur, verwiesen[13].

---

[4] Enneccerus-Nipperdey, S. 909; Staudinger, Einl. vor § 104, A. 3.

[5] Vgl. dazu die Einteilung bei Enneccerus-Nipperdey, S. 578. Die Bereitschaftsmeldung läßt sich mit dem dort angeführten Beispiel der Fristsetzung, also der Aufforderung, innerhalb einer bestimmten Frist zu leisten, vergleichen.

[6] So Enneccerus-Nipperdey, S. 909 ff., allgemein für geschäftsähnliche Willensäußerungen.

[7] Pappenheim, S. 170; Capelle, S. 204 f.; Schlegelberger, § 567, A. 7. BSchR: Mittelstein, § 28, A. 6 a.

[8] Hans. OLG HGZ 1888, Nr. 132 (S. 312); Pappenheim, S. 160, Noten 1 und 2; Schaps, § 567, A. 7 und § 594, A. 7; Warneken, S. 30 f.; Capelle, S. 203; Schlegelberger, § 567, A. 6.

[9] Hans. OLG HGZ 1905, Nr. 41 (S. 84); Boyens, § 567, A. 2 (S. 130); Schaps, § 567, A. 7; Warneken, S. 31; Capelle, S. 203.

[10] ROHG 7, Nr. 38 (S. 151); Pappenheim, S. 160; Schlegelberger, § 567, A. 6.

[11] Z. B. in Medcon 4, Coastcon 3 A, Baltcon 5 A.

[12] Z. B. in Coastcon 3 B.

[13] BSchR: Mittelstein, § 28, A. 6 c.

b) im Löschhafen: der Empfänger, §§ 594 Abs. 1, 47 Abs. 1, also der legitimierte Inhaber des Konnossements[14] oder des Ladescheins[15], oder die im Konnossement bzw. in der Chartepartie (Ladeschein) angegebene Adresse.

Ist der Empfänger dem Schiffer unbekannt, so ist die Anzeige durch öffentliche Bekanntmachung in ortsüblicher Weise zu bewirken, §§ 594 Abs. 2, 47 Abs. 4.

Dasselbe gilt in dem sehr seltenen und nicht ausdrücklich geregelten Fall, daß dem Schiffer der Befrachter (oder der von ihm benannte Dritte, § 577) unbekannt ist[16]; § 594 Abs. 2 findet hier entsprechende Anwendung, wie auch vom Gesetz in § 577 unterstellt wird[17].

Ebenso gilt § 47 Abs. 4 analog, wenn der Frachtführer den Absender nicht ermitteln kann[18].

## C. Mehrere Befrachter oder Empfänger. Mehrere Häfen

1. Ganzverfrachtung.

Ist das Schiff an mehrere gemeinsam verfrachtet, muß die Ladebereitschaft jedem einzelnen Befrachter angezeigt werden. Für alle Befrachter läuft jedoch eine gemeinsame Ladezeit. Haben die verschiedenen Befrachter einen gemeinsamen Vertreter, z. B. einen Schiffsmakler, so braucht die Meldung nur diesem erstattet zu werden.

Entsprechendes hat zu gelten, wenn die Ladung an mehrere Empfänger auszuliefern ist. Die Meldung muß zwar an jeden Empfänger einzeln[19], kann aber an alle gleichzeitig[20] erfolgen. Wie diese sich über die Reihenfolge bei der Entlöschung einigen, ist ihre Sache. Die Empfänger können demgegenüber nicht für jeden einzelnen eine gesonderte Löschzeit verlangen; denn ihnen stehen nur die Rechte aus einer Ganzverfrachtung zu[21]: Die Rechtsposition des Verfrachters darf sich dadurch, daß der

---

[14] RGZ 41, 117; RG HGZ 1900, Nr. 48 (S. 109) = Seuff. A. 55, Nr. 222.

[15] AG Hamburg HRGZ 1934, Nr. 153 (Sp. 537 f.).

[16] HG Hamburg HGZ 1876, Nr. 47 (S. 69); Pappenheim, S. 160; Schaps, § 567, A. 8; Capelle, S. 204; Schlegelberger, § 567, A. 6.

[17] Pappenheim, S. 160, Note 4; Warneken, S. 32.

[18] BSchR: Mittelstein, § 28, A. 6c. — A. A. Förtsch, § 28, A. 2 ohne Begründung.

[19] Pappenheim, S. 50, Note 3; Capelle, S. 312.
BSchR: Mittelstein, § 47, A. 2c; Vortisch, § 47, A. 2f.

[20] BSchR: Mittelstein, § 48, A. 1; Vortisch, a. a. O.

[21] Boyens, § 614, A. 4, Note 6 (S. 248).
BSchR: Hans. OLG HGZ 1898, Nr. 31 (S. 74 f.) = Seuff. A. 53, Nr. 243; Mittelstein, § 48, A. 1.

Befrachter die Ladung für mehrere Empfänger bestimmt, nicht verschlechtern[22].

Etwas anderes kann sich allerdings aus dem Konnossement ergeben, wenn dieses nur über eine Teilladung lautet; denn nach § 656[23] ist für das Rechtsverhältnis zwischen dem Verfrachter und dem Empfänger der Inhalt des Konnossements maßgebend. Verweist das letzte aber, wie regelmäßig, auf die Bestimmungen des Frachtvertrages, so bleibt es bei den für die Ganzverfrachtung aufgestellten Grundsätzen.

2. Teilverfrachtung.

Bei mehreren Teilverfrachtungen liegen jeweils selbständige Einzelverträge vor, so daß für jeden Befrachter eine gesonderte Ladezeit läuft[24]. Der Schiffer muß also nach jeder Einzelbeladung dem nächsten Befrachter eine neue Anzeige erstatten, § 567 Abs. 1 i. V. m. § 587[25]. Die Meldung kann zwar auch gegenüber mehreren oder allen Befrachtern (Empfängern) gleichzeitig abgegeben werden; sie ist jedoch nur gegenüber demjenigen Befrachter (Empfänger) wirksam, für den tatsächlich Lade- bzw. Löschbereitschaft vorliegt[26].

3. Mehrere Häfen.

Sind mehrere Lade-[27] oder Löschhäfen vorgesehen, so muß die Bereitschaftsmeldung in jedem Hafen wiederholt werden. — Manche Charterformulare schreiben allerdings eine Notiz nur für den ersten Ladehafen vor, nicht aber für die folgenden Ladehäfen[28].

---

[22] Pappenheim, S. 48. — Die abweichende Ansicht Schlegelbergers, § 594, A. 9, wonach für jeden einzelnen Empfänger eine besondere Löschzeit läuft, ist aus den im Text genannten Gründen abzulehnen. Die von Schlegelberger zitierte Entscheidung RG LZ 1926, Sp. 1260, behandelt einen Frachtvertrag über Stückgüter, § 53.

[23] BSchR: § 26 BSchG i. V. m. § 446 Abs. 1 HGB. An die Stelle des Konnossements tritt hier der Ladeschein.

[24] BSchR: Mittelstein, § 38, A. 3; Bouvain, S. 17. Ebenso für die Löschzeit und mehrere Empfänger: RGZ 114, 160 (163).

[25] Für den Löschhafen gilt § 594 Abs. 1 i. V. m. § 603.

BSchR: Die entsprechenden Vorschriften sind §§ 28 Abs. 1, 38 sowie 47 Abs. 1, 53.

[26] BSchR: RGZ 114, 160 (163).

[27] Capelle, S. 205. — See- und Handelsgericht Kopenhagen Hansa 1955, 1708.

[28] Z. B. Centrocon 13 und Austral 9. — S. auch unten § 6 D.

## D. Form und Inhalt der Anzeige

Für die Anzeige ist keine Form vorgeschrieben. In der Praxis verlangen jedoch die meisten Charterformulare Schriftform[29].

Nach dem Gesetz ist auch kein bestimmter Inhalt für die Bereitschaftsmeldung erforderlich. Es genügt jede Mitteilung des Schiffers, die geeignet ist, den Befrachter von der Ladebereitschaft des Schiffes zu unterrichten[30]. — Zu recht ist deshalb eine an den Empfänger gerichtete Aufforderung, mit dem Löschen zu beginnen[31] ebenso als ausreichend angesehen worden wie eine zwar nicht gegenüber dem Empfänger, aber in seiner Gegenwart abgegebene Erklärung der Löschbereitschaft[32]: In beiden Fällen wurde dem Empfänger die Löschbereitschaft auf deutliche Weise von seiten des Schiffers kundgetan[33].

Anderseits wird aber die Anzeige nicht dadurch ersetzt, daß der Befrachter auf andere Weise Kenntnis von der Ladebereitschaft erhält[34]. Der Befrachter kann verlangen, daß er die Herstellung der Ladebereitschaft unmittelbar vom Verfrachter oder Schiffer erfährt[35]. Eine Mitteilung von dritter Seite wird der Vorschrift des § 567 Abs. 1 nicht gerecht und bleibt immer mit einem gewissen Maß an Unsicherheit belastet[36].

---

[29] Z. B. Welsh Coal 3 und 7, Baltcon 5 und 15, Polcon 4 und 10, Nubaltwood 6 und 15, Phoscon 7, Saltcon 5 und 6.

[30] ROHG 15, Nr. 65 (S. 230) für den Fall der Löschbereitschaft; Boyens, § 567, A. 2 (S. 130); Pappenheim, S. 162; Schaps, § 567, A. 8 und § 594, A. 8; Warneken, S. 31.

BSchR: Vortisch, § 28, A. 2 b und § 47, A. 2 b.

[31] ROHG 23, Nr. 132 (S. 417); Schaps, a. a. O., Warneken, S. 32.

BSchR: Vortisch, a. a. O.

[32] ROHG 15, Nr. 65 (S. 229 f.): Die Erklärung wurde in Gegenwart des legitimierten Konnossementsinhabers an denjenigen gerichtet, der das Konnossement gegen Akzept erhalten sollte; Boyens, § 567, A. 2, Note 2 a (S. 130); Schaps, a. a. O.; Warneken, S. 41.

[33] ROHG 23, Nr. 132 (S. 417); Warneken, S. 32.

[34] Boyens, § 567, A. 2 (S. 130); Pappenheim, S. 162; Schaps, a. a. O.; Capelle, S. 202; Schlegelberger, § 567, A. 11 und § 594, A. 4.

BSchR: Mittelstein, § 28, A. 2.

[35] Capelle, S. 202; Schlegelberger, § 594, A. 4.

[36] Aus diesen Gründen ist die abweichende Ansicht Warnekens, S. 40 f., abzulehnen. Er läßt eine anderweitig erlangte Kenntnis genügen, wenn sie über das Vorhandensein der Bereitschaft keinen Zweifel lassen kann. Als Beispiel führt Warneken nur den zu Anm. 32 genannten Fall an; der Empfänger hatte hier aber seine Kenntnis vom Schiffer und nicht von dritter Seite. — Eine anderweitig erlangte Kenntnis von der Ankunft des Schiffes und der Entlöschung wird auch in Hans. OLG HGZ 1900, Nr. 39 (S. 91) für ausreichend erachtet; die Entscheidung stützt sich jedoch im wesentlichen auf die Einrede der Arglist.

## E. Zeitpunkt des Zugangs

Die Anzeige muß innerhalb der ortsüblichen Geschäftszeit erfolgen. Geht die Notiz nach Schluß der üblichen Geschäftsstunden oder an einem Sonn- oder allgemeinen Feiertag zu, ist sie zwar nicht unwirksam; sie gilt jedoch erst als am Morgen des nächsten Werktages erfolgt. Dies ist zwar nur im Binnenschiffahrtsgesetz ausdrücklich vorgeschrieben, §§ 28 Abs. 2 und 47 Abs. 2[37]. Für das Seerecht muß aber dasselbe gelten[38]. Würde eine kurz vor Mitternacht oder an einem Feiertag erstattete Anzeige genügen, um die Ladezeit am folgenden Morgen in Lauf zu setzen, so verlöre die Notiz ihren praktischen Zweck; der Befrachter hätte keine Möglichkeit mehr, die erforderlichen Vorbereitungen zur Abladung zu treffen, und die Bereitschaftsmeldung würde zur bloßen Formalität. — Die früher vertretenen abweichenden Ansichten[39] sind als überholt anzusehen. — Es besteht allerdings noch eine — vor allem im Ausland — weit verbreitete Übung, die Bereitschaftsnotiz auch für den Samstagnachmittag als unmittelbar wirksam zuzulassen[40].

## F. Beginn der Ladezeit

Die Ladezeit beginnt mit dem auf die Anzeige folgenden Tage, wenn das Schiff zu diesem Zeitpunkt ladebereit[41] oder nur durch solche Störungen an der Bereitschaft gehindert ist, die vom Befrachter zu vertreten sind.

---

[37] Vgl. auch § 1 der VO zur vorübergehenden Änderung einiger Vorschriften des Frachtrechts der Binnenschiffahrt vom 17. 5. 1943 (RGBl. I S. 311), abgedruckt bei v. Laun-Lindenmaier, Schiffahrtsrecht, Band 1, Nr. 66.

[38] Schaps, § 567, A. 9 und § 594, A. 9; Warneken, S. 35; Schlegelberger, § 567, A. 7. — S. auch Tiberg, S. 194, 273.

S. die VO über die Löschzeit für Seeschiffe im Hafen Hamburg vom 28. 3. 1938 (GVOBl. 87), abgedruckt unter A V 11 bei Grapengeter-v. Wegerer, Hafen- und Schiffahrtsrecht. Danach kann die Löschbereitschaft nur an Werktagen zwischen 9 und 14 Uhr und an Sonnabenden zwischen 9 und 13 Uhr angezeigt werden.

[39] Nach Boyens, § 567, A. 2 (S. 130 f.) und Pappenheim, S. 170, kann die Anzeige zu jeder Tages- und Nachtzeit und auch an Sonn- und Feiertagen abgegeben werden. — Nach Capelle, S. 204, gilt zwar eine an Sonn- und Feiertagen erstattete Notiz erst als am folgenden Werktag erfolgt; an Werktagen kann die Meldung aber auch außerhalb der Geschäftszeit abgegeben werden.

[40] S. z. B. die Stellungnahmen verschiedener dänischer Verbände in Hansa 1950, 1579. — Vgl. auch den Streitfall in Hansa 1949, 572.

[41] Die ältere Lehre fordert, daß das Schiff auch während der Notizzeit ladebereit sein müsse; Warneken, S. 15. Dies ist nur eine Folge des Grundsatzes, daß die Bereitschaftsmeldung Ladebereitschaft voraussetze und muß mit diesem fallen gelassen werden. Vgl. im einzelnen oben § 4.

Ausnahmsweise beginnt die Ladezeit trotz bestehender Ladebereitschaft nicht, wenn die Lieferung jeder Art von Ladung an das Schiff verhindert ist, § 573 Abs. 2 Ziff. 1[42].

Für die Berechnung der Ladezeit gilt die sog. Zivilkomputation, § 573[43]; der Tag, nämlich der Zeitraum von Mitternacht bis Mitternacht, ist also die kleinste Zeiteinheit[44]. Das Schiff braucht aber nur während der ortsüblichen Arbeitszeit ladebereit zu sein[45]. Maßgebend für die Bereitschaft des Schiffes ist somit der im jeweiligen Hafen übliche Arbeitsbeginn[46]. Die Bereitschaftsmeldung kann auch nur für diesen Zeitpunkt — und nicht etwa für den Mittag oder eine andere Stunde — abgegeben werden. Ist das Schiff erst einige Zeit nach Arbeitsbeginn (also nicht während des gesamten Arbeitstages) voll ladebereit, so zählt der ganze Tag nicht als Ladezeit[47]; eine Ausnahme gilt jedoch für sehr geringfügige Verzögerungen[48].

Nach dem Handelsgesetzbuch kann die Bereitschaftsanzeige auch für einen Sonn- oder Feiertag erstattet werden[49]. Dies folgt unmittelbar aus

---

[42] Für den Löschhafen gilt § 597 Abs. 2 Ziff. 1.
BSchR: §§ 29 Abs. 3 und 48 Abs. 3.

[43] Für die Löschzeit gilt § 597.
BSchR: Hier gilt dasselbe, §§ 29 und 48.

[44] ROHG 12, 129; Hans. OLG HGZ 1889, Nr. 106 (S. 260); Schaps, § 573, A. 1; Mittag, S. 34; Capelle, S. 239 f.; Schlegelberger, § 573, A. 2.
BSchR: Mittelstein, § 29, A. 4 b; Bouvain, S. 20 f.

[45] Boyens, § 573, A. 2 (S. 153 f.); Schaps, a. a. O.; Mittag, S. 35.
BSchR: Bouvain, S. 18 f.

[46] Da die Notiz nur innerhalb der Geschäftsstunden wirksam zugehen kann, beträgt die Notizzeit praktisch in jedem Fall zwölf Stunden oder mehr.

[47] Hans. OLG HGZ 1888, Nr. 117 (S. 272); Boyens, § 573, A. 2 (S. 153); Pappenheim, S. 177; Schaps, § 573, A. 1; Mittag, S. 36; Capelle, S. 240; Schlegelberger, § 573, A. 3. — A. A. Hans. OLG HGZ 1901, Nr. 65 (S. 151); KG Rspr. 2, 369: Danach sind nur die einzelnen Stunden der vom Verfrachter zu vertretenden Arbeitsunterbrechung abzusetzen.
BSchR: Mittelstein, § 29, A. 4 f.

[48] Hans. OLG HGZ 1889, Nr. 106 (S. 260) und 1906, Nr. 126 (S. 265); Boyens, a. a. O.; Schaps, § 573, A. 1 und § 594, A. 1; Mittag, S. 36; Capelle, S. 240; Schlegelberger, a. a. O.
BSchR: Mittelstein, a. a. O. und Handbuch, S. 169.

[49] Pappenheim, S. 170; Schaps, § 567, A. 9 und § 573, A. 3 sowie § 594, A. 9; Schlegelberger, § 567, A. 10. — Die abweichende Ansicht Warnekens, S. 37, wonach die für einen Sonn- oder Feiertag abgegebene Meldung den Beginn der Ladezeit erst für den folgenden Werktag bewirkt, widerspricht dem Wortlaut des Gesetzes. Die von Warneken angeführte Entscheidung Hans. OLG HGZ 1903, Nr. 87 (S. 202) stützt sich auf einen besonderen Hafengebrauch in Königsberg.

dem Gesetz, das in § 573 Abs. 1[50] die Sonn- und Feiertage ausdrücklich in die Ladezeit einrechnet. Diese Vorschrift gilt aber nicht nur für die Berechnung, sondern auch für den Beginn der Ladezeit. In der Praxis der Seeschiffahrt hat diese Bestimmung allerdings keine Bedeutung, da die Charterformulare Sonn- und Feiertage regelmäßig aus der Liegezeit ausschließen[51].

Im Gegensatz zum Handelsgesetzbuch bestimmt das Binnenschiffahrtsgesetz, daß Sonn- und allgemeine Feiertage nicht in die Lade- und Löschzeit eingerechnet werden, §§ 29 Abs. 3 und 48 Abs. 3. Sonn- und Feiertage zählen hier jedoch als Ladezeit, wenn an diesen Tagen geladen wird[52].

## G. Früherer Ladebeginn

Wird mit der Beladung schon vor dem Beginn der Ladezeit angefangen, so zählt diese Zeit mangels anderweitiger Vereinbarung nicht als Ladezeit[53]: Eine vorzeitige Abladung durch den Befrachter kann nicht als Verzicht auf die volle Ausnutzung der ihm zustehenden und erst mit dem folgenden Tage beginnenden Ladezeit angesehen werden[54].

---

[50] Ebenso für den Löschhafen § 597 Abs. 1.

[51] S. unten § 6 E II.

[52] § 3 der VO vom 17. 5. 1943; s. Anm. 37.

[53] Hans. OLG HGZ 1900, Nr. 136 (S. 311); Hamburger Schiedsgericht Hansa 1924, 1001 f.; Boyens, § 597, Note 3 (S. 195); Schaps, § 567, A. 10 und § 594, A. 11, Note 3; Capelle, S. 212; Ehlers Hansa 1957, 1514 ff.; Schlegelberger, § 567, A. 11. — Ebenso Carver, S. 841, und Queen's Bench Division Hansa 1958, 944 für das englische Recht; Rordam, S. 48 und 130, für das skandinavische Recht. Vgl. auch Schutzverein Deutscher Rheder in Hansa 1957, 1819 sowie verschiedene französische Entscheidungen in Hansa 1934, 1008.

BSchR: Hier gilt nach §§ 2 und 5 der VO vom 17. 5. 1943 (vgl. Anm. 37) und nach Schiffahrtsbrauch etwas anderes: Wird am Tage der Bereitschaftsmeldung schon mit der Beladung oder Entlöschung begonnen, so rechnet dieser Tag in die Lade- oder Löschzeit; s. Vortisch, § 29, A. 3 und die dortigen Zitate. — S. auch Abschnitt III der hamburgischen VO über die Lade- und Löschzeiten in der Binnenschiffahrt vom 10. 10. 1941 (VOBl. S. 91) mit den Änderungen vom 1. 2. und 7. 7. 1944 (VOBl. S. 7, 41), abgedruckt unter A V 12 bei Grapengeter-v. Wegerer, Hafen- und Schiffahrtsrecht. — Anders aber früher: Mittelstein, § 29, A. 2.

[54] Hans. OLG a. a. O.; Warneken, S. 9 f.; Ehlers, a. a. O.; Tiberg, S. 270; Queen's Bench Division a. a. O. — A. A. Hamburger Schiedsspruch Hansa 1957, 646 f.

Anderseits braucht sich der Schiffer nicht auf eine Beladung vor dem Beginn der Ladezeit einzulassen, auch wenn sein Schiff ladebereit ist[55]. Dies folgt schon aus der Tatsache, daß der Schiffer mit der Notiz seine Bereitschaft erst für den Beginn der Ladezeit anzeigt. Ist für die Leistung des Schuldners, hier die Übernahme der Ladung, eine Zeit bestimmt, nämlich die Ladezeit, so kann der Gläubiger gemäß § 271 Abs. 2 BGB die Leistung nicht vor dieser Zeit fordern[56]. Es ist auch nicht einzusehen, warum der Befrachter die Möglichkeit haben soll, die gesetzlich bestimmte oder vertraglich vereinbarte Ladezeit nach seinem Willen zu verlängern und sich möglicherweise sogar mit Hilfe der zusätzlichen Zeitspanne ein Eilgeld zu verdienen.

## H. Beweislast

1. Die Abgabe der Anzeige.

Die Beweislast für die Erstattung der Notiz trägt der Verfrachter[57]. Für das Binnenschiffahrtsrecht gilt dasselbe[58]. § 28 Abs. 3[59] gibt dem Frachtführer aber noch ein besonderes Beweissicherungsrecht: Er kann nämlich, wenn sich der Absender weigert, den Zeitpunkt des Empfangs der Anzeige zu bescheinigen, auf Kosten des Absenders eine öffentliche Urkunde darüber errichten lassen.

Eine analoge Anwendung dieser Bestimmung auf das Seerecht ist nicht zulässig[60]. Die Vorschrift des § 571, die ebenfalls die Errichtung einer öffentlichen Urkunde auf Kosten des Befrachters vorsieht, bezieht sich ausdrücklich nur auf die Erklärungen nach den §§ 569, 570, nicht aber auf § 567. Zu recht weist Capelle auch darauf hin, daß ein praktisches Bedürfnis in dieser Richtung nicht bestehe, wie das Fehlen entsprechender Klauseln in den Charterformularen zeige. Im übrigen kann der Schiffer die Bereitschaftsmeldung durch einen Gerichtsvollzieher

[55] Hamb. Schiedsgericht HRZ 1925, Nr. 147 (Sp. 520ff.); Hamburger Schiedsgutachten HRGZ 1932, Nr. 212 (Sp. 665); Hamburger Schiedsspruch Hansa 1957, 646f.; Capelle, S. 211f.; v. Laun, Hansa 1951, 240; Schlegelberger, § 567, A. 11. Ebenso Tiberg, S. 179f. (für das englische Recht) und S. 271 (für das deutsche Recht); außerdem die Baltic and International Maritime Conference und der Schutzverein Deutscher Rheder in Hansa 1948, Nr. 15, S. 3. — A. A. Hamburger Schiedsgericht Hansa 1924, 1001f. für den Fall des Löschens.

[56] Hamburger Schiedsgutachten HRGZ 1932, Nr. 212 (Sp. 665).

[57] Boyens, § 567, A. 2 (S. 131); Pappenheim, S. 163; Warneken, S. 38f.; Capelle, S. 206; Schlegelberger, § 567, A. 8.

[58] Vortisch, § 28, A. 4a.

[59] Im Löschhafen gilt der entsprechende § 47 Abs. 3.

[60] Capelle, S. 206. — A. A. Pappenheim, S. 163, Note 2 unter Hinweis auf § 368 BGB. — Schlegelberger lehnt eine analoge Anwendung in § 567, A. 8 ab und stimmt ihr in § 594, A. 4 zu.

zustellen lassen, § 132 BGB, wenn der Befrachter eine Empfangsbestätigung verweigert[61].

2. Die Ladebereitschaft.

Die früher umstrittene Frage über den Umfang der Beweislast für das Vorliegen der Ladebereitschaft im Zeitpunkt der Notizabgabe hat heute keine unmittelbare Bedeutung mehr, da die Anzeige keine Ladebereitschaft voraussetzt. Die hierzu vertretenen Meinungen verdienen aber gleichwohl Interesse, wenn man sie statt auf den Zeitpunkt der Notizabgabe auf den Beginn der Ladezeit bezieht: Nach herrschender Meinung traf den Verfrachter die Beweislast für die Wahrheit der Bereitschaftsmeldung; die Abgabe der Notiz begründete keine Vermutung für das Bestehen der Ladebereitschaft[62]. Eine Beweiserleichterung wurde dem Verfrachter aber insofern gewährt, als sich der Befrachter bei feststehender Ankunft des Schiffes im Bestimmungshafen nicht auf ein allgemeines Bestreiten der Bereitschaft beschränken durfte, sondern im einzelnen darlegen mußte, welche Voraussetzungen fehlten[63].

In entsprechender Übereinstimmung mit der früheren herrschenden Meinung muß die Beweislast dafür, daß das Schiff bei Beginn der Ladezeit ladebereit ist oder war, dem Verfrachter auferlegt werden[64]. Es bedarf keiner Ausführungen, daß die Abgabe der Notiz keine Vermutung für die Einhaltung des in der Anzeige angekündigten Bereitschaftstermins begründen kann.

Abzulehnen ist die Auffassung, daß dem Verfrachter bei unstreitiger Ankunft des Schiffes im Bestimmungshafen Beweiserleichterungen zuzubilligen seien. Den Verfrachter trifft vielmehr die volle Beweislast für die klagbegründende Tatsache der Ladebereitschaft. Die Ankunft im Hafen, selbst die Einnahme des Ladeplatzes, schafft keine Vermutung für das Vorliegen der Ladefertigkeit i. e. S.; es gibt keine Erfahrungssätze der Art, daß die Erfüllung der örtlichen Voraussetzungen der Ladebereitschaft regelmäßig mit der Herstellung der Ladefertigkeit zusammenfällt. — Eine Beweiserleichterung für den Verfrachter ist aber auch deshalb abzulehnen, weil dieser über die Ladebereitschaft seines Schiffes selbst am besten Auskunft geben und notfalls Beweis führen kann. Für den

---

[61] Schlegelberger, § 567, A. 8.

[62] Hans. OLG HGZ 1901, Nr. 65 (S. 150); Boyens, § 567, A. 2 (S. 131); Pappenheim, S. 163; Schaps, § 567, A. 7 und § 594, A. 7; Warneken, S. 38 f.; Capelle, S. 206. — A. A. OLG Marienwerder Seuff. A. 48, Nr. 116.

BSchR: A. A. Mittelstein, § 28, A. 4; Vortisch, § 28, A. 4 b.

[63] ROHG 19, Nr. 84 (S. 291 f.); Boyens, § 567, A. 2 (S. 131); Warneken, S. 39 f. — A. A. Pappenheim, S. 163, Note 3.

[64] Schlegelberger, § 567, A. 9. Ebenso Schaps, § 567, A. 7 und § 594, A. 7; Warneken, S. 40 für die Vorausanzeige.

Befrachter sind dagegen Feststellungen über das Vorhandensein oder Fehlen der ladungstechnischen Voraussetzungen überaus schwierig und eine Beweisführung vielfach unmöglich. Dies gilt jedenfalls für die Zeit vor dem Beginn der tatsächlichen Beladung. Wird der Beginn der Beladung aus Gründen verzögert, die zu Lasten des Befrachters gehen, etwa weil er die Güter nicht rechtzeitig herbeischaffen konnte, so hat er ein beachtliches Interesse an der eventuellen Feststellung, daß das Schiff zu dieser Zeit ohnehin nicht ladebereit war; denn in diesem Fall würde die Liegezeit nicht zählen[65]; nach der oben angeführten Auffassung wäre der Befrachter wesentlich auf Vermutungen über etwaige Mängel der Ladebereitschaft angewiesen. Tatsächlich erscheint es nicht gerechtfertigt, vom Befrachter substantiierte Angaben oder gar den Beweis für ein etwaiges Fehlen der Ladebereitschaft zu fordern[66].

Anderseits hat jedoch der Schiffer, wenn der Befrachter bei Beginn der Ladezeit keine Güter anliefert, ein berechtigtes Interesse, sich den Beweis dafür zu sichern, daß sein Schiff ladebereit war. Er kann in einem solchen Fall den Befrachter auffordern, sich an Bord des Schiffes von der Ladebereitschaft zu überzeugen und die vorhandene Bereitschaft schriftlich zu bestätigen. Weigert sich der Befrachter, so bleibt dem Schiffer die Möglichkeit, eine entsprechende Feststellung durch einen anerkannten Sachverständigen treffen zu lassen oder ein Beweissicherungsverfahren gemäß §§ 485 ff. ZPO durchzuführen. Die dabei entstehenden Kosten hat der Befrachter insoweit zu tragen, als sie zur zweckentsprechenden Rechtsverfolgung notwendig waren, § 91 Abs. 1 ZPO.

## § 6. Die Voraussetzungen der Bereitschaftsmeldung und der Beginn der Liegezeit in den Formularen

### A. Allgemeines

Die Klauseln über den Beginn der Liegezeit in den Charterformularen weichen teilweise erheblich von den Vorschriften des Handelsgesetzbuchs ab. — Bei diesen Klauseln müssen drei Gruppen unterschieden werden: a) Der Beginn der Liegezeit setzt in Übereinstimmung mit dem Gesetz eine Bereitschaftsanzeige und den Ablauf einer freien Zeit voraus (unten

---

[65] Vgl. dazu unten § 7 C Ziff. 1.

[66] Steht jedoch fest, daß das Schiff bei Beginn der Ladezeit ladebereit war, so ist es bei einer Überschreitung der Ladezeit Sache des Befrachters, nachzuweisen, daß die Überschreitung vom Verfrachter zu vertreten ist; Hans. OLG HGZ 1901, Nr. 65 (S. 150); Schaps, § 573, A. 5 und 10 sowie § 597, A. 5 und 10; Warneken, S. 40; Capelle, S. 229.

BSchR: Ebenso KG Rspr. 2, 369; Mittelstein, § 29, A. 4 e.

B). b) Es ist zwar eine Bereitschaftsmeldung erforderlich, nicht aber der Ablauf einer Notizzeit (unten C). c) Die Liegezeit beginnt auch ohne Bereitschaftsanzeige (unten D). Die Voraussetzungen für die Notizabgabe und den Beginn der Liegezeit weisen in den verschiedenen Gruppen grundsätzliche Unterschiede auf, die unten im einzelnen behandelt werden.

Allen Klauseln gemeinsam ist jedoch, daß sich der Beginn der Liegezeit in jedem Fall nur nach dem Inhalt der einzelnen Vorschrift bestimmt. Maßgebend ist allein der Zeitpunkt, der sich bei dieser Berechnung ergibt. Gleichgültig ist dabei, ob die Liegezeit nach Tagen oder Stunden bemessen, ob überhaupt eine fixe oder nur eine unbestimmte Liegezeit vereinbart ist; Unterschiede dieser Art haben nur Bedeutung für die Frage, ob für die Berechnung ein Zeitabschnitt von 24 Stunden oder einer Stunde als kleinste Zeiteinheit gilt.

Hieraus folgt, daß die Zivilkomputation nur in den seltenen Fällen zur Anwendung kommt, in denen die Liegezeit auf Grund der einzelnen Klausel um 0 Uhr beginnt und außerdem die Berechnung nach vollen Tagen erfolgen muß.

Im weiteren Gegensatz zum Handelsgesetzbuch werden in den Klauseln regelmäßig Sonn- und Feiertage, meist aber auch noch weitere Zeitabschnitte aus der Liegezeit ausgeschlossen. Beispiele für die verschiedenartige Regelung der ausgeschlossenen Zeiträume werden unten (E) angeführt.

Darüberhinaus sehen viele Charterformulare einen frühesten Zeitpunkt für den Beginn der Ladezeit vor (unten E). Teilweise werden schließlich auch Bestimmungen über einen früheren Lade- oder Löschbeginn bzw. eine Ausnutzung der ausgeschlossenen Zeit zum Laden oder Löschen getroffen (unten E).

## B. Klauseln mit Notizzeit

### *I. Voraussetzungen der Notizabgabe*

1. Sieht die Charterklausel zwischen der Abgabe der Bereitschaftsmeldung und dem Beginn der Liegezeit eine freie Zeit vor, so können die oben in § 4 entwickelten Grundsätze entsprechend angewendet werden, soweit sich aus dem übrigen Inhalt der Klausel nichts entgegenstehendes ergibt. Die Notizabgabe setzt dann also keine Lade- oder Löschbereitschaft voraus; erforderlich ist nur die Ankunft des Schiffes in oder auf einem Warteplatz vor dem Bestimmungshafen. Es genügt, wenn das Schiff bei Beginn der Liegezeit lade- oder löschbereit ist.

2. In einigen Charterklauseln wird die Vorausanzeige ausdrücklich zugelassen.

Scancon 8: "The laytime shall not commence before the vessel is ready to load or discharge ... and notice of readiness given to ... The notice may be given beforehand but not until the vessel has arrived at or in case of congestion off the port of loading or discharging."

Auch die folgende Klausel geht davon aus, daß die Anzeige für die Zukunft abgegeben werden kann.

Phoscon 7: "Laydays for loading to commence from 7 a. m. the following day if Charterers receive ... notice from Captain ... before noon, and from noon the following day, if they receive notice between noon and 6 p. m. that the vessel will be in a proper berth as above and ready to receive cargo .."

3. In manchen Fällen ist aus dem Wortlaut der Klausel nichts darüber zu entnehmen, ob die Bereitschaftsmeldung Lade- oder Löschbereitschaft voraussetzt. Hier können gegen die Zulässigkeit einer Vorausanzeige keine Bedenken bestehen[1]. Dies gilt z. B. für die Klauseln

Russwood 6 und Baltwood 28: "Time for loading shall count ... from 24 hours after arrival at the loading port and notice of readiness to load has been given during official office hours ..."

Gencon 5 und 6: "Time to commence at 1 p. m. if notice of readiness to load (discharge) is given before noon and at 6 a. m. next working day if notice given .. after noon."[2]

Ähnliche Bestimmungen finden sich auch in deutschsprachigen Chartern: Die Liegezeit beginnt eine bestimmte Zeit, nachdem der Schiffer die Lade- oder Löschbereitschaft angezeigt hat[3]. Eine Vorausanzeige ist hier aus denselben Gründen zulässig, die oben zu § 567 ausgeführt wurden.

4. Die meisten Charterklauseln gehen jedoch nach ihrem Wortlaut davon aus, daß die Notizabgabe die Lade- oder Löschbereitschaft des Schiffes voraussetzt:

Baltcon 15: "Time for discharging to count from 2 p. m. when the Vessel is reported at the Custom House and ready ... to deliver and written notice given to the Receivers between 9 a. m. and noon; from 7 a. m. next day if notice given after noon and before 5 p. m.; notwithstanding any custom or law of the Port of Discharge ..."[4]

---

[1] Ebenso Hamburger Schiedsgericht Hansa 1951, 204 für den Fall einer Klausel, die der obigen Russwood 6 entspricht.

[2] S. auch Iron Ore (7) 6: "Time for loading to count from 6 a. m. after the Ship is reported and ready, and in free pratique ..."

[3] Papierholzcharter 6: „Die Ladezeit beginnt zu zählen mit Beginn der Beladung, spätestens aber 24 Stunden, nachdem der Kapitän die Ladebereitschaft seines Dampfers innerhalb der gewöhnlichen Geschäftsstunden schriftlich gemeldet hat." Ebenso Deutholzneu 6; s. auch Papierholzcharter 12 für das Löschen.

Deuterzneu 8: „Die Lade- und Löschzeit beginnt zu zählen ... nachdem der Kapitän ... die Lade- bezw. Löschbereitschaft des Dampfers ... schriftlich gemeldet hat, von 6 Uhr morgens des dem Andienungstage folgenden Werktages ..." Ähnlich Deutküst 7 und Deutholz 7.

[4] Entsprechende Bestimmungen enthalten auch Contcoal 4 für das Laden in Ostseehäfen und 11 für das Löschen außer Hamburg/Bordeaux range, Polcon 10 für das Löschen in Ostsee- und skandinavischen Häfen.

Contwood 15 und Propcon 13: "The time for discharging shall commence at 2 p. m. if the Vessel be ready to discharge ... and written notice of readiness has been given to the Receivers ... before noon, and at 7 a. m. next working day if notice be given after noon ..."[5]

Centrocon 13: "Time for loading shall commence to count 12 hours after written notice has been given by the Master or Agents ... that the Steamer is ready to receive Cargo ..."

Pixpinus 2: ".. laydays to commence on the morning after the Steamer is ready to receive Cargo, and written notice given of same ..."[6]

Austwheat 9: ".. time for loading shall count .. from 24 hours after Charterers .. have received the .. notice .. that the Vessel is ready to load at such berth as may be ordered by Charterers .. Orders as to loading berth shall be given the Vessel upon receipt of notice of her arrival in the port."[7]

5. Die in Ziff. 4 aufgeführten Klauseln gehen davon aus, daß die Bereitschaftsmeldung im Anschluß an die Herstellung der Lade- oder Löschbereitschaft erfolgt. Allerdings wird die Vorausanzeige in keinem Fall ausdrücklich untersagt.

Legt man diese Klauseln nach deutschem Recht aus, so muß die Vorausanzeige trotz des Wortlauts als zulässig angesehen werden. Die deutschsprachigen Beispiele der angeführten Klauseln besagen nämlich inhaltlich dasselbe wie §§ 567 und 594 HGB. Wie oben in § 4 im einzelnen dargelegt, ist der Wortlaut dieser Vorschriften kein entscheidendes Hindernis für die Zulässigkeit der Vorausanzeige. Für die Auslegung der Klauseln kann aber, sofern deutsche Rechtsgrundsätze angewendet werden, nichts anderes gelten.

Die abgedruckten englischsprachigen Klauseln decken sich im wesentlichen mit den genannten deutschen Vertragsbestimmungen. Ihr rechtlicher Inhalt stimmt voll mit den Vorschriften des Handelsgesetzbuchs überein. Legt man also die englischen Klauseln nach deutschem Recht aus, so steht auch deren Wortlaut der Zulässigkeit einer Vorausanzeige nicht entgegen.

Eine solche Auslegung nach deutschem Recht ist aber nicht in jedem Fall maßgebend, auch wenn der Frachtvertrag deutschem Recht unterliegt. Über die Bedeutung der vereinbarten Vertragsbestimmungen entscheiden die übereinstimmenden Vorstellungen der Parteien. Es steht ihnen frei, ausdrücklich oder stillschweigend eine von den deutschen Auslegungsgrundsätzen abweichende Bedeutung einzelner Klauseln zu vereinbaren. Dies kommt besonders dann in Betracht, wenn eine Klausel

---

[5] Entsprechende Bestimmungen finden sich in Nubaltwood 6 für Laden und 15 für Löschen, Saltcon 5 und 6, Orecon 6b für das Laden.

[6] Ähnliche Bestimmungen enthalten auch Phoscon 7 für das Löschen, Hydrocharter 13 für Laden und Löschen.

[7] Damit stimmt auch die Regelung in Austral 9 überein.

nach international bekannter Anschauung oder eine englische Klausel nach englischem Recht anders ausgelegt wird als nach der deutschen Rechtsanschauung. Die hier behandelten Klauseln haben nach englischem Recht eine vom deutschen Recht abweichende Bedeutung; eine international übereinstimmende Anschauung besteht dagegen nicht[8].

Erfahrungsgemäß treffen die Parteien allerdings keine besonderen Vereinbarungen über die Bedeutung der Vertragsklauseln. Ist eine solche Abrede ausnahmsweise getroffen worden und nachweisbar, so entscheidet sie auch über die Auslegung. Eine ausdrückliche Vereinbarung der genannten Art kommt für den Regelfall nicht in Betracht. Entscheidend ist dann der mutmaßliche Wille der Parteien. Dabei ist von dem Grundsatz auszugehen, daß im Zweifel diejenige Bedeutung einer Klausel gewollt ist, die der Auslegung der lex contractus entspricht. Dies gilt auch, wenn — wie im vorliegenden Fall — die deutsche Auslegung von der nach englischem oder einem dritten Recht abweicht[9]. Unterstellen die Parteien ihren Vertrag einer bestimmten Rechtsordnung, so ist anzunehmen, daß sie das vereinbarte Recht über alle den Vertrag betreffenden Fragen entscheiden lassen wollten[10]. Allerdings können sich aus besonderen Umständen Ausnahmen ergeben, so insb. aus einer Eigenart des vereinbarten Charterformulars oder einer einzelnen Klausel[11].

Im Grundsatz ist also davon auszugehen, daß die oben zitierten Klauseln trotz ihres Wortlauts eine Vorausanzeige zulassen, da über die Auslegung der einzelnen Vertragsbestimmungen im Zweifel das deutsche Recht entscheidet. Eine Berücksichtigung der abweichenden Auslegung nach englischem oder einem dritten Recht ist demgegenüber nur unter besonderen Umständen gerechtfertigt.

6. a) Nach englischem Recht ist eine Vorausanzeige nicht zulässig. Das Common Law bestimmt für den Beginn der Liegezeit folgendes[12]: Voraussetzung für den Beginn der Ladezeit ist der Zugang der Bereitschaftsmeldung. Diese Anzeige darf erst nach Vorliegen der Ladebereitschaft abgegeben werden. Der Begriff der Ladebereitschaft deckt sich nicht mit dem des deutschen Rechts. Die örtlichen Voraussetzungen dieser Ladebereitschaft, die unter dem Begriff "arrived ship" zusammengefaßt

---

[8] Vgl. im einzelnen unten Ziff. 6 und 7.

[9] Boyens I S. 62. Vgl. auch BGH NJW 1959, 720. — Nach der abweichenden Auffassung von Pappenheim, S. 125, darf nur unter besonderen Umständen von der im englischen Verkehr feststehenden Bedeutung abgewichen werden.

[10] Boyens a. a. O.

[11] Besondere Umstände tatsächlicher Art, die in einem Einzelfall Bedeutung haben können, interessieren hier nicht.

[12] Zum folgenden vgl. Capelle, S. 210 f. und 312; Tiberg, S. 179 f.; Carver, S. 861 ff.; Scrutton, S. 138 ff.

werden, sind je nach dem Inhalt des Frachtvertrages verschieden[13]. Schreibt die Charter nur das Anlaufen eines bestimmten Hafens vor (Port-Charter), so genügt es für die Bereitschaft, wenn das Schiff den Hafen erreicht hat. Ist dagegen vereinbart, daß das Schiff an einen bestimmten Liegeplatz gehen (oder einen bestimmten Hafenbezirk anlaufen) muß, so ist das Schiff erst ladebereit, wenn es den Liegeplatz eingenommen (oder den Hafenbezirk erreicht) hat[14]. Zwischen dem Zugang der Bereitschaftsmeldung und dem Beginn der Ladezeit liegt regelmäßig eine gewisse Wartezeit[15] zugunsten des Befrachters ("free time"). — Im Löschhafen ist grundsätzlich keine Bereitschaftsmeldung erforderlich. Die Löschzeit beginnt, sobald das Schiff in dem oben beschriebenen Sinne "arrived" ist. Im übrigen muß das Schiff löschbereit und die evtl. Wartezeit[15] zugunsten des Empfängers abgelaufen sein.

b) Das übereinstimmende Seerecht der vier skandinavischen Nationen läßt ebenso wie das deutsche Recht, aber im Gegensatz zum Common Law, die Vorausanzeige zu[16]. Der Beginn der Liegezeit setzt sowohl im Lade- als auch im Löschhafen den Zugang der Bereitschaftsmeldung voraus. Zwischen dem Zugang der Notiz und dem Beginn der Liegezeit steht dem Befrachter bzw. Empfänger eine allerdings recht kurze Wartezeit zur Verfügung. Der Schiffer kann die Notiz schon vor der Herstellung der Lade- oder Löschbereitschaft abgeben, nämlich sobald das Schiff den Hafen oder seine unmittelbare Nähe[17] erreicht hat; bis zum Beginn der Liegezeit muß das Schiff jedoch voll lade- bzw. löschbereit sein.

7. Schon der Vergleich des englischen Rechts mit den skandinavischen Rechten läßt erkennen, daß eine einheitliche Auffassung der bedeutenden Seerechtsordnungen zur Frage der Zulässigkeit einer Vorausanzeige nicht besteht. Der Vergleich zeigt aber außerdem, daß auch den Formularen der Chamber of Shipping und der Baltic and International Maritime Conference keine übereinstimmende Anschauung über die Erfordernisse der Bereitschaftsmeldung zugrunde liegt. Damit entfällt aber die

[13] Zum Begriff des "arrived ship" vgl. die englischen Entscheidungen in Hansa 1950, 631 sowie 1960, 1848. — Vgl. weiter Carver, S. 864 ff., Scrutton, S. 139 ff., und die dort aufgeführten Entscheidungen.

[14] S. auch Hans. OLG HGZ 1913, Nr. 86 (S. 182 f.).

[15] Diese freie Zeit (respite) zugunsten des Befrachters bzw. Empfängers ergibt sich bei Fehlen einer ausdrücklichen vertraglichen Bestimmung regelmäßig daraus, daß der Befrachter (Empfänger) volle Lade- oder Löschtage verlangen und Arbeitsbeginn an einem angebrochenen Tag ablehnen kann; die Liegezeit beginnt dann also erst am Morgen des der Bereitschaftsmeldung bzw. der Bereitschaft folgenden Tages. S. Tiberg, S. 268; Carver, S. 841 f.

[16] § 82 Scandinavian Maritime Codes. — Zum folgenden vgl. Tiberg, S. 183 f. und 267.

[17] S. Tiberg, S. 183 und Note 9. S. auch Hansa 1950, 1290 mit Hinweis auf den Kommentar zum dänischen Seerecht von Sindballe, S. 326.

Möglichkeit, den aufgeführten Klauseln eine allgemein bekannte einheitliche Bedeutung beizulegen.

Zur Begründung einer Berücksichtigung der englischen Rechtsanschauung kommen danach nur die Verwendung der englischen Sprache, die englische Herkunft eines Formulars oder einer einzelnen Klausel in Betracht.

8. Die Benutzung eines englischsprachigen Formulars stellt für sich allein keinen ausreichenden Grund zur Anwendung englischer Rechtsgrundsätze dar.

Nach allgemein anerkannter Auffassung genügt die Verwendung der englischen Sprache in einem Seefrachtvertrag nicht für die Annahme einer stillschweigenden Vereinbarung englischen Rechts durch die Parteien[18]. Die englische Sprache hat auf dem Gebiet der Seeschiffahrt eine so überragende Bedeutung und Verbreitung erlangt, daß vielfach Angehörige nicht englisch sprechender Nationen ihre Verträge in englischer Sprache abfassen. Aus demselben Grunde bedient sich die überwiegende Mehrzahl der internationalen Charterformulare dieser Sprache. Da englische Chartepartien und die dazu gehörigen Konnossemente überall verstanden werden, sind sie für den internationalen Handel vorzüglich geeignet. Die weltweite Benutzung englischsprachiger Formulare hat also ihre Ursache in der besseren Verwendbarkeit solcher Verträge; sie besagt dagegen nichts über das dem Vertrag zugrunde liegende Recht[19]. Für die Parteien besteht aber keineswegs allgemein Veranlassung, die Geltung englischen Rechts zu vereinbaren. Dies folgt schon daraus, daß dem englischen Recht keine so überragende Bedeutung zukommt wie der englischen Sprache; vor allem ist das englische Recht nicht so allgemein bekannt. Im übrigen kommt es für die Frage des mutmaßlich vereinbarten Rechts nicht so sehr auf die Art des benutzten Formulars[20] als auf die tatsächlichen Umstände des einzelnen Frachtvertrages an, wie insb. Nationalität oder Niederlassung der Parteien, Ort des Vertragsschlusses, Flagge des Schiffes sowie Lade- und vor allem Bestimmungshafen[21].

Die vorstehenden Überlegungen und der Grundsatz, daß die Verwendung der englischen Sprache keine rechtliche Bedeutung hat, gelten

---

[18] RGZ 11, 100 (104); Hamburger Schiedsgericht HRGZ 1931, Nr. 142 (Sp. 421); Schiedsspruch BGH Hansa 1954, 510; Pappenheim, S. 124; Schaps, § 557, A. 2; Capelle HRGZ A 1932, Sp. 130; Abraham, S. 94.

[19] RGZ a. a. O.

[20] Schiedsspruch BGH Hansa 1954, 510; Schaps, § 557, A. 2, Note 2; s. aber auch RG HRGZ 1933, Nr. 273 (Sp. 739).

[21] Vgl. Hans. OLG HGZ 1913, Nr. 86 (S. 181), HRGZ 1934, Nr. 50 (Sp. 142) und 1936, Nr. 76 (Sp. 248); Schiedsspruch BGH a. a. O.; Schaps, Vorbem. vor § 556, A. 20 ff.; Abraham, S. 94.

BSchR: BGHZ 9, 221 (222 ff.) = MDR 1953, 478 f.

auch für die einzelnen Charterklauseln. Unterliegt ein Frachtvertrag deutschem Recht, so ist im Grundsatz jede Vertragsbestimmung nach deutschen Rechtsgrundsätzen auszulegen. Der Gebrauch der englischen Sprache rechtfertigt keine Ausnahme.

9. Die Mehrzahl der Einheitsverträge ist allerdings nicht nur in englischer Sprache geschrieben, sondern auch weitgehend auf der Grundlage englischer Rechtsanschauungen verfaßt. Wenn auch die Ursprungsbedeutung der Charterklauseln für die Parteien nicht verbindlich ist, steht es ihnen doch frei, zu vereinbaren, daß die Auslegung der Klauseln in Übereinstimmung mit denjenigen Rechtsgrundsätzen erfolgen soll, von denen die Verfasser bei der Formulierung der einzelnen Klauseln ausgingen.

Die Charterformulare sehen zwar keine ausdrückliche Bestimmung dieses Inhalts vor. Immerhin sind verschiedene Erwägungen anzuführen, die für eine stillschweigende Unterwerfung der Parteien unter die Ursprungsbedeutung englischer Klauseln sprechen könnten.

Die an der Schiffahrt beteiligten Kreise haben ein hohes Interesse an einheitlichen Frachtvertragsbedingungen, das in der Verwendung der Formulare deutlichen Ausdruck findet. Wenn diese Vereinheitlichungsbestrebungen praktischen Erfolg haben sollen, müssen die Klauseln — unabhängig vom Recht des Einzelvertrages — in den verschiedensten Ländern übereinstimmend ausgelegt werden.

Es kann hier offen bleiben, ob sich eine solche einheitliche Auslegung bei allen Klauseln der internationalen Charterformulare erreichen läßt und nach welchen Grundsätzen die allgemein verbindliche Bedeutung ermittelt werden müßte[22]. Jedenfalls wäre eine weitgehende Vereinheitlichung dann zu erzielen, wenn alle Chartern und Klauseln englischer Herkunft nach englischem Recht ausgelegt würden. Die Mehrzahl der international gebräuchlichen Formulare und der einzelnen Klauseln sind nämlich englischen Ursprungs. Dies gilt vor allem dann, wenn man dazu auch die Bestimmungen rechnet, die aus englischen Chartern — wenn auch mit geringen Abweichungen — übernommen wurden oder die nur Übersetzungen englischer Klauseln darstellen.

Außerdem ist die englische Bedeutung von Klauseln englischer Herkunft im internationalen Verkehr am ehesten bekannt. Vielfach werden ausländische Vertragspartner von einer abweichenden Auslegung nach deutschem Recht keine Kenntnis haben[23].

---

[22] Von den verschiedenen Rechtsordnungen, die möglicherweise über die Auslegung entscheiden können, seien hier nur genannt: das Recht des Landes, a) das die Verfasser bei der Formulierung der Klauseln zugrunde legten, b) in dem die Charter mit der fraglichen Klausel herausgegeben wurde, c) wo die Charter vorzugsweise benutzt wird, d) aus dem die fragliche Klausel stammt.

[23] Vgl. auch zum vorhergehenden Pappenheim, S. 125.

10. Notwendige Voraussetzung für die Annahme einer stillschweigenden Unterwerfung der Parteien wäre, daß die englische Herkunft der Charter oder der Klausel bekannt ist oder zumindest ohne große Schwierigkeiten festgestellt werden kann. Ist nämlich die Herkunft einer Klausel nicht bekannt oder nur schwer zu ermitteln, so gilt dasselbe für die Auslegung dieser Bestimmung. Den Parteien darf aber nicht unterstellt werden, daß sie den vereinbarten Bedingungen stillschweigend eine Bedeutung zugrunde legen, die sie bei Vertragsabschluß nicht kennen und möglicherweise auch später nicht sicher feststellen können[24].

Die Herkunft von Charterformularen ist vielfach ohne weiteres aus dem Text ersichtlich. So tragen die von der Chamber of Shipping und von der Baltic and International Maritime Conference herausgegebenen Einheitsverträge sämtlich einen deutlichen Vermerk auf der Vorderseite des Formulars.

Allerdings ist zu bedenken, daß die Einheitsverträge im Regelfall von den Vertretern verschiedener Wirtschaftsgruppen, insb. Reedern und Abladern, aufgesetzt werden, die nicht nur gegensätzliche wirtschaftliche Interessen vertreten, sondern meist auch verschiedenen Nationen angehören und möglicherweise von unterschiedlichen Rechtsgrundsätzen ausgehen[25]. Die Herkunft einer Charter aus England besagt deshalb nicht zwingend, daß den einzelnen Klauseln englische Rechtsanschauungen zugrunde liegen.

Immerhin stehen aber die meisten der in England, vor allem der von der Chamber of Shipping herausgegebenen Formulare auf dem Boden des englischen Rechts. Dies hat einmal seine Ursache in der (jedenfalls früher) starken wirtschaftlichen Stellung der auf englischer Seite beteiligten Wirtschaftsgruppen, zum anderen aber auch in der weltweiten Bedeutung des englischen Seerechts und der großen Verbreitung englischer Formulare, wobei der erste Umstand auf die beiden folgenden, der zweite auf den letzten und umgekehrt einwirken.

Bei Formularen, die aus England stammen, wäre danach die oben aufgestellte Voraussetzung in aller Regel erfüllt. Allerdings würden sich auch hier im Einzelfall gewisse Zweifel und Unsicherheiten nicht ausschließen lassen.

Der bedeutende Einfluß des englischen Seerechts und die weite Verbreitung englischer Formulare haben zur Folge, daß vielfach auch solchen Einheitsverträgen, die in anderen Ländern herausgegeben werden, englische Rechtsanschauungen zugrunde liegen. Dies kann seine Ursache darin haben, daß die Verfasser des neuen Formulars bewußt von englischen

---

[24] Boyens I S. 63.

[25] Über die Verhandlungen bei der Herausgabe des Nubaltwood-Formulars vgl. z. B. Hansa 1951, 990 f., 1119 und 1156 ff. sowie 1952, 171 und 1953, 1689; s. weiter auch Hansa 1956, 616 f.

Seerechtsgrundsätzen ausgingen oder daß der neue Vertrag einem bewährten englischen Formular nachgebildet wurde.

Läßt sich der englische Charakter des Gesamtformulars klar feststellen, so besteht im Regelfall keine Veranlassung, den Vertrag anders als die in England herausgegebenen Formulare zu beurteilen. Diese Einheitsverträge gehören also ebenfalls zu denen englischer Herkunft, wenn auch im weiteren Sinne. Daneben gibt es Formulare, die ausschließlich oder überwiegend von nicht-englischen Rechtsgrundsätzen beherrscht werden. Solche Verträge enthalten in vielen Fällen einzelne Klauseln englischer Herkunft. Diese Bestimmungen können wörtlich oder mit gewissen Abweichungen aus einem englischen Formular übernommen worden sein; es kann sich auch um die Übersetzung einer englischen Klausel handeln.

Die Feststellung der englischen Herkunft ist in diesen Fällen vielfach sehr schwierig oder gar nicht möglich. Regelmäßig läßt nämlich weder die Formulierung noch der rechtliche Inhalt einer Klausel das Ursprungsland erkennen. Im übrigen ist zu bedenken, daß sich die Parteien beim Abschluß eines Frachtvertrages gewöhnlich keine Gedanken darüber machen, ob das von ihnen benutzte Formular auch einzelne Klauseln fremder Herkunft enthält.

Gegen die Annahme einer stillschweigenden Unterwerfung unter die Ursprungsbedeutung englischer Klauseln in nicht-englischen Formularen erhebt sich also das Bedenken, daß die Parteien in den meisten Fällen die englische Herkunft einzelner der vereinbarten Klauseln nicht kennen und außerdem auch nur schwer oder gar nicht feststellen können.

Stellt man demgegenüber darauf ab, daß in manchen Fällen die englische Herkunft und Bedeutung einer Klausel allgemein bekannt sind und schränkt man die stillschweigende Vereinbarung der Parteien auf diese Fälle ein, so führt dies zu einer erheblichen Rechtsunsicherheit und muß notwendig eine Flut von Rechtsstreitigkeiten zur Folge haben. Selbst wenn sich nämlich die englische Herkunft einer Klausel im Einzelfall eindeutig feststellen läßt, werden die Auffassungen der Gerichte in den verschiedenen Ländern und sogar innerhalb eines Landes über die tatsächliche Frage der allgemeinen Kenntnis naturgemäß weit auseinandergehen.

Eine stillschweigende Unterwerfung der Parteien unter die Ursprungsbedeutung englischer Klauseln, die in nicht-englischen Formularen enthalten sind, würde daneben zu einer erheblichen Unübersichtlichkeit führen; denn die einzelnen Charterbestimmungen müßten teils nach deutschem Recht, teils nach englischem Recht ausgelegt werden.

Die Annahme einer solchen Parteivereinbarung ist nach alledem abzulehnen. Gegen die stillschweigende Unterwerfung unter die Ursprungsbedeutung englischer Klauseln sprechen weiter die in den folgenden Ziffern angeführten Überlegungen.

11. Die Gefahr der Rechtsunsicherheit und der Unübersichtlichkeit

besteht nur in geringerem Maße, wenn die Parteien die Geltung englischer Auslegungsregeln für den Fall der englischen Herkunft eines Formulars vereinbaren. Die Folge einer solchen Parteiabrede wäre nämlich, daß das englische Recht über die Auslegung sämtlicher Klauseln entscheidet; auch bei einer nur geringfügigen Abweichung zwischen dem deutschen und dem englischen Recht müßte die deutsche gegenüber der englischen Bedeutung zurücktreten. Das deutsche Recht, das für den Vertrag gelten soll, wäre nur für die nicht im Formular geregelten Fragen maßgebend.

Diese Überlegung enthält zugleich ein entscheidendes Argument gegen die Annahme einer stillschweigenden Vereinbarung englischer Auslegungsregeln: Benutzen die Parteien ein Formular englischer Herkunft, so ist dies einer der Punkte, die bei der Frage nach dem anzuwendenden Recht mitberücksichtigt werden müssen, wenn der Vertrag hierüber keine ausdrückliche Bestimmung trifft. Reicht die Verwendung des englischen Formulars allein oder in Verbindung mit anderen Umständen nicht aus, um die Anwendung englischen Rechts auf den Frachtvertrag zu begründen und ist stattdessen die Geltung deutschen Rechts als von den Parteien gewollt anzusehen, so müssen auch deutsche Rechtsgrundsätze die Auslegung der einzelnen Charterklauseln bestimmen. Wollte man der englischen Ursprungsbedeutung durch eine Hintertür wieder Geltung verschaffen, würde die vorhergehende Feststellung des mutmaßlichen Parteiwillens wieder aufgehoben.

Die Richtigkeit dieser Überlegung wird besonders deutlich, wenn die Parteien ihren Vertrag ausdrücklich deutschem Recht unterstellt haben. Wissen die Parteien, daß verschiedene Klauseln des Formulars nach englischem Recht anders als nach deutschem Recht auszulegen sind, so muß die Vereinbarung des deutschen Rechts dahin verstanden werden, daß der deutschen Auslegung der Vorzug gegeben werden soll. Ist ihnen eine abweichende Bedeutung nach englischem Recht nicht bekannt, so gilt dies um so mehr. Eine Berücksichtigung der englischen Auslegung widerspräche hier dem erklärten Parteiwillen: Die Parteien vereinbaren nicht deutsches Recht, damit englische Rechtsgrundsätze über die Auslegung entscheiden. — Diese Gründe gelten aber auch dann, wenn es an einer ausdrücklichen Vertragsbestimmung fehlt und die Geltung deutschen Rechts nur aus den Umständen folgt; denn sobald der mutmaßliche Parteiwille festgestellt ist, muß ihm dieselbe Wirkung beigemessen werden wie dem ausdrücklich geäußerten Willen.

12. Der nationalen Herkunft der einzelnen Charterklauseln und der Formulare darf heute im Regelfall keine sehr erhebliche Bedeutung mehr beigemessen werden[26]: Jeder Seefrachtvertrag trifft für eine Reihe wich-

[26] Capelle HRGZ A 1932, Sp. 130 f.: Die Verwendung eines englischen Formulars läßt für sich allein nicht auf die Anwendbarkeit englischen Rechts schließen. S. auch Abraham, S. 94.

tiger Fragen ausdrückliche Bestimmungen. Der Umfang dieser Regelung stimmt in den meisten Formularen im wesentlichen überein; die Chartern behandeln also — von einzelnen Besonderheiten abgesehen — immer dieselben Fragen. Dabei bieten sich zu jedem Punkt naturgemäß verschiedene Lösungsmöglichkeiten. Für diese Alternativen, deren Anzahl begrenzt ist, haben sich im Laufe der Zeit bestimmte englische Formulierungen durchgesetzt, die immer wieder benutzt werden. Der englische Wortlaut mag in vielen oder sogar den meisten Fällen englischer Herkunft und zuerst in englischen Chartern enthalten gewesen sein. Durch ihre spätere Verwendung in den verschiedensten internationalen Einheitsverträgen haben diese Formulierungen aber den besonderen Charakter ihres Ursprungslandes verloren und stattdessen eine neutrale Wortbedeutung erlangt[27]. Entscheidend ist also nicht die ursprüngliche juristische Bedeutung der Klausel (nach englischem Recht), die teilweise nicht, jedenfalls nicht allgemein, bekannt ist, sondern die international übliche Formulierung für eine der möglichen Alternativen. Unter diesem Aspekt muß es auch gesehen werden, wenn die Verfasser eines Einheitsvertrages die einzelnen Klauseln zusammenstellen: Sie entscheiden sich bei jeder der zu behandelnden Fragen für eine der möglichen Alternativen und deren übliche englische Formulierung und nicht für eine englische statt einer nicht-englischen, z. B. skandinavischen, Klausel. So sehen die Formulare möglicherweise auch Alternativklauseln vor, die verschiedenen Ursprungs sind. Maßgebend ist also allein der Wortlaut und nicht die besondere juristische Auslegung, die eine Klausel im Herkunftsland erfährt.

Diese Überlegung spricht ebenfalls gegen die Annahme einer stillschweigenden Unterwerfung der Parteien unter die ursprüngliche Bedeutung der Charterklauseln; denn auch für die Parteien ist der Wortlaut einer Klausel, die sie vielleicht aus Formularen verschiedener Herkunft kennen, entscheidend und nicht etwa die jeweilige englische Auslegung einer Klausel, die im Einzelfall möglicherweise nicht einmal englischen Ursprungs ist.

13. Eine Berücksichtigung der englischen Bedeutung von Klauseln, die in englischen Formularen enthalten sind, ist nach alledem im Regelfall abzulehnen.

Der Wunsch nach einer international einheitlichen Auslegung der Charterklauseln läßt sich im übrigen derzeit ohnehin nicht verwirklichen. Eine beachtliche Zahl von Charterformularen stammt nicht aus dem englischen Rechtsgebiet und wird auch nicht von englischen Seerechtsgrundsätzen beherrscht. Selbst wenn man in diesen Fällen ein überzeugendes Kriterium für das die Auslegung bestimmende Recht finden könnte, würde es doch an der Voraussetzung fehlen, daß die allgemeinverbindliche Bedeutung international bekannt ist oder unschwer festgestellt

[27] Boyens I S. 62, Note 55. S. auch Schaps, § 557, A. 2, Note 2.

werden kann; denn die seerechtlichen Grundsätze und Auslegungsregeln nicht-englischer Rechtsordnungen sind gewöhnlich kaum außerhalb des jeweiligen Rechtsgebiets bekannt.

Außerdem ließe sich aber eine international einheitliche Auslegung auch für die englischen Formulare schon deshalb nicht erreichen, weil die Gerichte der verschiedenen Länder die Frage, in welchem Umfang die Bedeutung einer Klausel durch das Recht eines anderen Landes bestimmt wird, durchaus unterschiedlich beantworten. Voraussetzung für eine international übereinstimmende Auslegung wäre aber, daß bei der Benutzung eines englischen Formulars nach dem Recht aller schiffahrttreibenden Länder die englische Bedeutung auch dann für maßgebend erklärt würde, wenn die Parteien das Recht dieses oder eines dritten Landes vereinbart haben. Ein so weitgehender Verzicht auf die Anwendung des eigenen Rechts kommt für die meisten Länder, vor allem diejenigen mit einer ausgebildeten eigenen Seerechtsordnung, nicht in Betracht; er würde zu einer weitgehenden Abhängigkeit von der Rechtsprechung der englischen Gerichte führen und wäre rechtspolitisch kaum vertretbar. Die Anwendung des englischen Seerechts in solch bedeutendem Umfang hätte auch zur Voraussetzung, daß die Gerichte in allen Ländern über eine genaue Kenntnis des englischen Rechts verfügen; davon kann keine Rede sein[28].

14. Eine einheitliche Auslegung des Vertrages nach dem Recht des Herkunftslandes des Formulars oder einer sonst maßgeblichen Rechtsordnung scheitert vielfach schon an folgendem Umstand: Die Parteien nehmen am Formulartext regelmäßig gewisse Änderungen vor und fügen häufig sogar umfangreiche Zusätze hinzu. Diesen Änderungen und Ergänzungen liegen aber die Rechtsvorstellungen der Parteien zugrunde, und diese weichen naturgemäß oft von den Grundsätzen jenes Rechts ab, das bei der Aufstellung des Formulars oder einzelner Klauseln als Ausgangspunkt diente. Über die Auslegung dieser Ergänzungen entscheiden allein die Anschauungen der Parteien, wenn sie als übereinstimmend festgestellt werden können. Die Zusätze und Ergänzungen schließen aber nicht nur vielfach die Möglichkeit einer einheitlichen Vertragsauslegung nach dem Herkunftsrecht des Formulars aus; sie bewirken darüberhinaus je nach ihrem Umfang einen mehr oder weniger weitgehenden Verlust des Ursprungscharakters des Einheitsvertrages.

Der Grundsatz, daß über die Auslegung von Vertragsbedingungen in erster Linie der übereinstimmende Parteiwille entscheidet, gilt nicht nur für die von den Parteien vorgenommenen Ergänzungen, sondern ebenso für den vorgedruckten Formulartext. Eine Ausnahme gilt nur

---

[28] Zu den technischen Schwierigkeiten selbst beim BGH vgl. NJW 1959, 720 (Urteil v. 18. 12. 1958): Der BGH zitiert Scrutton, 15. Aufl., und Carver, 9. Aufl., obwohl Scrutton bereits 1955 in 16. Auflage und Carver 1957 in 10. Auflage erschienen sind.

dann, wenn zwingende gesetzliche Vorschriften der lex contractus verletzt werden. Tatsächlich verständigen sich die Parteien jedoch nur selten bei Vertragsabschluß oder gar nach dem Auftreten einer Meinungsverschiedenheit über die Auslegung der Klauseln. Soweit sich die Parteien aber ausdrücklich über eine bestimmte Auslegung einigen, geschieht dies regelmäßig in der Form, daß ein bestimmtes Recht als für die Auslegung des Vertrages maßgebend vereinbart wird. Haben die Parteien eine solche ausdrückliche Bestimmung getroffen, so ist das vereinbarte Recht selbst dann für die Auslegung der vorgedruckten Klauseln maßgebend, wenn den Parteizusätzen erkennbar abweichende Rechtsanschauungen zugrunde liegen. Fehlt eine ausdrückliche Bestimmung über die lex contractus und gehen die Vertragsergänzungen der Parteien von einer bestimmten Rechtsordnung aus[29], so ist auch dieser Umstand bei der Ermittlung des von den Parteien mutmaßlich gewollten Vertragsrechts zu berücksichtigen. Ergibt aber die Würdigung aller Umstände eine lex contractus, die von dem die Zusätze beherrschenden Recht abweicht, so gilt dasselbe wie bei einer ausdrücklichen Bestimmung über das Vertragsrecht.

15. Die Auslegung von Charterklauseln bestimmt sich also im Grundsatz allein nach der lex contractus. Weder die Verwendung der englischen Sprache noch die englische Herkunft einer Klausel oder des Formulars rechtfertigen eine Ausnahme[30].

Etwas anderes soll allerdings nach einer weit verbreiteten Ansicht dann gelten, wenn eine Klausel Rechtsgedanken verkörpert, die nur dem englischen Recht eigentümlich sind oder wenn die Klausel sonst eine eigenartige englische Bedeutung hat und ihre Beurteilung nach deutschem Recht zu sachfremden oder sogar unsinnigen Ergebnissen führt[31].

Ein bekanntes Beispiel ist die Penalty-Klausel[32]. Diese Bestimmung

---

[29] Die Zusätze der Parteien können auch — ebenso wie die Formularklauseln — einen neutralen Charakter, also keine Beziehung zu einer einzelnen bestimmten Rechtsordnung haben.

[30] Boyens I S. 62, Note 55: Hat eine bestimmte Klausel in verschiedenen Rechtsordnungen unterschiedliche Bedeutung, so entscheidet nicht die Herkunft des benutzten Formulars, sondern die lex contractus über die Auslegung. Ebenso Abraham, S. 94. Vgl. auch Schiedsspruch BGH Hansa 1954, 510 und BGH NJW 1959, 720.

[31] Capelle HRGZ 1932 A Sp. 130 f.

[32] Welsh Coal 13: "Penalty for non-performance of this Agreement, proved damages, not exceeding the estimated amount of Freight." Ebenso Coastcon 26, Welcon 23, Pixpinus 21, Pitwoodcon 26, Centrocon 40, Cemenco 17; fast ebenso Baltwood 26, Russcon 23, Austral 39, Gencon 13, Saltcon 12.

Papierholzcharter 22: „Im Falle der Nichterfüllung dieses Vertrages ist seitens des schuldigen Teils dem vertragstreuen Teil der nachgewiesene Schaden zu vergüten, jedoch höchstens der geschätzte Frachtgeldbetrag." Fast ebenso Deutgencon 13, Deuterzneu 18; ähnlich Deutal 16 und Deutholz 26.

hat nach allgemeiner Auffassung in der englischen Rechtsprechung und Literatur[33] keine rechtliche Bedeutung; ihr Vorhandensein in den meisten englischen Formularen läßt sich nur aus der englischen Vorliebe für Tradition erklären. Nach deutschem Recht wäre die Klausel dagegen als Vereinbarung einer Vertragsstrafe wirksam. Im Hinblick darauf, daß die Penalty-Klausel eine dem englischen Recht eigentümliche Vertragsbestimmung darstellt und ihre rechtliche Unwirksamkeit weitgehend bekannt ist, wird diese Klausel von der herrschenden Meinung in der deutschen Rechtsprechung und Literatur[34] ebenfalls als unwirksam angesehen.

Im Falle der Penalty-Klausel mag eine besondere und von dem oben aufgestellten Grundsatz abweichende Beurteilung gerechtfertigt sein. Die Bedeutungslosigkeit dieser Bestimmung nach englischem Recht ist nämlich allgemein bekannt und auch von deutschen Gerichten vielfach bestätigt worden. Außerdem hätte die Klausel nach deutscher Auslegung eine Bedeutung, die für die Parteien unverständlich wäre, da entsprechende Vertragsbestimmungen im deutschen Recht unbekannt sind.

Für die hier fraglichen Klauseln ist jedoch eine Durchbrechung des Grundsatzes, daß die lex contractus über die Auslegung entscheidet, abzulehnen; denn eine Ausnahme kommt jedenfalls dann nicht in Betracht, wenn die Klausel ein Rechtsinstitut behandelt, das im deutschen und englischen Recht gleichermaßen bekannt und auch in verwandter oder ähnlicher Weise geregelt ist[35].

Die Bestimmungen des Common Law über die Liegezeit und das Liegegeld weisen zwar gewisse Unterschiede gegenüber dem deutschen Recht auf[36]. Gleichwohl ähneln sich im ganzen gesehen beide Regelungen. Dies folgt schon aus der übereinstimmenden Zielsetzung. Der Unzulässigkeit einer Vorausanzeige nach englischem Recht stehen im deutschen Recht die strengeren Voraussetzungen für die Ladebereitschaft gegenüber, so daß sich die deutsche und englische Regelung im Ergebnis weitgehend

[33] Schaps, § 580, A. 11; Capelle, S. 567 mit englischen Zitaten in den Noten 10—12; Carver, S. 993 ff.

[34] RGZ 39, 67 ff.; Schiedsspruch BGH Hansa 1954, 511; Boyens I S. 62, Note 55; Capelle, S. 570 f.; Schlegelberger, § 580, A. 15. — Nach Capelle, S. 571 ff., soll jedoch eine Ausnahme gelten, wenn die Penalty-Klausel in ein deutschsprachiges Formular übernommen ist. S. auch Schlegelberger, § 580, A. 11. Diese Unterscheidung ist abzulehnen, weil die Klausel ihren englischen Ursprung und ihre Eigentümlichkeit durch die Übertragung in die deutsche Sprache nicht verliert. Im übrigen ist die Sprache, wie auch von Capelle anerkannt wird, für die Auslegung von Klauseln nicht maßgebend. So ändert z. B. die Übersetzung der Gencon-Charter in die Deutgencon-Charter nicht die rechtliche Bedeutung der einzelnen Klauseln.

[35] Ebenso RGZ 11, 100 (104 f.).

[36] S. oben Ziff. 6 a.

nähern. Besonders deutlich aber wird die Ähnlichkeit der Rechtsinstitute in beiden Rechtsordnungen durch den Umstand belegt, daß die deutschen Gesetzesbestimmungen im wesentlichen mit dem Inhalt der oben zitierten meist englischen Charterklauseln übereinstimmen.

16. Nach der hier vertretenen Ansicht haben die aufgeführten Klauseln je nachdem, ob sie nach deutschem oder englischem Recht beurteilt werden, unterschiedliche Bedeutung. Dieser Mangel ist nicht zu vermeiden; denn eine international einheitliche Auslegung läßt sich nicht erreichen, solange die gesetzlichen Regelungen in den verschiedenen Ländern in dem bisherigen Umfang voneinander abweichen. Die Parteien können und sollten bei allen internationalen Frachtverträgen eine ausdrückliche Bestimmung über das anzuwendende Recht und den Gerichtsstand treffen, um der Gefahr einer überraschenden Vertragsauslegung zu begegnen.

Die oben abgedruckten Klauseln sind also nach dem Recht auszulegen, dem der Frachtvertrag im ganzen unterliegt. Gilt auf Grund ausdrücklicher Vertragsbestimmung oder nach dem mutmaßlichen Parteiwillen deutsches Recht, so steht der Wortlaut der Klauseln — unabhängig von der Herkunft des Formulars oder der einzelnen Klausel — der Zulässigkeit einer Vorausanzeige nicht entgegen[37].

17. Etwas anderes gilt, wenn eine Klausel die Vorausanzeige ausdrücklich für unzulässig erklärt oder der Wortlaut sonst eindeutig klarstellt, daß die Bereitschaftsmeldung nur nach Vorliegen der Ladebereitschaft wirksam abgegeben werden kann.

> Polcon 4 und Germancon-North 4: "Written notice of readiness (Captain's notice) to receive the entire cargo not to be given to Shippers' Agents before the Vessel is actually ready to receive the entire cargo and provided the Vessel is cleared at Custom House ..."

Auch die folgende Klausel muß wegen des eingefügten "thereafter" dahin verstanden werden, daß eine Vorausanzeige nicht zulässig ist. Durch diesen Zusatz unterscheidet sich die Bestimmung deutlich von den oben aufgeführten Klauseln:

> Germancon-North 10: "..when the Vessel is reported at the Custom House and ready ... to deliver and written notice thereafter given.."[38]

Die Unzulässigkeit der Vorausanzeige ändert aber nichts an der

---

[37] Ebenso Hamburger Schiedsgutachten HRGZ 1932, Nr. 212 (Sp. 666) für den Fall der oben abgedruckten Klausel Baltcon 15. — A. A. Rordam, S. 47 und S. 128, Note 7, für Baltcon 5 und 15 (für das dänische Recht, das die Vorausanzeige grundsätzlich zuläßt; vgl. oben Ziff. 6 b).

[38] Vgl. weiter Synacomex 6. — Auch die Baltimore-Charter läßt keine Vorausanzeige im engeren Sinne zu: "Notification of the Vessel's readiness must be delivered at the office of the Charterers or their agents, at or before 4 P. M. ... Vessel also having been entered at the Custom House, accompanied by pass of the inspector of Vessel's readiness in all compartments, and the lay days will then commence at 7 A. M. on the next business day."

Geltung des deutschen Rechts, das allein über die Auslegung der Klausel entscheidet. An den Begriff der Ladebereitschaft sind also die strengen Voraussetzungen des deutschen und nicht etwa die leichteren des englischen Rechts zu stellen.

### *II. Der Beginn der Liegezeit*

1. Liegen die Voraussetzungen der Bereitschaftsmeldung vor, darf und muß der Schiffer seine Notiz abgeben. Mit dem Zugang der Meldung beginnt die Notizzeit und nach Ablauf dieser Zeitspanne die Liegezeit, sofern das Schiff bis dahin lade- bzw. löschbereit ist.

Im einzelnen treffen die Einheitsverträge unterschiedliche Regelungen über den Beginn der Liegezeit. Entweder sind feste Uhrzeiten für den Beginn der Liegezeit vorgesehen, so daß die Dauer der Notizzeit schwanken kann (unten 2), oder es muß umgekehrt eine feste Zeitspanne nach Zugang der Notiz ablaufen, so daß die Liegezeit zu verschiedenen Zeiten beginnen kann (unten 3).

2. Die erste Regelung findet sich in den weitaus meisten Chartern. Besonders häufig ist folgendes Schema: Geht die Meldung bis 12 Uhr mittags zu, beginnt die Liegezeit nach der Mittagspause um 13 oder 14 Uhr; wird die Meldung später abgegeben, so fängt die Liegezeit mit dem Arbeitsbeginn des folgenden Tages, also um 6 oder 7 Uhr, an.

Nach dieser Regel verfahren die oben zu I Ziff. 4 abgedruckten Klauseln Baltcon 15, Contwood 15 und Propcon 13 sowie die oben unter Ziff. 3 aufgeführten Klauseln Gencon 5 und 6[39]. Eine längere Notizzeit schreiben die oben zu Ziff. 2 abgedruckte Klausel Phoscon 7 sowie Hydrocharter 13 vor: Geht die Notiz bis 12 Uhr mittags zu, beginnt die Liegezeit am folgenden Morgen um 7 Uhr; bei Zugang nach 12 Uhr verschiebt sich der Liegezeitbeginn auf den folgenden Mittag um 12 Uhr.

Nur einen Zeitpunkt für den Beginn der Liegezeit kennt Polcon 4[40]: Die Liegezeit beginnt um 7 Uhr des dem Zugang der Notiz folgenden Werktages[41].

---

[39] Dasselbe Schema findet sich auch in Orecon 6b für den Ladehafen; Germancon-North 10, Nubaltwood 15, Phoscon 7, Spanfrucon 9, alle für das Löschen; Contcoal 4 für Ostsee-Ladehäfen und 11 für Löschhäfen außer Hamburg/Bordeaux range; Polcon 10 für Löschhäfen an der Ostsee und in Skandinavien. — Eine geringe Abweichung enthalten Nubaltwood 6 für Ladehäfen; Scancon 8 und Saltcon 5, beide für Laden und Löschen: Die Meldung muß statt bis 12 Uhr bereits bis 10 Uhr zugegangen sein, damit die Liegezeit nach der Mittagspause beginnen kann.

[40] Ebenso Russcon 6 und Pixpinus 2.

[41] HGB und BSchG kennen zwar auch nur einen Zeitpunkt für den Beginn der Liegezeit; dieser liegt jedoch wegen der geltenden Zivilkomputation um 0 Uhr.

Die genannten Klauseln bestimmen zum größeren Teil ausdrücklich, daß die Notiz während der Geschäftsstunden zugehen muß. Dies ist — wenn sich nicht aus dem Wortlaut oder Zusammenhang der Klausel etwas anderes ergibt — dahin zu verstehen, daß eine außerhalb der Geschäftszeit abgegebene Meldung erst mit dem Beginn der darauf folgenden Geschäftsstunde als zugegangen gilt.

Eine besondere Regelung enthält Baltcon 5 A. Während Baltcon 5 B die Ladezeit ohne Notizzeit beginnen läßt, nachdem die Meldung dem Ablader während der Geschäftszeit zugegangen ist, bestimmt Klausel 5 A:

> "Time to count from 6 a. m. (on a working day) after the receipt of written notice of readiness ... given to the Staithman or Colliery Agent or handed in to his office."

Diese Klausel schreibt also im Gegensatz zur Alternativbestimmung nicht vor, daß die Meldung innerhalb der Geschäftszeit abgegeben werden muß. Es genügt somit, wenn die Notiz kurz vor 6 Uhr morgens zugeht[42]. Dagegen kann nicht eingewandt werden, daß dies im Einzelfall möglicherweise zur Aufhebung der Notizzeit führt; denn auch bei den oben zuerst genannten Klauseln kann die freie Zeit nur eine Stunde betragen, wenn die Meldung kurz vor 12 Uhr mittags zugeht. Im übrigen darf nicht vergessen werden, daß der Beginn der Liegezeit volle Lade- bzw. Löschbereitschaft des Schiffes voraussetzt und der Schiffer nach Abgabe der Notiz, die er im voraus erstatten kann und nicht willkürlich hinauszögern darf, selbst eine gewisse Zeit zur Herstellung der vollen Bereitschaft des Schiffes benötigt. Schließlich verlangen die Formulare regelmäßig eine sog. Voranzeige, so daß dem Befrachter in jedem Fall eine ausreichende Vorbereitungszeit zur Verfügung steht.

3. Nach den oben zu I Ziff. 3 abgedruckten Klauseln Russwood 6 und Baltwood 28 beginnt die Ladezeit 24 Stunden nach dem Zugang der Bereitschaftsmeldung; dabei ist ausdrücklich vorgeschrieben, daß die Notiz während der Geschäftszeit erstattet werden muß[43].

### C. Klauseln ohne Notizzeit

1. Eine Reihe von Charterklauseln kennt keine Notizzeit. Die Liegezeit beginnt hier unmittelbar im Anschluß an den Zugang der Bereitschaftsmeldung. Einige Klauseln schreiben allerdings vor, daß die Notiz während der Geschäftszeit erstattet werden muß (unten 2). Andere

---

[42] Ebenso Rordam, S. 47: Die Notiz kann jederzeit erstattet werden.

[43] Eine entsprechende Regelung enthalten auch Austral 9 und Austwheat 9, jeweils für den ersten Ladehafen, sowie Austwheat 19 für den ersten Löschhafen im UK. — Eine feste Notizzeit sehen auch Centrocon 13 (für den ersten Ladehafen) und Medcon 10 (für Löschhäfen in Italien) vor: Die freie Zeit beträgt in der ersten Klausel 12 Stunden und in der zweiten 4 Arbeitsstunden.

beschränken den Beginn der Liegezeit auf die Zeit zwischen 6 Uhr morgens und 6 Uhr abends (unten 3). Eine dritte Gruppe macht schließlich keinerlei Einschränkungen (unten 4).

Löst die Bereitschaftsmeldung unmittelbar den Beginn der Liegezeit aus, sind an die Anzeige dieselben Voraussetzungen wie an den Liegezeitbeginn zu stellen. Das Schiff muß also im Zeitpunkt der Notizabgabe voll lade(lösch)bereit sein.

Etwas anderes gilt aber, wenn die Meldung außerhalb der Geschäftszeit abgegeben wird und die Liegezeit erst mit dem Beginn der Geschäftszeit anfängt. Hier genügt es, wenn die Lade- oder Löschbereitschaft bis zum Beginn der Liegezeit hergestellt wird[44]. — Für eine Vorausanzeige in dem oben § 4 B beschriebenen Sinne ist nach diesen Klauseln kein Raum.

> 2. Welsh Coal 3: "..(time)..commencing when written notice is given of Vessel being .. ready to load, such notice to be given between hours of 9 a. m. and 5 p. m. or 1 p. m. on Saturdays."[45]

Die während der Geschäftszeit abgegebene Meldung setzt volle Ladebereitschaft voraus und läßt unmittelbar die Liegezeit beginnen.

Trotz des Wortlauts dieser Klauseln darf der Schiffer seine Meldung auch außerhalb der Geschäftszeit abgeben. Sie gilt jedoch erst mit dem Beginn der nächstfolgenden Geschäftsstunde als zugegangen[46]. Mit diesem Zeitpunkt löst sie auch den Beginn der Liegezeit aus, wenn bis dahin die volle Bereitschaft des Schiffes hergestellt ist. Bei Abgabe der Meldung und während der Zeit bis zum Beginn der Geschäftsstunden braucht aber noch keine Bereitschaft des Schiffes vorzuliegen. Solange die Notiz nicht wirksam erstattet ist, können an sie nicht die strengen Anforderungen einer unmittelbar den Beginn der Liegezeit herbeiführenden Meldung gestellt werden.

> 3. Coastcon 3 A: "..commencing from the time Vessel is ready in every respect to load .. and written notice of readiness given to .. but time not to commence between 6 p. m. and 6 a. m."[47]

Die Notiz kann hier zu jeder Zeit abgegeben werden. Geht die

---

[44] S. dazu auch unten Ziff. 2 und 3.

[45] Dieselbe oder eine ähnliche Regelung enthalten Baltcon 5 B, Medcon 4, Coastcon 3 B und C, Welcon 3, Germancon-North 4, Pitwoodcon 6, Aticol 5, alle für den Ladehafen. — Vgl. auch Iron Ore (8) 6.

Deutal 7: „Die Lade- und Löschzeit beginnt zu zählen, sobald der Kapitän oder sein Schiffsagent die Lade- bezw. Löschbereitschaft des Dampfers in den üblichen Geschäftsstunden gemeldet hat."

[46] Vgl. dazu oben § 5 E.

[47] Entsprechende Bestimmungen treffen Contcoal 4 für Ladehäfen innerhalb Hamburg/Brest range, Coastcon 18 und Welcon 16, beide für Löschhäfen, Contcoal 11 für Löschhäfen innerhalb Hamburg/Bordeaux range, Polcon 10 für Löschhäfen außer Ostsee- und skandinavischen Häfen.

Meldung zwischen 6 Uhr morgens und 6 Uhr abends zu, löst sie unmittelbar den Beginn der Liegezeit aus und erfordert deshalb volle Bereitschaft des Schiffes. Wird die Meldung außerhalb der genannten Zeit erstattet, so läßt sie die Liegezeit erst am folgenden Morgen beginnen und setzt erst für diesen Zeitpunkt Lade- bzw. Löschbereitschaft voraus.

Im Ergebnis gilt somit dasselbe wie bei den in Ziff. 2 aufgeführten Klauseln.

4. Welsh Coal 7: "Time to commence when Vessel is ready to unload and written notice given . . ."[48]

Nach dem Wortlaut dieser Klausel ist weder die Notizabgabe noch der Beginn der Liegezeit auf die Geschäftszeit beschränkt. Wie der Vergleich mit anderen Klauseln derselben Charter zeigt[49], ist der Hinweis auf die Geschäftszeit nicht etwa als überflüssig weggelassen oder vergessen worden. Der Zusammenhang läßt vielmehr erkennen, daß die Besonderheit beabsichtigt ist. Die Bereitschaftsmeldung kann hier also zu jeder Zeit abgegeben werden. Mit ihrem wirksamen Zugang beginnt unmittelbar die Liegezeit. Die Notizabgabe setzt daher in jedem Fall volle Ladebzw. Löschbereitschaft voraus.

## D. Klauseln ohne Bereitschaftsmeldung

1. § 567 Abs. 1, der den Schiffer zur Bereitschaftsmeldung verpflichtet, ist dispositives Recht; die Notiz kann wegbedungen werden. Manche Charterklauseln sehen dementsprechend vom Erfordernis der Bereitschaftsanzeige ab. Soweit die Klausel jedoch keine klare Bestimmung in diesem Sinne enthält, ist bei der Auslegung Zurückhaltung geboten[50].

Der Verzicht auf die Notiz ist dann eindeutig, wenn eine Charter den Beginn der Liegezeit teils an den Zugang einer Bereitschaftsmeldung knüpft, teils aber von diesem Erfordernis absieht.

So schreibt Pixpinus 2 für den Ladehafen ausdrücklich eine Notiz vor, während es in Pixpinus 3 heißt:

> "Lay days at Port of Discharge to commence the morning after the Steamer shall be in berth and ready in all respects to discharge."

Baltcon 15 knüpft den Beginn der Löschzeit an den Zugang der Bereitschaftsmeldung; die Alternativbestimmung Baltcon 16 schreibt dagegen keine Notiz vor:

---

[48] Dieselbe Regelung enthalten Baltcon 16 für alle und Medcon 10 für außeritalienische Löschhäfen.

[49] Vgl. demgegenüber die Klausel Welsh Coal 3 (oben unter Ziff. 2 abgedruckt). Ebenso vgl. Baltcon 15 (oben B I Ziff. 4), Medcon 4 (oben Anm. 45) sowie 10 (oben Anm. 43).

[50] Capelle, S. 203.

"Time for discharging to commence when the Vessel is reported at the Custom House, and ready (whether in berth or waiting for a berth) to deliver, notwithstanding any custom or law of the Port of Discharge."

Besonders klar sind die folgenden Klauseln, in denen eine Bereitschaftsmeldung wohl für den ersten Ladehafen, nicht aber für den zweiten und die etwaigen späteren Ladehäfen gefordert wird.

Centrocon 13: "..but the said notice to be given at the first port or place of loading only."

Austral 9 und Austwheat 9: "At the second or subsequent loading port (if any) the time for loading shall count ... from noon of the day of arrival in the port if the Vessel arrives before noon, and from 9 a. m. of the following day if the Vessel arrives after noon."

Daneben gibt es zahlreiche Chartern, die überhaupt keine Bereitschaftsmeldung vorsehen.

Cemenco 5: "Time for loading and discharging respectively to be counted from first high water on or after arrival at or off loading or discharging berth as ordered, but should Vessel arrive at or off said loading or discharging berth after 5 p. m., time not to be counted until 7 a. m. following morning."[51]

Panstone 7: "Time for discharging to be counted from first high-water on or after arrival at or off the discharging berth."

Britcont 3 (Laden und Löschen): "Time shall begin to count from berthing at each port, but not between the hours of 5 p. m. and 7 a. m. on a weekday .."[52]

Spanfrucon 6: "Time for loading at the first loading port to count 24 hours after arrival at or off port .. notwithstanding whether the vessel is in free pratique or not. Should the vessel enter port or commence loading before the expiration of the above 24 hours time to count. Time for loading at subsequent loading ports to count after arrival at or off the ports .. notwithstanding whether .. free pratique .."

Es ist nicht ohne weiteres deutlich, ob diese Klauseln die Voraussetzungen für den Beginn der Liegezeit erschöpfend regeln oder ob sie stillschweigend als selbstverständliches Erfordernis auch den Zugang der Bereitschaftsmeldung verlangen.

Für die zweite Möglichkeit könnte sprechen, daß die bedeutenden Seerechtsordnungen[53] und die meisten international gebräuchlichen Formulare[54] den Beginn der Ladezeit und meist auch den Beginn der Löschzeit vom vorherigen Zugang einer Bereitschaftsmeldung abhängig machen. Die Notizabgabe ist allerdings kein selbstverständliches Erfordernis für

---

[51] Ebenso Panstone 7 für die Ladezeit.

[52] Fast ebenso Herrings 9. Eine entsprechende Regelung enthält auch Ferticon 3 für die Lade- und Löschzeit.

[53] So das englische, amerikanische, skandinavische, französische und italienische Recht; vgl. Tiberg, S. 178 ff.

[54] Vgl. die oben zu B und C aufgeführten Klauseln.

den Beginn der Liegezeit: Nach Common Law bedarf es im Löschhafen keiner Bereitschaftsanzeige[55]. Es erscheint schon deshalb fragwürdig, die Bereitschaftsmeldung, insb. die Löschnotiz, als stillschweigend vereinbartes Erfordernis zu unterstellen.

Gegen die Annahme einer solchen stillschweigenden Voraussetzung spricht, daß die Charterklauseln regelmäßig ausdrücklich vorschreiben, die Liegezeit beginne erst nach Vorliegen der Lade- bzw. Löschbereitschaft und Zugang der Notiz. Darüberhinaus werden häufig eingehende Bestimmungen über die Voraussetzungen der Bereitschaft und fast immer besondere Vorschriften über die Form und den Empfänger der Bereitschaftsanzeige getroffen. Die hier aufgeführten Klauseln erwähnen dagegen weder die Meldung noch die zu meldende Bereitschaft des Schiffes. Diese Klauseln verlangen nicht einmal volle Lade- oder Löschbereitschaft. So genügt teilweise schon die Ankunft des Schiffes vor dem Hafen oder in der Nähe des Liegeplatzes; nach Spanfrucon 6 ist sogar die Freigabe durch die Gesundheitspolizei entbehrlich. Eine Anzeige des sonst üblichen Inhalts kommt also schon deshalb nicht in Betracht, weil die Lade- oder Löschbereitschaft des Schiffes für den Beginn der Liegezeit nicht erforderlich ist. Der Schiffer könnte lediglich das Vorliegen der in der jeweiligen Klausel aufgeführten Voraussetzungen anzeigen.

Eine solche Meldung hätte aber auf den Beginn der Liegezeit keinen Einfluß, weil die aufgeführten Klauseln — mit Ausnahme des ersten Ladehafens in Spanfrucon — keine Notizzeit vorsehen und die Liegezeit unabhängig vom Zugang einer etwaigen Anzeige beginnt. Es bliebe also nur die Möglichkeit, daß die Liegezeit entsprechend den Bestimmungen der Klausel ohne die sonst erforderliche Bereitschaft anfängt und der Schiffer verpflichtet wäre, über den Beginn der Liegezeit Anzeige zu erstatten. Die Notiz wäre dann nur ein zusätzliches Erfordernis, das nicht wie sonst erst den Beginn der Liegezeit auslöst, sondern gleichsam nebenher erfüllt werden muß. Eine solch ungewöhnliche und vom Gesetz nicht vorgesehene Notiz kann aber nicht als stillschweigend gewollte selbstverständliche Voraussetzung betrachtet, sondern müßte ausdrücklich vorgeschrieben werden.

Nach alledem ist in den angeführten Fällen eine Bereitschaftsmeldung nicht erforderlich[56]. Die Liegezeit beginnt mit dem Vorliegen der in den einzelnen Klauseln genannten Voraussetzungen, ohne daß es einer besonderen Anzeige bedarf.

Dies bringt zwar für den Befrachter oder Empfänger eine gewisse Belastung mit sich: Er muß sich selbst danach erkundigen, wann das Schiff im Hafen oder auf der Reede ankommt und wann die Liegezeit

---

[55] Vgl. oben B I Ziff. 6 a.

[56] Vgl. auch die bei Schaps, § 594, A. 7, Note 2, aufgeführten Klauseln.

beginnt. Neuzeitliche Nachrichtenübermittlung und täglich erscheinende Hafennachrichten erleichtern jedoch weitgehend die erforderlichen Feststellungen. Außerdem sehen die Chartern regelmäßig eine oder sogar mehrere sog. Voranzeigen vor, so daß der Befrachter die Möglichkeit hat, sich auf die Ankunft des Schiffes und den Beginn der Liegezeit vorzubereiten. Der Empfänger wird ohnehin vom Befrachter über die Abfahrt des Schiffes vom Ladehafen unterrichtet. Schließlich muß der Schiffer regelmäßig schon deshalb seine Ankunft dem Befrachter oder Empfänger mitteilen, um sich einen Liegeplatz anweisen zu lassen.

2. Die Voraussetzungen für den Beginn der Liegezeit bestimmen sich jeweils nach dem Inhalt der einzelnen Klausel. Soweit sich aus dem Wortlaut nichts anderes ergibt, ist bei dem Beginn der Liegezeit volle Lade- bzw. Löschbereitschaft erforderlich.

Die oben im Eingang abgedruckten Pixpinus 3, Baltcon 16, Austral 9, Austwheat 9 sowie Britcont 3 verlangen sämtlich volle Lade- oder Löschbereitschaft. In Baltcon 16 und Britcont 3 braucht allerdings keine freie Zeit abzulaufen; die Liegezeit beginnt unmittelbar mit der Herstellung der Bereitschaft.

Cemenco 5 und Panstone 7 setzen dagegen keine Lade- oder Löschbereitschaft für den Beginn der Liegezeit voraus: Es genügt, wenn das Schiff in der Nähe des Liegeplatzes angekommen ist und die Flut einsetzt; das Verholen rechnet also schon in die Liegezeit, ebenso die für den Beginn des Ladens oder Löschens erforderlichen üblichen Vorkehrungen.

Nach Spanfrucon 6 beginnt mit der Ankunft des Schiffes in oder vor dem ersten Ladehafen eine 24stündige freie Zeit. Anschließend fängt die Ladezeit an, gleichgültig, ob das Schiff einen Liegeplatz erhält oder nicht. In den späteren Ladehäfen beginnt die Ladezeit sogar unmittelbar mit der Ankunft in oder vor dem Hafen.

## E. Besondere Bestimmungen über den Beginn der Liegezeit

Neben den oben in B, C und D behandelten Bestimmungen treffen die meisten Chartern weitere Vorschriften, aus denen sich im Einzelfall ein von den oben dargestellten Regeln abweichender Beginn der Liegezeit ergeben kann. Eine genaue Feststellung des Beginns der Lade- oder Löschzeit setzt also voraus, daß auch die im folgenden behandelten Klauseln volle Berücksichtigung finden.

### *I. Das sog. Ladedatum*

Die meisten Formulare sehen einen frühesten Zeitpunkt für den Beginn der Ladezeit vor ("loading-date"). Selbst wenn sämtliche Voraussetzungen für den Beginn der Ladezeit erfüllt sind, beginnt die Liegezeit nicht vor diesem festen Ladedatum. Damit schützt sich der Befrachter gegen die Gefahr, daß ihm das Schiff zu einem verfrühten und für ihn unpassenden Zeitpunkt zur Verfügung gestellt wird.

Gebräuchliche Formulierungen für ein festes Ladedatum sind:

Polcon 3: "The loading date shall not be before 7 a. m. on the ..."

Scancon 8: "Time for loading shall not commence before . ."[57]

Die Formulare nennen das feste Ladedatum sehr häufig im Zusammenhang mit der Cancelling-Klausel. Diese Bestimmungen enthalten dann einen frühesten Zeitpunkt für den Beginn der Ladezeit und einen spätesten Zeitpunkt für die Andienung des Schiffes.

Für Klauseln mit einem frühesten Löschdatum besteht kein Bedürfnis.

### *II. Ausgeschlossene Zeiträume*

1. Im Gegensatz zum Handelsgesetzbuch rechnen die Charterformulare die Sonn- und Feiertage regelmäßig nicht in die Liegezeit[58]. Darüberhinaus wird vielfach auch die Zeit der Arbeitsruhe vor und nach den Feiertagen nicht mitgezählt. Der Umfang dieser ausgeschlossenen Zeiträume (excepted periods) ist in den Formularen allerdings sehr unterschiedlich geregelt.

Da die Liegezeit während solcher ausgeschlossenen Zeiten nicht läuft, verschiebt sich der Beginn der Liegezeit, sofern er nach anderen Bestimmungen in diese Zeitspanne fallen würde, bis zu deren Ablauf.

2. Vielfach, vor allem in älteren Formularen, sind nur die Sonn- und Feiertage ausgeschlossen:

"Sundays and holidays excepted."[59]

Obwohl nach heute weit verbreiteter Übung am Sonnabendnachmittag

---

[57] Entsprechende Klauseln enthalten u. a. auch Welsh Coal 11, Medcon 4, Contcoal 3, Baltcon 5, Pitwoodcon 5, Propcon 3 (b), Meditore 28, Hydrocharter 13, Aracon 10, Scanfin 3 (b). — Newbelwood 16, Africanphos 11, Baltimore. — Vgl. auch unten Deuterzneu 8 in Anm. 73.

[58] Sind allerdings "running days" oder "running hours" vereinbart, so zählen die Sonn- und Feiertage in Ermangelung eines besonderen Ausschlusses als Liegezeit; vgl. Coastcon 4, Panstone 7, Cemenco 5, Britcont 3 (a), die jedoch einen besonderen Ausschluß enthalten.

[59] Diese Klausel findet sich z. B. in Welsh Coal 7, Medcon 10, Coastcon 18, Welcon 16, Orecon 8 a, alle für das Löschen; Centrocon 13, Austwheat 9, beide für das Laden; Merseycon 6, Baltpulp 3 und 7, Austral 9 und 22, Aracon 6, Spanfrucon 6 und 9, alle für Laden und Löschen. S. auch Scanfin 5, Newbelwood 7, Iron Ore (8) 5, Baltimore.

In den deutschen Klauseln Deutal 6, Deutholz 6, Deuterzneu 7, Deutholzneu 6 und 7 heißt es: „Sonntage und gesetzliche Feiertage ausgeschlossen."

nicht gearbeitet wird, zählt der Sonnabend mangels entgegenstehender Vereinbarung als voller Arbeitstag[60].

Manche Chartern rechnen auch den Sonnabendnachmittag nicht mit in die Liegezeit:

> Nubaltwood 6 und 15: "Saturdays after noon, Sundays, general and local holidays shall be excepted . . ."[61]

Neben dem Samstagnachmittag wird in einzelnen Formularen auch die Nacht zum Montag, und zwar bis zum Arbeitsbeginn, ausgeschlossen:

> Baltcon 15: "1 p. m. Saturday to 7 a. m. Monday, legal and harbour labourers' holidays excepted . . ."[62]

Verschiedene Klauseln erweitern die ausgeschlossene Zeit außerdem auf die Nacht nach einem gesetzlichen Feiertag:

> Baltcon 5 A: ". . noon Saturday to 6 a. m. Monday, Pay Saturdays, Cavilling Days, Colliery and Dock Holidays, and until 6 a. m. on the day following such holidays excepted . . ."[63]

Schließlich wird die ausgeschlossene Zeit in einzelnen Fällen darüberhinaus auf den Abend vor einem gesetzlichen Feiertag ausgedehnt, so daß die Liegezeit für die gesamte Zeit der Arbeitsruhe vom Sonnabendmittag oder dem Arbeitsende vor einem Feiertag bis zum Arbeitsbeginn des folgenden Werktages unterbrochen wird:

> Merseycon 6: "Time . . from noon on Saturdays, or 5 p. m. the day previous to any holiday, not to count until 8 a. m. on the next working day."[64]

Neben den hier aufgeführten Hauptregelungen finden sich auch verschiedene Zwischenlösungen[65]. Sehr spezifizierte Regelungen — z. T. mit Alternativklauseln für die einzelnen Kohlendistrikte — enthalten die älteren englischen Kohlenchartern[66].

3. Der Ausschluß von Sonn- und Feiertagen braucht nicht ausdrücklich zu erfolgen. Es genügt vielmehr, wenn die Liegezeit nach Arbeitstagen

---

[60] Schiedsgericht Hansa 1960, 2268. Ebenso holländisches Schiedsgericht Hansa 1950, 408 f.; Schutzverein Deutscher Rheder Hansa a. a. O.; Baltic and International Maritime Conference Hansa 1955, 1083.

[61] Entsprechende Bestimmungen enthalten auch Meditore 13 für Laden und Löschen, Austwheat 19 für das Löschen; s. auch American. Welsh 8.

[62] Dieselbe Klausel findet sich in Polcon 10 für das Löschen, Saltcon 5 und 6 für Laden und Löschen; entsprechend Africanphos 9, Iron Ore (7) 6.

[63] Entsprechende Klauseln enthalten Necore 13, Panstone 7, Cemenco 5, alle für Laden und Löschen.

[64] Entsprechende Bestimmungen finden sich in Britcont 3, Ferticon 3, beide für Laden und Löschen; dieselbe Regelung auch in Aticol 5, Synacomex 6, Herrings 9.

[65] Z. B. Pitwoodcon 6 und 16 für Laden und Löschen.

[66] Z. B. Welsh Coal 3, Medcon 4, Welcon 3, Coastcon 3, Baltcon 5, alle für das Laden.

oder -stunden bemessen[67] oder nach einer täglichen Lade- oder Löschrate zu berechnen[68] ist. Auch in diesen Fällen sind Sonn- und Feiertage von der Liegezeit ausgenommen[69]. Soweit nichts anderes bestimmt ist, zählt der Sonnabend allerdings als voller Arbeitstag[70].

### *III. Vorzeitiger Beginn des Ladens oder Löschens*

1. Beginn vor dem Ladedatum.

Sofern die Charter nichts anderes bestimmt und die Parteien keine besondere Vereinbarung getroffen haben, kann der Befrachter nicht verlangen, daß das Schiff vor dem Ladedatum beladen wird, auch wenn volle Ladebereitschaft vorliegt. Läßt sich der Schiffer auf eine vorzeitige Beladung ein, so ändert sich, wenn nichts anderes ausdrücklich vereinbart wird, am Beginn der Liegezeit nichts: Sie fängt erst mit dem Ladedatum an. Dem Schiffer steht es frei, seine Einwilligung zum früheren Ladebeginn davon abhängig zu machen, daß der Befrachter einer Vorverlegung des Beginns der Ladezeit zustimmt. In der Aufforderung des Befrachters zu einem vorzeitigen Arbeitsbeginn und der Einwilligung des Schiffers kann aber nicht ohne weiteres eine stillschweigende Einigung der Parteien über einen entsprechend vorverlegten Beginn der Liegezeit gesehen werden[71].

Manche Chartern bestimmen demgegenüber ausdrücklich, daß die vor dem Ladedatum benutzte Zeit als Liegezeit zählt:

> Nubaltwood 3 (b): "Lay-days shall not commence before ... unless loading be commenced sooner."[72]
>
> Coastcon 11: "Time for loading, unless used, not to count before ..."[73]

---

[67] Z. B. working days in Contwood 6, Gencon 5 und 6, Hydrocharter 13, Scancon 9, Spanfrucon 6. — In Kohlenchartern findet sich gelegentlich auch die Formulierung "colliery working day". Danach sind sämtliche Ruhetage im Bergwerk des Abladers ausgeschlossen; Schaps, § 573, A. 8, Note 2; Schlegelberger, § 573, A. 6. Vgl. auch Carver, S. 879 f., und Scrutton, S. 358.

[68] Z. B. "average rate of .. tons per day" in Welsh Coal 7, Medcon 10, Baltcon 15, Polcon 10, Phoscon 7, Saltcon 5 und 6; vgl. weiter Coastcon 18, Russwood 6, Propcon 5, Russcon 6, Centrocon 13, Austral 9, Meditore 11, Orecon 5 und 8, Aracon 6.

[69] Schaps, § 573, A. 4; Mittag, S. 42; Capelle, S. 221.

[70] S. auch Tiberg, S. 330 (für das deutsche Recht).

[71] Vgl. hierzu die analoge Frage über einen Arbeitsbeginn vor Ablauf der freien Zeit, unten Ziff. 2.

[72] Entsprechende Klauseln enthalten Austwheat 10, Centrocon 12.

[73] Ebenso Welcon 10.

Deuterzneu 8: „Die Ladezeit beginnt indessen ohne Zustimmung des Befrachters nicht vor dem .. zu zählen.

Falls früher mit dem Laden oder Löschen begonnen wird, zählt die Zeit vom Beginn der Arbeit."

Die Liegezeit beginnt hier mit dem tatsächlichen Ladebeginn. Sobald das Schiff ladebereit ist, kann der Befrachter auch verlangen, daß mit dem Laden begonnen wird[74]. Der Schiffer darf die Herstellung der Ladebereitschaft nicht hinauszögern, wenn der Befrachter ihn zum schnellstmöglichen Arbeitsbeginn, und zwar schon vor dem Ladedatum, aufgefordert hat. Mit dem vorzeitigen Beginn der Beladung verzichtet der Befrachter auf seine Rechte aus dem Ladedatum: Die Zeit zwischen dem Arbeitsbeginn und dem Ladedatum zählt als reguläre Liegezeit. Eine vom Befrachter zu vertretende Unterbrechung der Beladung ändert nichts am Ablauf der Ladezeit. Soll demgegenüber nur die tatsächlich benutzte Zeit zählen, so muß dies ausdrücklich vereinbart sein[75].

2. Beginn vor Ablauf der Notiz- oder freien Zeit.

Für einen Arbeitsbeginn vor Ablauf der Notiz- oder freien Zeit gilt das gleiche wie bei einer Abladung vor dem Ladedatum: Der Befrachter bzw. Empfänger kann nicht verlangen, daß schon vor dem Beginn der Liegezeit mit der Abfertigung des Schiffes angefangen wird, auch wenn das Schiff lade- bzw. löschbereit ist[76]. Beginnt der Schiffer trotzdem mit dem Laden oder Löschen, bleibt es gleichwohl bei dem in der Klausel bestimmten Beginn der Liegezeit; die vorher gebrauchte tatsächliche Arbeitszeit zählt nicht als Lade- oder Löschzeit. Die Parteien können sich zwar über einen früheren Liegezeitbeginn einigen. Aus der Aufforderung des Befrachters bzw. Empfängers zum vorzeitigen Arbeitsbeginn ist jedoch nicht ohne weiteres sein stillschweigendes Einverständnis damit zu entnehmen, daß die Liegezeit entsprechend früher beginnt. Der in einem solchen Zugeständnis liegende Verzicht des Befrachters bzw. Empfängers muß ausdrücklich erklärt werden oder sonst deutlich aus den Umständen hervorgehen.

Sieht die Charterklausel vor, daß die vor dem stipulierten Liegezeitbeginn zur Abfertigung des Schiffes benutzte Zeit zählen soll, so fängt die Liegezeit mit dem tatsächlichen Beginn des Ladens oder Löschens an. Bei einer solchen Klausel kann anderseits der Befrachter bzw. Empfänger verlangen, daß der Schiffer mit der Beladung oder Entlöschung beginnt, sobald das Schiff lade- oder löschbereit ist[77].

> Orecon 6 b (Laden): "If work is commenced earlier the time shall count from such commencement"[78].

---

[74] Vgl. hierzu unten Ziff. 2.

[75] Vgl. z. B. die eindeutigen Klauseln unten Ziff. 2.

[76] Vgl. hierzu und zum folgenden oben § 5 G und die dortigen Zitate.

[77] Capelle, S. 212.

[78] Entsprechende Klauseln enthalten Nubaltwood 6 für das Laden, Austral 9 und Austwheat 9, beide für den zweiten und spätere Ladehäfen, Contcoal 11, Propcon 13, Contwood 15, Orecon 8 a, alle für das Löschen, Aracon 6, Saltcon 5 und 6, jeweils für Laden und Löschen.

Russwood 6: ".. unless loading is sooner commenced .."[79]

Mit dem tatsächlichen Lade- oder Löschbeginn fängt hier die reguläre Liegezeit an: Der Befrachter bzw. Empfänger verzichtet auf die ihm sonst zustehende freie Zeit. Eine Unterbrechung der Lade- oder Löscharbeiten, die vom Befrachter bzw. Empfänger zu vertreten ist, geht zu dessen Lasten.

Soll bei einem vorzeitigen Lade- oder Löschbeginn nur die tatsächlich gebrauchte Zeit zählen, so muß dies in der Klausel besonders bestimmt sein:

Polcon 4: "If the loading be commenced earlier than the time stipulated only effectively used hours to count .."[80]

Der Befrachter braucht sich hier — vor dem stipulierten Beginn der Ladezeit — nur die tatsächlich zur Beladung benutzten Stunden auf die Liegezeit anrechnen zu lassen. Er verzichtet also mit dem vorzeitigen Arbeitsbeginn nicht auf seine Rechte aus der Notizzeit. Es steht ihm während der Notizzeit jederzeit frei, die Beladung wieder einzustellen und den Lauf der Ladezeit damit zu hemmen.

Scancon 8 (Laden und Löschen): ".. if the work be commenced earlier half such time used shall count from such commencement."[81]

Hier gilt dasselbe wie bei der vorhergehenden Klausel mit dem weiteren Vorteil für den Befrachter oder Empfänger, daß die tatsächlich zur Abfertigung benutzte Zeit nur zur Hälfte auf die Liegezeit angerechnet wird.

3. Abfertigung während der ausgeschlossenen Zeit.

Auch während der ausgeschlossenen Zeiten kann der Befrachter oder Empfänger mangels entgegenstehender Vereinbarung keine Abfertigung des Schiffes verlangen. Läßt sich der Schiffer auf eine Beladung oder Entlöschung ein, so zählt die benutzte Zeit, wenn nichts anderes vereinbart ist, gleichwohl nicht als Liegezeit[82].

---

Deutholzneu 7: „Falls die Entlöschung früher beginnt, zählt die Zeit vom Beginn der Entlöschung." — Fast ebenso Papierholzcharter 12.

Vgl. auch die oben in Anm. 73 abgedruckte Klausel Deuterzneu 8, die, wie der Hinweis auf das Löschen zeigt, auch für einen Arbeitsbeginn vor Ablauf der Notizzeit gilt.

[79] Ebenso Baltwood 28.

[80] Ebenso Germancon-North 4. Entsprechende Klauseln enthalten auch Meditore 13, Necore 13, beide für Laden und Löschen.

[81] Iron Ore (7) 6: "In case Shippers can arrange to load or discharge on Sundays or Holidays, or before time commences to count, Captain to allow work to be done; half such time used to count."

[82] Schaps, § 573, A. 4, Note 3; Mittag, S. 41; Capelle, S. 221; Tiberg, S. 338 f. — Ebenso Carver, S. 840, für das englische Recht u. H. a. eine Entscheidung des House of Lords, sowie Scrutton, S. 356.

BSchR: Mittelstein, § 29, A. 4 c.

Dies gilt auch dann, wenn sich die Parteien über einen vorzeitigen Arbeitsbeginn geeinigt haben. Der vorverlegte Beginn der Liegezeit ändert nichts an den ausgeschlossenen Zeiträumen. Soll auch während dieser Zeit gearbeitet und die gebrauchte Zeit gezählt werden, so bedarf es in jedem Fall einer besonderen Vereinbarung.

Die weitaus meisten Klauseln treffen allerdings über die Ausnutzung der ausgeschlossenen Zeiten spezielle Vorschriften. Besonders häufig wird die Aufzählung der ausgeschlossenen Zeiträume mit dem Zusatz versehen: " . . unless used[83]".

Nach dieser allgemein gehaltenen Klausel sind die jeweils genannten Zeiträume nur dann ausgeschlossen, wenn sie nicht ausgenutzt werden. Im Hinblick auf die abweichende Sach- und Interessenlage ist diese Bestimmung jedoch anders als die oben behandelten "unless"-Klauseln auszulegen: Eine Ausnutzung der Sonn- und Feiertage ist mit besonderen Schwierigkeiten und — u. a. wegen der hohen Schichtzulagen — erheblichen Kosten verbunden und deshalb trotz des Zeitgewinns häufig wirtschaftlich kaum gerechtfertigt. In erster Linie gilt dies für den Befrachter und Empfänger. Aber auch für den Verfrachter können sich — je nach dem Umfang seiner Mitwirkungspflicht bei der Beladung oder Entlöschung — aus einer Ausnutzung des Wochenendes größere Lasten als Vorteile ergeben. Im übrigen ist die Feiertagsarbeit vielfach ohnehin gesetzlich verboten.

Der Befrachter bzw. Empfänger kann deshalb nicht ohne weiteres verlangen, daß der Schiffer während der ausgeschlossenen Zeiten eine Beladung oder Entlöschung durchführt, auch wenn die ausgenutzte Zeit zählt[84]. Anderseits rechnet im Falle einer Abfertigung während der ausgenommenen Zeiträume nur die tatsächlich gebrauchte Zeit. Es mag zwar für den Befrachter oder Empfänger im Einzelfall durchaus vorteilhaft sein, einen Teil des Wochenendes für die Abfertigung des Schiffes

---

[83] Dieser Zusatz findet sich z. B. in Welsh Coal 3, Welcon 3, beide für das Laden, Contcoal 11, Polcon 10, beide für das Löschen, Baltcon 5 und 15, Merseycon 6, Pitwoodcon 6 und 16, Baltpulp 3 und 7. Britcont 3, Spanfrucon 6 und 9, alle für Laden und Löschen. S. weiter Aticol 5, Scanfin 5, Newbelwood 7, Herrings 9.

[84] Nach dem HGB braucht der Verfrachter sein Schiff an Sonn- und Feiertagen nicht ladebereit zu halten, obwohl die Liegezeit weiterläuft.

In manchen Chartern wird dem Befrachter bzw. Empfänger aber ausdrücklich das Recht eingeräumt, an Sonn- und Feiertagen zu laden oder zu löschen:

Iron Ore (8) 5: "Charterers to be at liberty . . . Steamer to load, if required, on Sundays and holidays, but in such case time used to count."

Kalicharter 14: „Nach Wahl des Befrachters bzw. Empfängers muß das Schiff auch nachts sowie an Sonn- und Feiertagen oder bevor die offizielle Liegezeit beginnt arbeiten."

zu verwenden[85]. Im Grundsatz bleiben aber die für den Ausschluß des Wochenendes maßgebenden Gründe bestehen. Eine teilweise Ausnutzung des Wochenendes stellt deshalb keinen Verzicht auf die Rechte aus der Ausschlußklausel dar: Soweit aus dem Wortlaut der Klausel nichts abweichendes zu entnehmen ist, zählt nur die Zeitspanne als Liegezeit, während der tatsächlich geladen oder gelöscht wird.

Diese für die neutrale Formulierung "unless used" aufgestellten Grundsätze gelten ebenso, wenn die Klausel ausdrücklich vorschreibt, daß bei Ausnutzung des ausgeschlossenen Zeitraumes nur die tatsächlich gebrauchte Zeit oder diese sogar nur zur Hälfte zählt:

Nubaltwood 6 und 15 (Laden und Löschen): ".. excepted, unless used, in which event actual time used to count."[86]

Scancon 9 (Laden und Löschen): ".. excepted, unless used, in which event half such time used shall count."[87]

Demgegenüber heißt es in Orecon 8 a für das Löschen:

".. excepted, but if used half time to be counted."

Nach den dargelegten Grundsätzen ist auch diese Klausel dahin zu verstehen, daß nur die tatsächlich gebrauchte Zeit, und zwar zur Hälfte, angerechnet wird: Die Klausel schließt einen bestimmten Zeitraum zugunsten des Empfängers aus der Liegezeit aus und behandelt die teilweise Anrechnung als eine Ausnahme, deren Anwendung voraussetzt, daß tatsächlich gelöscht wird.

Anders muß dagegen die folgende Klausel ausgelegt werden:

Aracon 6: "Sundays and holidays shall be counted if loading (discharging) takes place on such days, unless otherwise agreed."

Diese Bestimmung läßt den Sonn- und Feiertag als Liegezeit zählen, wenn gearbeitet wird. Von einem Ausschluß zugunsten des Befrachters oder Empfängers ist keine Rede. Die Anrechnung des Sonn- oder Feiertages ist zwar an eine Voraussetzung geknüpft; die Klausel behandelt die Feiertagsarbeit aber nicht als Ausnahme. Der oben dargestellten Auslegungsregel fehlt damit die Grundlage. Der Befrachter bzw. Empfänger verzichtet mit einer Schiffsabfertigung am Sonntag nicht — und auch nicht teilweise — auf einen Zeitausschluß. Entweder wird gearbeitet, dann zählt der ganze Tag und nicht nur die tatsächlich benutzte Zeit; oder es erfolgt keinerlei Abfertigung während des Sonn- oder Feiertages, und dieser Tag rechnet nicht in die Liegezeit.

---

[85] Die Arbeiten werden z. B. über das Ende der regulär zählenden Liegezeit, z. B. den Sonnabendmittag, hinaus um einige Stunden fortgesetzt, um die Beladung oder eine gesonderte Teilabladung abzuschließen.

[86] Entsprechende Klauseln enthalten Polcon 4, Germancon-North 4, Orecon 6 b, alle für das Laden, Meditore 13, Necore 13, beide für Laden und Löschen.

[87] Entsprechend lauten Saltcon 5 und 6 für Laden und Löschen, weiter auch Synacomex 6.

Eine Besonderheit enthält die folgende Klausel:

Austwheat 19 (Löschen): "Saturdays after noon, unless used, Sundays and Holidays excepted."

Für den Sonnabendnachmittag gelten die oben angeführten allgemeinen Regeln; es zählt also nur die tatsächlich benutzte Zeit. Sonn- und Feiertage sind dagegen in jedem Fall ausgeschlossen, auch wenn gearbeitet wird.

Russwood 6 (Laden): "Charterers shall have the right of working during excepted periods without counting such time. Saturdays and days preceding general or local holidays shall each count only as three-quarters of a day unless used. On Mondays and the day after general or local holidays time shall not count until 8 a. m. unless used."[88]

Ausgeschlossene Zeiträume sind hier nur die Sonn- und Feiertage[89]: Dem Befrachter wird ausnahmsweise das Recht eingeräumt, an diesen Tagen zu laden, ohne daß die Zeit zählt. Etwas anderes gilt aber für die Zeit vor oder nach einem Sonn- oder Feiertag; diese Zeit zählt, wenn sie ausgenutzt wird.

Russcon 6: "Charterers have the right of working during the excepted periods without counting the time . . ."

Hier gilt die Besonderheit von Russwood 6 ohne Einschränkung, also auch für die ausgeschlossene Zeit vor und nach einem Feiertag.

4. Allgemeine "unless used"-Klauseln.

In manchen Chartern findet sich die allgemeine Bestimmung, daß im Falle der Ausnutzung eines nach den sonstigen Klauseln nicht anzurechnenden Zeitraumes die tatsächlich gebrauchte Zeit zählt:

Coastcon 6 und 18: "Should any cargo be loaded (discharged) during any of the excepted periods the time actually used is to count."[90]

Solche Klauseln können sich sowohl auf die ausgeschlossenen Zeiträume als auch auf die Notiz- oder freie Zeit und sogar auf die Zeit vor dem festen Ladedatum beziehen. Der Anwendungsbereich dieser Vorschriften kann jeweils nur im Zusammenhang mit den übrigen Charterklauseln ermittelt werden.

---

[88] Ebenso lautet Baltwood 28 (Laden).

[89] S. Russwood 6, Baltwood 28.

[90] Entsprechende Klauseln enthalten Medcon 4 und Contcoal 4 für das Laden, Welcon 16 und Aticol 12 für das Löschen; Cemenco 5 und Panstone 7 für Laden und Löschen.

Vgl. auch die oben in Anm. 73 abgedruckte Klausel Deuterzneu 8, die sowohl für die Notizzeit als auch für die Zeit vor dem festen Ladedatum gilt.

## § 7. Störungen und Hindernisse

### A. Allgemeines

Die Hindernisse, die sich der Einnahme des Ladeplatzes und der Beladung entgegenstellen können, lassen sich wie folgt unterscheiden:

a) Die Ankunft des Schiffes in oder vor dem Bestimmungshafen — und damit auch die Berechtigung zur Abgabe der Bereitschaftsmeldung — wird verzögert.

b) Ein Hindernis verzögert den Eintritt der auf seiten des Schiffes für die Ladebereitschaft erforderlichen Voraussetzungen.

c) Das Schiff ist zwar ladebereit; aber der Befrachter ist an der Anlieferung der Ladung verhindert.

d) Hindernisse der in b) und c) genannten Art fallen zusammen.

Die Rechtsfolgen dieser Arten von Störungen sind verschieden. Im übrigen kommt es für die Frage, wie sich ein Hindernis auf die Berechtigung zur Notizabgabe, die Ladebereitschaft oder den Beginn der Ladezeit auswirkt, darauf an, welche Partei für die Störung einstehen muß.

### B. Verzögerung der Ankunft im Bestimmungshafen

#### *I. Verzögerungen während der Reise*

Der Schiffer kann die Bereitschaftsmeldung erst abgeben, wenn das Schiff in oder vor dem Bestimmungshafen angekommen ist.

Verzögert sich die Reise durch Sturm, Eis, Hilfeleistung in Seenot, Sperrung des Schiffsverkehrs[1] u. ä., so kann der Schiffer nicht etwa schon in dem Zeitpunkt seine Anzeige erstatten, in dem er bei störungsfreiem Verlauf der Reise den Hafen erreicht hätte: Der Verfrachter muß die mit der Schiffahrt verbundenen Risiken allein tragen.

Es kommt jedoch auch vor, daß sich die Reise aus Gründen verzögert, die der Befrachter zu vertreten hat. Ist nämlich im Frachtvertrag bestimmt, daß das Schiff nach einem Orderhafen gehen und dort auf die Angabe des endgültigen Abladehafens warten soll[2], so muß der Befrachter seine Order in der vertraglich vereinbarten oder sonst in angemessener Frist erteilen. Gibt der Befrachter seine Wahlerklärung nicht innerhalb dieser Frist ab und gerät damit in Gläubigerverzug, so kann ihm der Schiffer eine Nachfrist setzen, mit deren fruchtlosem Ablauf das Wahlrecht auf den Schiffer übergeht, § 264 Abs. 2 BGB[3]. Außerdem kann der Verfrach-

---

[1] Vgl. den Fall in Hansa 1950, 673.

[2] Entsprechendes gilt für die Bestimmung des Löschhafens.

[3] Boyens, § 560, A. 2, Note 2 (S. 111); Pappenheim, S. 398; Capelle, S. 168; Schlegelberger, § 592, A. 6.

ter für den durch die Verzögerung des Befrachters verursachten Zeitverlust eine angemessene Entschädigung verlangen, § 642 BGB[4], deren Höhe sich im Zweifel nach dem für den Ladehafen vorgesehenen Liegegeld ausrichten kann[5]. Die im Orderhafen verlorene Zeit kann jedoch ohne besondere Vereinbarung nicht als Liegezeit gezählt werden[6]. — Der Schiffer ist zwar nicht zur Ausübung der ihm nach § 264 Abs. 2 BGB zustehenden Rechte verpflichtet. Er darf aber auch nicht ungebührlich lange untätig bleiben, wenn er den Einwand des mitwirkenden Verschuldens gemäß § 254 Abs. 2 BGB vermeiden will[7].

### *II. Sicherheit des Hafens*

Kann das Schiff den Bestimmungshafen wegen zu großen Tiefgangs nicht anlaufen, ist zu unterscheiden, ob es sich um einen vertraglich vereinbarten oder einen vom Befrachter nachträglich benannten Hafen handelt.

1. Kann das Schiff den vertraglich festgelegten Ladehafen nicht sicher erreichen, so liegt Unmöglichkeit i. S. des § 306 BGB vor, soweit es nicht Hafengebrauch ist, daß größere Schiffe auf der Reede oder sonst vor dem Hafen mit Hilfe von Leichtern beladen werden[8]. Die Leichterung geht im letzten Fall zu Lasten des Verfrachters[9].

Meist wird allerdings die Angabe des Bestimmungshafens im Frachtvertrag mit dem Zusatz versehen: "or so near thereunto as she may safely get always afloat"[10].

Nach der neueren Rechtsprechung und Literatur[11] hat diese Klausel

---

[4] Pappenheim, S. 398 f.; Capelle, S. 167 und 439. Vgl. auch Scrutton, S. 353.

[5] Ähnlich Boyens a. a. O.; vgl. auch Pappenheim, S. 399, Note 1.

[6] Boyens, § 567, A. 2, Note 3 (S. 131). — Tiberg, S. 422: Verzögerungen während der Reise fallen grundsätzlich nicht unter demurrage. — A. A. HG Hamburg Hermann-Hirsch, Nr. 36; RGZ 9, 51 ff.; Endemann, S. 138 f.

[7] Pappenheim, S. 399, Note 1.

[8] Boyens, § 560, Note 1 (S. 110).

[9] Schaps, § 560, A. 1 a. — Nach Boyens, a. a. O., entscheidet die Usance auch über die Kosten.

[10] Die Near-Klausel findet sich z. B. in Welsh Coal 1, Russwood 1, Nubaltwood 1, Propcon 1, Austral 1, Panstone 2, Cemenco 1, Gencon 1, Scancon 1, Hydrocharter 4.

Die deutsche Fassung („oder so nahe wie der Dampfer sicher kommen kann") enthalten Deutholz 1, Deutal 1, Papierholzcharter 1, Deutholzneu 1, Deuterzneu 1.

[11] Hans. OLG HGZ 1905, Nr. 52 (S. 111 ff.); LG Hamburg HGZ 1927, Nr. 105 (S. 254 f.); Pappenheim, S. 399 ff.; Sieveking, S. 282 f.; Schaps, § 592, A. 4; Capelle, S. 303 ff.; Wüstendörfer, S. 259; Schlegelberger, § 592, A. 7.

Nach früherer Ansicht hatte die Near-Klausel in jedem Fall nur die Bedeufür den Löschhafen folgende Bedeutung: Kann das Schiff durch teilweise Leichterung das Hindernis, z. B. eine Barre, überwinden und so den Löschhafen sicher erreichen, dann liegen die Voraussetzungen der Klausel nicht vor; der Verfrachter muß auf seine Kosten leichtern, § 621 Abs. 2, und das Schiff hat die Reise bis zum Bestimmungsort fortzusetzen[12]. Die Klausel hat auch dann keine Geltung, wenn der Zugang zum Hafen nur vorübergehend, z. B. wegen Ebbe, verhindert ist. Während früher auch Hindernisse von verhältnismäßig längerer Dauer, z. B. festes Eis[13], als „vorübergehend" betrachtet wurden und damit die Anwendung der Near-Klausel ausgeschlossen war, geht die Tendenz der neueren Rechtsprechung dahin, an die Dauer des Hindernisses geringere Anforderungen zu stellen[14]. Reicht eine teilweise Leichterung nicht aus oder ist wegen der Sicherheit des Schiffes aus anderen Gründen eine Fortsetzung der Reise unzumutbar, so genügt der Verfrachter seiner Vertragspflicht, wenn er die Beförderung an dem dem Hafen nächstgelegenen sicher erreichbaren Platz beendet; der Weitertransport obliegt dann dem Empfänger, der insb. auch die Leichterkosten tragen muß.

Diese Grundsätze sind für den Ladehafen mit der Maßgabe entsprechend anzuwenden, daß die Near-Klausel dann keine Bedeutung hat, wenn das Schiff den Hafen sicher erreichen und nach Übernahme eines erheblichen Teils der Ladung wieder verlassen kann, so daß nur ein Rest mit Hilfe von Leichtern vor dem Hafen übernommen werden muß[15].

Bei Geltung der Near-Klausel ist danach allgemein festzustellen: Der dem Hafen nächstgelegene Platz, den das Schiff sicher erreichen kann, tritt an die Stelle des Bestimmungshafens[16]. Legt das Schiff an diesem Platz an, so ist es in örtlicher Hinsicht lade- oder löschbereit, und der Schiffer kann auch von hier seine Bereitschaftsmeldung abgeben[17].

---

tung, daß das Schiff nicht weiter zu gehen brauche, als es seine Sicherheit erlaube, die Verpflichtung des Verfrachters, die Güter zum Bestimmungsort zu befördern, aber bestehen bleibe; Hans. OLG HGZ 1889, Nr. 80 (S. 192) und 1892, Nr. 21 (S. 68); weitere Nachweise bei Capelle, S. 304 f.

[12] So auch schon RGZ 14, 115 (116). — A. A. RG Bolze 21, Nr. 2 und 449 für das englische Recht. Zum englischen Recht vgl. Carver, S. 675 ff. und 882 f. sowie Scrutton, S. 131 ff., 134 ff. — Vgl. auch die abweichende Stellungnahme von Tiberg, S. 227 f.

[13] Hans. OLG HGZ 1920, Nr. 33 (S. 66 f.) = HRZ 1920, Nr. 16 (Sp. 136 f.).

[14] Tiberg, S. 226 ff. und 236.

[15] Vgl. dazu Pappenheim, S. 153 f.; ebenso Tiberg, S. 238 (für das deutsche Recht).

[16] Pappenheim, S. 154; Schaps, § 560, A. 1 a und § 592, A. 4; Capelle, S. 174; Wüstendörfer, S. 259.

[17] S. auch Schiedsgericht Hansa 1953, 1265.

2. Etwas anderes gilt, wenn der Befrachter den Ladehafen — häufiger ist dies beim Löschhafen — bestimmen kann. Der von ihm gewählte Hafen muß nämlich in jeder — auch in politischer — Beziehung sicher sein; die ausdrückliche Vereinbarung eines "safe port" ist nicht erforderlich[18]. Der Anweisung eines unsicheren Hafens braucht der Schiffer keine Folge zu leisten[19].

Ein Hafen ist nicht sicher, wenn ihn das Schiff bei normalem Wasserstand (Flut) nicht ohne Gefahr anlaufen und mit voller Ladung wieder verlassen kann[20]. Erlaubt der Tiefgang des Schiffes nur eine teilweise Beladung im Hafen, während der Rest außerhalb desselben übernommen werden muß, ist der Hafen nicht sicher[21]; eine Ausnahme gilt jedoch, wenn der Befrachter die Kosten der Leichterung trägt[22].

Läuft der Schiffer den unsicheren Hafen an, obwohl ihm dessen geringe Wassertiefe bekannt war, so geht dies zu Lasten des Verfrachters[23]. Das Schiff ist also in jedem Fall erst ladebereit, wenn es einen Ladeplatz (in einem anderen Hafen) eingenommen hat. Geht der Schiffer nur unter Vorbehalt und Hinweis auf die zu geringe Wassertiefe nach einem solchen Hafen, so kann er sich, wenn der Befrachter nicht unverzüglich einen anderen Hafen benennt, an dem äußerst erreichbaren Ladeplatz vor dem Hafen bereit melden.

Stellt der Schiffer die mangelnde Sicherheit des angewiesenen Hafens erst kurz vor der Ankunft oder später fest, muß der Befrachter für eine daraus folgende Verzögerung einstehen, da sie durch seine fehlerhafte Anweisung veranlaßt ist[24]: Das Schiff ist von dem Zeitpunkt an als ladebereit anzusehen, in dem es bei vorhandener Sicherheit des Hafens an einen Ladeplatz hätte anlegen können. Im übrigen steht es dem Befrachter frei, das Schiff vor dem Hafen vor Anker gehen zu lassen oder nach einem anderen Hafen zu beordern.

Ist neben dem Wahlrecht des Befrachters die Near-Klausel vereinbart, darf sich der Schiffer in jedem Fall, in dem der Befrachter einen unsicheren

---

[18] Pappenheim, S. 151; Schaps, § 560, A. 1 und § 592, A. 1; Capelle, S. 170; Schlegelberger, § 592, A. 5.

[19] Pappenheim, S. 152; Capelle, a. a. O.

[20] Capelle, a. a. O.

[21] Boyens, § 560, A. 2 (S. 111 f.). — A. A. Hans. OLG HGZ 1892, Nr. 21 (S. 68); RG HGZ 1901, Nr. 90 (S. 215 f.) für deutsches und englisches Recht; Schaps, § 560, A. 1 und § 592, A. 1.

[22] Pappenheim, S. 151, Note 2; Schlegelberger, § 592, A. 5.

[23] Capelle, S. 170.

[24] Von dieser Frage muß deutlich die andere Frage unterschieden werden, ob der Befrachter schadensersatzpflichtig werden kann. Vgl. dazu das analoge Problem bei der Anweisung eines ungeeigneten Ladeplatzes, unten D I Ziff. 4 und E I Ziff. 4.

Hafen benennt, an dem äußerst erreichbaren Platz vor dem Hafen ladebereit melden, ohne daß der Befrachter das Schiff umbeordern kann.

### C. Störungen der Ladebereitschaft. Allgemeines

1. Die wichtigste Gruppe sind die Hindernisse, die den Eintritt der Voraussetzungen, die bei Beginn der Ladezeit auf seiten des Schiffes vorliegen müssen, verzögern. Gleichgültig ist dabei, ob diese Hindernisse schon vor Abgabe der Notiz oder erst später auftreten[25].

Fehlt es aus Gründen, die der Befrachter zu vertreten hat, an einer der Voraussetzungen der Ladebereitschaft, so wird die Bereitschaft nicht ausgeschlossen, und die Ladezeit beginnt zu laufen[26]. Dieser Grundsatz entspricht der herrschenden Meinung[27] und dem oben § 2 A beschriebenen Begriff der Ladebereitschaft.

Es kommt also entscheidend darauf an, wer im Einzelfall für ein Hindernis oder eine Störung einstehen muß. Selbstverständlich hat jede Partei die Störungen zu vertreten, die von ihr oder einem ihrer Vertreter verschuldet sind. Für zufällige Hindernisse schreibt das Handelsgesetzbuch in § 573 vor[28], daß der Verfrachter die Zufälle tragen muß, welche die Übernahme, der Befrachter dagegen diejenigen, welche die Lieferung

---

[25] Nach dem Grundsatz der älteren herrschenden Meinung, daß die Bereitschaftsmeldung die Ladebereitschaft des Schiffes voraussetze, schließt ein vor der Notizabgabe eintretendes Hindernis, das nicht zu Lasten des Befrachters geht, die Berechtigung zur Abgabe der Meldung aus, während eine nach der Notizabgabe auftretende Störung nur den Beginn der Ladezeit verschiebt. S. dazu Boyens, § 560, A. 7 (S. 116); Schaps, § 567, A. 3 und 5.

BSchR: Bouvain, S. 12 f.

[26] Eine Besonderheit gilt im Falle der nicht fixen Ladezeit, also vor allem bei der sog. FAC-Klausel. Hier sind zwei Arten der Berechnung möglich: Entweder stellt man nachträglich fest, wie lange die Beladung bei ordnungsmäßiger Beschleunigung von seiten des Befrachters gedauert hätte, zieht diese von der tatsächlich verbrauchten Zeit ab und behandelt den Rest als Überliegezeit. Oder man rechnet die Tage, an denen nicht oder kaum angeliefert wird, ohne weiteres als Überliegezeit und läßt die übrige Zeit als Ladezeit gelten oder verfährt insoweit nach der ersten Berechnungsart. Der Unterschied ist bedeutsam, wenn tägliche Bezahlung des Liegegeldes vereinbart ist.

[27] Schaps, § 567, A. 2 und 4; § 594, A. 2 und 4; Warneken, S. 18; Wüstendörfer, S. 260. — Bei Boyens, § 560, A. 4 ff.; Pappenheim, S. 158 f.; Capelle, S. 185, wird zwar die Frage, ob ein vom Befrachter zu vertretendes Hindernis die Ladebereitschaft ausschließt, nicht ausdrücklich beantwortet; doch lassen auch diese Autoren die Ladezeit trotz eines solchen Hindernisses beginnen.

BSchR: Vortisch, § 28, A. 3 b; BGHZ 2, 20 (23) für die Löschbereitschaft.

[28] Für die Löschzeit gilt entsprechend § 597.

BSchR: Die Vorschriften der §§ 29 Abs. 3 und 48 Abs. 3 gehen von demselben Prinzip aus. Vgl. aber die folgende Anmerkung.

der Ladung verhindern[29]. Diese Vorschrift bezieht sich unmittelbar zwar nur auf die Berechnung der Ladezeit. Das allgemeine Prinzip des § 573, wonach jeder Teil die Zufälle zu vertreten hat, die sich in seiner Person ereignen, gilt aber für den Beginn der Ladezeit ebenso wie für deren Ablauf[30]; ein Grund für eine unterschiedliche Behandlung ist nicht ersichtlich.

Neben den beiden genannten Arten von Hindernissen, nämlich den verschuldeten und denen, die sich in der Person einer der Parteien ereignen, kennt die seerechtliche Literatur noch eine dritte Art unter der Bezeichnung „objektive Hindernisse"[31]. Darunter werden die Zufälle verstanden, die sich unabhängig von den Parteien des Frachtvertrages ereignen; diese objektiven Hindernisse schließen die Ladebereitschaft aus.

Demgegenüber geht Wüstendörfer[32] richtig davon aus, daß jeder Zufall die Sphäre einer der Parteien berühren muß und belastet jeden Vertragspartner mit den Hindernissen, die in seinem Bereich eintreten. Ebenso folgert der Bundesgerichtshof[33] zur Frage der Risikoverteilung aus § 48 BSchG, „daß grundsätzlich jeder Teil die Nachteile aus solchen Hindernissen hinnehmen muß, die in seiner Sphäre auftreten".

Im folgenden soll versucht werden, die Frage der Risikoverteilung bei einer Reihe typischer Hindernisse mit Hilfe nur zweier Prinzipien zu lösen: Jede Partei muß die Störungen vertreten, die sie veranlaßt hat (Verursachungsprinzip). Sind Hindernisse von keiner Partei verursacht und rühren also von dritter Seite her, so muß die Partei für sie einstehen, in deren Sphäre sie zunächst eingreifen (Sphärenprinzip): Dabei liegt eine Störung, je nachdem sie den Verfrachter oder den Befrachter bei der Erfüllung der ihm bei Durchführung des Frachtvertrages obliegenden Aufgaben hindert, in der Sphäre des einen oder des anderen[34].

---

[29] Dieses Prinzip wird allerdings insofern durchbrochen, als die Ladezeit nicht läuft, wenn die Lieferung nicht nur der bedungenen, sondern jeder Art von Ladung verhindert ist. Nach § 574 S. 1 muß der Befrachter für diese Zeit aber Liegegeld zahlen.

BSchR: Hier wird mangels einer entsprechenden Vorschrift auch kein Liegegeld fällig.

[30] ROHG 19, Nr. 84 (S. 290); Boyens, § 560, A. 5, Note 5 (S. 114); Warneken, S. 17.

[31] ROHG 17, Nr. 23 (S. 96); Hamb. Schiedsgericht HRZ 1923, Nr. 154 (Sp. 538); Schaps, § 567, A. 5 und § 594, A. 5; Warneken, S. 17; Capelle, S. 185. — Mittag, S. 45, bezeichnet als objektive Hindernisse solche Hinderungsgründe, bei denen durch Zufall die Lieferung nicht nur der bedungenen, sondern jeder Art von Ladung an das Schiff verhindert ist.

[32] Wüstendörfer, S. 250 f.

BSchR: Sieveking MDR 1947, S. 228 f.

[33] BSchR: BGHZ 2, 20 (24).

[34] Vgl. hierzu auch Tiberg, S. 397 f.

Liegen Hindernisse auf beiden Seiten vor, so daß Verfrachter und Befrachter gleichermaßen für eine Störung einstehen müssen, oder geht ein und dasselbe Hindernis zu Lasten beider Parteien, weil beide an der Erfüllung ihrer Aufgaben verhindert werden, dann hat die Haftung des Verfrachters den Vorrang; die Liegezeit zählt also nicht. Dies ist allgemein anerkannt[35] und folgt ohne weiteres aus dem Umstand, daß Beginn und Ablauf der Liegezeit volle Lade- oder Löschbereitschaft voraussetzen; fehlt es aber hieran, so ist es gleichgültig, ob auch der Befrachter behindert wird.

Eine Besonderheit gilt für die im folgenden Abschnitt (D) behandelte Störung: Bei verzögerter Anweisung oder Anweisung eines i. S. des § 560 Abs. 2 ungeeigneten Ladeplatzes durch den Befrachter trifft das Gesetz eine von den genannten Prinzipien abweichende Regelung.

2. Bei der Risikoverteilung unter den Parteien steht im deutschen Schiffahrtsrecht für die hier zu behandelnden Fragen das Sphärenprinzip im Vordergrund: Jede Partei muß für die ordnungsgemäße Erfüllung ihrer Vertragspflichten einstehen und haftet deshalb auch für Zufälle, die sie daran hindern[36].

Es ist zu beachten, daß dieser Grundsatz keineswegs allgemeine Geltung im Schiffahrtsrecht hat und andere Rechtsordnungen, so vor allem das englische Recht, das Risiko für zufällige Hindernisse beim Laden und Löschen nach anderen Regeln aufteilen. Deshalb erscheint hier ein kurzer Hinweis auf das englische und skandinavische Recht geboten, um die unterschiedlichen Prinzipien aufzuzeigen, von denen die Gerichte dieser Länder bei ihren Entscheidungen über Störungen der Ladebereitschaft und der Anlieferung der Ladung ausgehen.

a) Das englische Recht macht einen bedeutsamen Unterschied zwischen der sog. fixen und der nicht fixen Liegezeit[37]. "Fixed laytime" liegt nur vor, wenn sich die Dauer der Liegezeit im voraus genau bestimmen läßt, so bei einer Bemessung nach Tagen oder Stunden oder bei Festsetzung einer bestimmten Lade- oder Löschrate, nicht dagegen bei den "fast as can"-Klauseln oder Vereinbarungen wie "with all (customary) despatch" u. ä.[38].

Bei einer fixen Liegezeit übernimmt der Charterer eine Garantie dafür, daß das Schiff innerhalb der festgesetzten Zeit beladen oder

---

[35] Boyens, § 573, A. 1 (S. 150); Schaps, § 574, A. 3; Capelle, S. 222, Note 84; Tiberg, S. 80 und 398 f. für das deutsche und skandinavische Recht.

BSchR: RGZ 115, 214 (217 f.) und 122, 221 (227) für die Löschbereitschaft.

[36] So auch Tiberg, S. 9 und 353 f., für das deutsche Recht.

[37] Im deutschen Recht ist es dagegen für die Risikoverteilung ohne Bedeutung, ob eine fixe oder eine nicht fixe Liegezeit vereinbart ist.

[38] S. Capelle, S. 213 f. und 224, Note 105; Tiberg, S. 279; Carver, S. 844 ff.

gelöscht wird[39]. Sämtliche Störungen gehen zu seinen Lasten, und zwar auch dann, wenn sie im Bereich des Verfrachters auftreten[40], so z. B. Platzmangel, Eisbehinderung, schlechtes Wetter und Streik der vom Verfrachter beschäftigten Stauereiarbeiter; dasselbe gilt, wenn das Schiff (ohne eigenes Verschulden) eine Kollision erleidet und zur Reparatur ins Dock gehen, wenn es auf behördliche Anweisung den Liegeplatz oder sogar den Hafen vorübergehend verlassen muß[41] oder wenn sich das Löschen verzögert, weil zwischenzeitlich Ballast eingenommen werden muß[42]. Eine Ausnahme gilt nur dann, wenn den Verfrachter oder die Leute, die ihn vertreten, ein Verschulden trifft[43], wenn etwa das Schiff nicht an den Liegeplatz gebracht wird, obwohl keine Hindernisse vorliegen, wenn das Schiff nicht in einem ladetüchtigen Zustand oder nicht ordnungsgemäß bemannt ist oder wenn der Verfrachter nicht genügend Leute einstellt, um die ihm obliegenden Verladearbeiten auszuführen[44]. — Der Charterer trägt somit jegliches Risiko für zufällige Störungen, die während der Liegezeit auftreten können[45].

Demgegenüber ist die Haftung des Befrachters bei einer nicht fixen Liegezeit sehr weitgehend eingeschränkt. Er muß zwar dafür einstehen, daß die zu verschiffenden Güter am üblichen Verladeplatz zur Anlieferung bereit liegen[46]. Darüberhinaus — also für den Bereich der Anlieferung der Ladung — trägt der Befrachter aber keinerlei Risiko für zufällige Hindernisse, und zwar auch dann nicht, wenn sie in seinem eigenen Aufgabenbereich eintreten und ihn an der Erfüllung seiner Vertragspflicht zur Anlieferung der Ladung verhindern[47]. Ein Streik der von ihm beschäftigten Arbeiter oder zufällige Schäden der von ihm gestellten Ladevorrichtungen gehen also zu Lasten des Verfrachters. Der Befrachter hat es nicht zu vertreten, wenn er — bei Anwendung der erforderlichen Sorgfalt — keine ausreichenden Hilfsmittel zur Anlieferung oder Entgegennahme der Ladung, insb. Leichter oder Eisenbahnwaggons, beschaffen kann[48]. Der Charterer haftet nur, wenn ihn ein Verschulden trifft,

---

[39] S. hierzu Carver, S. 831 ff., und Scrutton, S. 361 ff.

[40] Capelle, S. 224; Tiberg, S. 45 f.; s. auch Hamburger Schiedsgericht HRGZ 1931, Nr. 142 (Sp. 423).

[41] S. Queen's Bench Division Hansa 1959, 1711.

[42] S. Carver, S. 832 f., Tiberg, S. 157, jeweils mit Zitaten.

[43] Carver, S. 833 f.; Scrutton, S. 362; Capelle, S. 224.

[44] Carver, S. 833; Tiberg, S. 45 ff.

[45] Tiberg a. a. O.

[46] Carver, S. 855; Scrutton, S. 365 f.; Tiberg, S. 276.

[47] Capelle, S. 224; Tiberg, S. 51 ff.

[48] Carver, S. 844 ff. und 855 ff., unter ausführlicher Darstellung der englischen Rechtsprechung.

wenn er also gegen die Sorgfaltspflicht eines ordentlichen Befrachters[49] verstoßen hat[47/50].

b) Das übereinstimmende Seerecht der vier skandinavischen Länder regelt die Risikoverteilung unter den Parteien ähnlich wie das deutsche Recht. Das Sphärenprinzip wird hier noch konsequenter gehandhabt[51].

Im Grundsatz trägt jede Partei die Störungen, die in ihrem Bereich auftreten. Gemäß § 84 Abs. 1 Scandinavian Maritime Codes gehen Störungen, die den Anteil des Schiffes an der Verladung betreffen (on the ship's side), zu Lasten des Verfrachters und hemmen den Beginn oder Ablauf der Liegezeit. Dasselbe gilt, wenn den Verfrachter oder seine Vertreter ein Verschulden daran trifft, daß der Befrachter die ihm obliegenden Arbeiten nicht ausführen kann; so bestimmt § 84 Abs. 2 SMC: Wenn dem Schiff aus Gründen, die der Verfrachter bei Vertragsschluß hätte vorhersehen müssen, z. B. zu großen Tiefgang, ein Ladeplatz zugewiesen wird, der nicht üblich ist, so zählt die hierdurch verlorene Zeit nicht als Liegezeit. — Alle übrigen Störungen sind vom Befrachter zu vertreten und beeinflussen den Lauf der Liegezeit nicht; dies gilt insb. für alle Zufälle, die auf der Seite des Befrachters eintreten[52]. Auch die Zeit des Verholens von einem zum anderen Liegeplatz zählt zur Ladezeit, § 84 Abs. 1.

## D. Verzögerung der Anweisung und Anweisung eines ungeeigneten Ladeplatzes durch den Befrachter

### *I. Seerecht*

1. Gesetzliche Bestimmungen.

Erfolgt die Anweisung des Ladeplatzes nicht rechtzeitig oder wird nicht von sämtlichen Befrachtern derselbe Platz angewiesen oder gestatten die Wassertiefe, die Sicherheit des Schiffes oder die örtlichen Verordnungen oder Einrichtungen nicht die Befolgung der Anweisung, so hat der Schiffer am ortsüblichen Ladungsplatz anzulegen, § 560 Abs. 2[53].

2. Verzögerte Anweisung.

Über den Einfluß einer verspäteten Anweisung auf die Ladebereit-

---

[49] Carver, S. 854: "..the obligation of the merchant is to use 'all reasonable diligence under the circumstances which exist at the time of the unloading'." Ebenso Scrutton, S. 365 ff.

[50] Ähnliche Grundsätze gelten auch für das französische und italienische Recht, vgl. Tiberg, S. 52 f.

[51] Zum folgenden s. Tiberg, S. 353.

[52] Capelle, S. 223.

[53] Für den Löschplatz gilt entsprechendes, § 592 Abs. 2.

schaft des Schiffes und den Beginn der Ladezeit besteht in der Literatur Unklarheit.

Nach wohl herrschender Meinung schließt eine Verzögerung der Anweisung durch den Befrachter, auch wenn sie nicht verschuldet ist, die Ladebereitschaft nicht aus und hindert somit auch nicht den Beginn der Ladezeit[54]. Offen bleibt dabei, wie lange der Schiffer zuwarten darf, bis er einen ortsüblichen Ladeplatz aufsucht. — Diese Meinung ist abzulehnen.

Sie kann sich nicht auf ROHG 19, Nr. 84 berufen[55]. Dort wird nämlich die Frage, ob der Schiffer bei nicht rechtzeitiger Anweisung durch den Empfänger oder in den anderen Fällen des Art. 593 Abs. 2 ADHGB (= § 560 Abs. 2 HGB) das Schiff nunmehr an den ortsüblichen Löschplatz hinlegen müsse, damit seine Anzeige den Beginn der Löschzeit bewirken kann, ausdrücklich offen gelassen. Die Frage wird nur für den Fall verneint,

> „daß die Empfänger dem Schiffer auf die Anzeige seiner Löschbereitschaft ... erklären, sie könnten an diesem Tage noch keine Bestimmung über den Löschplatz treffen, würden ihm diesen aber am folgenden Tage anweisen, und daß der Schiffer dann auch dieser, ihm in Aussicht gestellten und hernach wirklich ertheilten Anweisung Folge leistet. In diesem Fall erhellt aus dem Verhalten der Empfänger, daß dieselben ebenso wenig nach wie vor der ihnen gemachten Meldung von der Löschbereitschaft des Schiffes ein Interesse daran hatten, daß das Schiff zunächst an dem ortsüblichen Löschplatze anlege, und es kann in diesem Falle eine solche ganz zwecklose Formalität unmöglich als Voraussetzung des Beginns der Löschzeit vom Gesetz haben aufgestellt werden sollen." (S. 287 f.)

Wenn es an anderer Stelle der Entscheidung (S. 288) auch ganz allgemein heißt:

> „... wie schon oben gezeigt ist, .. (kann) von einem Mangel der Löschbereitschaft auf Seiten des Schiffers .. nicht die Rede sein, wenn derselben nur die Unterlassung der Anweisung eines Löschplatzes seitens des Empfängers entgegensteht .."

so ändert dies nichts daran, daß das Reichsoberhandelsgericht nur den im vorhergehenden Zitat beschriebenen Fall entscheiden wollte, wie auch die Begründung nur diesen Fall deckt.

Die herrschende Meinung verkennt die Bedeutung des § 560. Das Anweisungsrecht des Befrachters stellt nur ein Recht dar, nicht aber

---

[54] Pappenheim, S. 157; Sieveking, S. 52; Schaps, § 567, A. 4 und § 594, A. 4; Warneken, S. 20; Wüstendörfer, S. 260 für den Löschplatz.

[55] So z. B. Schaps a. a. O.; Warneken a. a. O.

zugleich eine Verpflichtung, mit der er in Verzug geraten könnte[56]: Weder der Wortlaut des § 560 Abs. 1 noch der des Abs. 2 gibt einen Anhaltspunkt dafür, daß der Befrachter zur Anweisung eines Ladeplatzes verpflichtet ist. Auch die Interessenlage der Parteien gebietet in keiner Weise, den Befrachter mit einer solchen Pflicht zu belasten.

Die nicht rechtzeitige Ausübung seines Anweisungsrechts hat für den Befrachter keine andere Folge als den Verlust desselben: Das Bestimmungsrecht geht auf den Schiffer über[57]. Für diesen aber ensteht gleichzeitig die Verpflichtung, unverzüglich einen ortsüblichen Ladeplatz aufzusuchen[58]. Der Befrachter hat dagegen mit der Anweisung nichts mehr zu tun; er kann sie also auch nicht mehr verzögern. Kommt nun der Schiffer seiner Verpflichtung nicht unverzüglich nach, so liegt die Verzögerung auf seiner Seite[59].

Unter Berücksichtigung der oben (§ 2 C) aufgestellten Grundsätze über die Rechtzeitigkeit der Anweisung ergibt sich im einzelnen folgendes: Hat der Schiffer bis zu dem Zeitpunkt, in dem er seinen bisherigen Platz verlassen müßte, um noch bis zum Beginn der Ladezeit an einen ortsüblichen Platz zu gelangen, keine Anweisung erhalten, so darf er nicht länger zuwarten, sondern muß ohne Zögern an den ortsüblichen Platz gehen. Es steht ihm allerdings frei, einen beliebigen Platz aufzusuchen. Da die verbleibende Zeit nur ausreicht, um nach einem nahegelegenen Platz zu verholen, wird er, sofern er sich für einen entfernteren entscheidet, diesen erst nach Beginn der Ladezeit erreichen. Eine solche Verspätung steht jedoch dem Beginn der Ladezeit nicht entgegen, da sie ihren Grund nicht in einer Verzögerung des Schiffers hat, sondern in der zugunsten des Befrachters länger bemessenen Zeitspanne für eine rechtzeitige Anweisung. Die Verspätung des Schiffes wird im übrigen regelmäßig nur geringfügig sein. Außerdem steht es dem Befrachter frei, einen solchen etwaigen Nachteil durch rechtzeitige Anweisung zu vermeiden.

Verholt der Schiffer nach dem fraglichen Zeitpunkt nicht unverzüglich an einen ortsüblichen Ladeplatz und liegt sein Schiff deshalb bei Beginn der Ladezeit nicht am Platz, so fehlt es an der Ladebereitschaft, und die Zeit beginnt nicht zu laufen.

Weist der Befrachter anderseits zwar noch „rechtzeitig", aber doch so spät an, daß der Schiffer den Platz erst nach Beginn der Ladezeit erreicht,

---

[56] Ebenso Pappenheim, S. 156 f., der aber dann trotzdem den Befrachter mit den Folgen der Verzögerung belastet. — A. A. Hans. OLG HGZ 1890, Nr. 93 (S. 255).

BSchR: A. A. Hans. OLG HGZ 1899, Nr. 18 (S. 48) = Seuff. A. 54, Nr. 165; Vortisch, § 27, A. 4 b.

[57] Auch hier ebenso Pappenheim, S. 157.

[58] Capelle, S. 182; Schlegelberger, § 560, A. 3.

[59] So auch Boyens, § 560, A. 4 (S. 113).

weil nämlich der angewiesene Platz weiter entfernt ist als der nächstgelegene ortsübliche, geht die Verspätung zu Lasten des Befrachters; die Ladebereitschaft ist also nicht ausgeschlossen, und dem Beginn der Ladezeit steht nichts entgegen.

Erklärt der Befrachter nach Empfang der Notiz, daß er später, also nicht mehr „rechtzeitig", einen Platz anweisen wolle, wird man darin regelmäßig einen Verzicht auf Einnahme eines ortsüblichen Ladeplatzes durch den Schiffer erblicken dürfen[60]. Dem Schiffer steht in diesem Fall frei, auf die Anweisung zu warten oder einen ortsüblichen Platz aufzusuchen. Entscheidet er sich für das erste, beginnt die Ladezeit unabhängig davon, ob das Schiff den Ladeplatz schon erreicht oder der Befrachter ihn noch nicht einmal angewiesen hat.

Dasselbe muß gelten, wenn der Schiffer nach Übergang des Bestimmungsrechts auf ihn untätig bleibt und der Befrachter nachträglich einen Ladeplatz anweist, ohne die Verzögerung des Schiffers zu rügen. Auch in einem solchen Verhalten wird regelmäßig ein Einverständnis mit der Verzögerung des Schiffers liegen, so daß das verspätete Anlegen an den Ladeplatz dem Verfrachter nicht schadet[61].

3. Unterschiedliche Anweisungen mehrerer Befrachter.

Da mehrere Befrachter nur einen gemeinsamen Ladeplatz anweisen dürfen, liegt eine wirksame Anweisung nicht vor, wenn nicht sämtliche Befrachter rechtzeitig denselben Platz angeben[62]. Dabei ist es gleichgültig, ob einer der Befrachter einen anderen Platz anweist oder sich gar nicht meldet: In jedem Fall ist die Anweisung nicht rechtzeitig. Es gilt also das zur vorhergehenden Ziffer Gesagte. Einer ausdrücklichen Erwähnung dieses Falles hätte es in § 560 Abs. 2 nicht bedurft.

4. Anweisung eines ungeeigneten Platzes.

Auch die Anweisung eines ungeeigneten Platzes[63] durch den Befrachter hat zur Folge, daß dessen Anweisungsrecht erlischt und der Schiffer verpflichtet ist, einen ortsüblichen Ladeplatz aufzusuchen.

Wird das Schiff an dem ursprünglich geeigneten Platz erst später in seiner Sicherheit erheblich gefährdet, etwa durch schweren Eisgang, muß der Schiffer auch der neuen Anweisung eines geeigneten Platzes durch

---

[60] S. dazu die oben zitierte Entscheidung ROHG 19, Nr. 84.

[61] Boyens, § 560, A. 4 (S. 113).

[62] Schaps, § 560, A. 2; Schlegelberger, § 560, A. 5.

[63] In erster Linie ist ein Liegeplatz ungeeignet, wenn er nautische Mängel aufweist, also die Sicherheit des Schiffes gefährdet. Die fehlende Eignung kann sich aber auch aus ladungstechnischen Mängeln ergeben, weil nämlich das Schiff an diesem Platz nicht ordnungsgemäß beladen werden kann.

den Befrachter nachkommen. Erfolgt diese Anweisung nicht unverzüglich, hat der Schiffer am ortsüblichen Platz anzulegen[64].

Die Entscheidung darüber, ob die Sicherheit des Schiffes die Befolgung der Anweisung gestattet, hat der Schiffer nach eigenem Ermessen zu treffen. Fehlt ihm die erforderliche Ortskenntnis, wird er bei den Behörden oder Sachverständigen des Hafens Erkundigungen einziehen müssen. Es ist nicht erforderlich, daß die Entscheidung des Schiffers objektiv richtig ist; es genügt vielmehr, wenn sie dem subjektiv vernünftigen Verhalten eines sorgfältigen Schiffers entspricht[65]. Dies findet seine Rechtfertigung in der besonderen Verantwortung, die der Schiffer für das Schiff, die Ladung und die Ausführung des Frachtvertrages trägt. Außerdem übernimmt der Befrachter mit der Anweisung eines Ladeplatzes keine Garantie für die Sicherheit dieses Platzes oder der Zufahrtstraße; dies gilt selbst dann, wenn es sich um einen befrachtereigenen Liegeplatz handelt[66].

Zögert der Schiffer, nachdem er die fehlende Eignung des angewiesenen Platzes festgestellt hat, einen ortsüblichen Platz aufzusuchen, und liegt er deshalb bei Beginn der Ladezeit nicht am Platz, beginnt die Ladezeit nicht zu laufen[67].

Der Schiffer darf nicht warten, bis das Hindernis des angewiesenen Platzes beseitigt ist[68]. Eine Ausnahme gilt dann, wenn der Befrachter deutlich zu erkennen gibt, daß er mit dem Warten einverstanden ist. Der Schiffer kann auch dann warten, allerdings auf eigenes Risiko, wenn damit zu rechnen ist, daß das Hindernis so bald aus dem Wege geräumt wird, daß das Schiff bei Beginn der Ladezeit am Platz liegt.

## *II. Binnenschiffahrtsrecht*

1. Gesetzliche Bestimmungen.

Wenn die Anweisung nicht rechtzeitig erfolgt oder wenn Wassertiefe, Sicherheit des Schiffes oder die örtlichen Verordnungen oder Einrichtungen die Befolgung der erteilten Anweisung nicht erlauben, kann der Frachtführer, falls der Absender auf die Aufforderung nicht unverzüglich einen geeigneten Ladeplatz bezeichnet, an einem der ortsüblichen Lade-

---

[64] Hans. OLG HGZ 1890, Nr. 93 (S. 255) für das Binnenschiffahrtsrecht unter entsprechender Anwendung seerechtlicher Grundsätze; Schaps, § 560, A. 8 und § 592, A. 15.

[65] RGZ 15, 157 (159 f.) = Bolze 2, 233; Pappenheim, S. 156; Schaps, § 560, A. 6 und § 592, A. 13.

[66] RGZ 40, 293 (301) für den Löschplatz.

[67] Lewis, Art. 593, A. 2 (S. 294 f.); Boyens, § 560, A. 5 (S. 114).

[68] Capelle, S. 183.

plätze anlegen. Er hat bei der Wahl des Ladeplatzes das Interesse des Absenders tunlichst zu berücksichtigen, § 27 Abs. 2[69].

2. Gemeinsamer Ausgangspunkt mit dem Seerecht.

Der Ausgangspunkt dieser Vorschriften ist derselbe wie im Seerecht: Der Absender verliert sein Bestimmungsrecht, wenn er nicht rechtzeitig oder einen ungeeigneten Ladeplatz anweist oder wenn mehrere Absender, an die ein Schiff im ganzen verfrachtet ist, nicht rechtzeitig einen gemeinsamen Platz bestimmen. Der letzte Fall wird zwar nicht ausdrücklich erwähnt; ein Unterschied gegenüber dem Seerecht besteht jedoch nicht[70].

3. Unterschied gegenüber dem Seerecht.

Weist der Absender nicht rechtzeitig einen geeigneten Ladeplatz an, so büßt er nicht ohne weiteres sein Bestimmungsrecht ein. Der Verlust tritt vielmehr erst ein, wenn er auf die erneute Aufforderung des Frachtführers nicht unverzüglich einen geeigneten Platz bestimmt. Da schon die Bereitschaftsmeldung eine Aufforderung zur Anweisung enthält, hat der Absender also zweimal die Möglichkeit zur Anweisung. Nur wenn auch die zweite Aufforderung erfolglos bleibt, verliert der Absender sein Bestimmungsrecht. Gleichzeitig erwirbt der Frachtführer das Recht[71] — nicht wie im Seerecht eine Pflicht — einen ortsüblichen Ladeplatz aufzusuchen. Bei der Auswahl dieses Platzes soll er allerdings das Interesse des Absenders berücksichtigen.

Wie die Begründung zum Binnenschiffahrtsgesetz zeigt[72], sollte mit dieser Regelung einerseits der Absender die Möglichkeit erhalten, im Falle der Verzögerung oder Unausführbarkeit seiner Anweisung diese nachzuholen oder zu verbessern, anderseits der Frachtführer auf diese (neue) Anweisung warten dürfen, ohne für ein solches Zögern haften zu müssen. In der Begründung wird aber auch darauf hingewiesen, daß sich im Einzelfall aus Treu und Glauben für den Frachtführer die Verpflichtung ergeben könne, einen ortsüblichen Ladeplatz aufzusuchen und so dem Absender Kosten zu ersparen.

Da das Anweisungsrecht auch bei verzögerter oder fehlerhafter Ausübung beim Absender bleibt und der Frachtführer nach vergeblicher Aufforderung an den Absender nicht zur Einnahme eines ortsüblichen Ladeplatzes verpflichtet wird, muß ein Zeitverlust, der aus der Säumnis des Absenders erwächst, ebenso zu dessen Lasten gehen wie derjenige, der dadurch entsteht, daß der Frachtführer nicht unverzüglich einen ortsüblichen Platz aufsucht, nachdem er sich von der fehlenden Eignung des

---

[69] Für den Löschplatz gilt entsprechendes, § 46 Abs. 2.

[70] S. oben § 2 C zu Anm. 19.

[71] Landgraf, § 27, A. 9; Förtsch, § 27, A. 3; Vortisch, § 27, A. 4 c.

[72] Begründung S. 61 nach dem Zitat bei Mittelstein, § 27, A. 3.

angewiesenen Platzes überzeugt hat. Die Ladezeit beginnt also unabhängig davon, ob das Schiff am Ladeplatz liegt oder nicht.

Eine Ausnahme gilt, wenn der Frachtführer erkennen muß, daß eine anderweitige Anweisung des Absenders nicht mehr zu erwarten ist. Von diesem Zeitpunkt an ist der Frachtführer verpflichtet, unverzüglich einen ortsüblichen Platz aufzusuchen. Jedes weitere Zögern geht zu seinen Lasten und hindert den Beginn der Ladezeit, wenn das Schiff nicht am Platz liegt.

## E. Gefahren der Schiffahrt

### *I. Fehlende Sicherheit des Ladeplatzes oder der Zufahrtstraße*

1. Kann das Schiff wegen Niedrigwassers seinen Ladeplatz nicht erreichen, muß der Schiffer die Beseitigung dieses vorübergehenden Hindernisses, also die Flut, abwarten[73]. Dasselbe gilt in dem umgekehrten Fall, daß das Schiff wegen zu hohen Wasserstandes die auf dem Wege zum Ladeplatz liegenden Brücken nicht passieren kann. Ebenso muß das Schiff, wenn der Hafen zugefroren ist, auf Tauwetter warten[74]. Zu Lasten des Verfrachters geht es auch, wenn die Zufahrtstraße zum Liegeplatz gesperrt wird[75]. Der Verfrachter muß diese Störungen vertreten, weil sie sich in seiner Sphäre ereignen.

2. Nach dem zuletzt genannten Prinzip wäre die Ladebereitschaft auch dann ausgeschlossen, wenn das Schiff wegen zu großen Tiefgangs überhaupt nicht an Land anlegen kann, sondern im Strom oder sonst auf offenem Wasser vor Anker gehen muß. Hier gilt jedoch eine Besonderheit.

Warneken[76] nimmt in einem solchen Fall Ladebereitschaft an, sobald das Schiff an dem unter diesen Umständen „ortsüblichen" und dem Lande nächstgelegenen Platz vor Anker geht: Der Befrachter müsse sich hiermit zufrieden geben, da ihm die Größe des Schiffes aus der Charterpartie bekannt sei und er mit dem Recht auf die Benutzung eines bestimmten Schiffes auch die sich daraus ergebenden Zufälle tragen müsse. Dem ist allerdings entgegenzuhalten, daß auch der Verfrachter wissen muß, welche Häfen sein Schiff anlaufen kann und er keine Verpflichtungen eingehen darf, deren ordnungsgemäße Erfüllung ihm unmöglich ist.

Man wird in diesen Fällen besser von einer stillschweigenden Vereinbarung der Parteien darüber ausgehen, daß der dem Lande nächstgelegene Platz als Ladeplatz anzusehen ist[77]. Diese Vertragsauslegung entspricht

[73] Boyens, § 560, A. 5 (S. 114); Schaps, § 560, A. 1 a und § 592, A. 2.

[74] Boyens a. a. O.; Schaps a. a. O.

[75] BSchR: Bouvain, S. 24 f.

[76] Warneken, S. 21 f.

[77] Boyens, § 560, A. 5 (S. 114 f.). — S. auch Hans. OLG HGZ 1892, Nr. 1 (S. 3) = Seuff. A. 48, Nr. 120.

dem Grundsatz, daß die Parteien im Zweifel eine mögliche Leistung vereinbaren wollen. Etwas anderes muß nur dann gelten, wenn ausdrücklich ein Ladeplatz an Land vereinbart ist. In diesem Fall kann die Ladezeit mangels Ladebereitschaft nicht beginnen, und die Übernahme der Ladung erfolgt durch Leichter — auf Kosten des Verfrachters — ohne daß die Ladezeit läuft.

3. Gerät das Schiff auf der Fahrt nach einem nicht vom Befrachter angewiesenen Platz[78] oder nach dem Anlegen an einem solchen Platz auf Grund, geht diese Störung nach dem Sphärenprinzip zu Lasten des Verfrachters.

4. Etwas anderes gilt bei einem vom Befrachter angewiesenen Ladeplatz. Der Befrachter darf nur eine geeignete und sichere Stelle angeben. Er übernimmt zwar mit der Anweisung keine Garantie für die Sicherheit des Platzes und der Zufahrtstraße und kann also nur bei Verschulden schadensersatzpflichtig werden[79]. Eine andere Frage ist aber, ob Verzögerungen, die auf Grund der mangelnden Sicherheit des angewiesenen Platzes für das Schiff entstehen, zu Lasten des Befrachters gehen und deshalb die Liegezeit läuft, obwohl das Schiff nicht beladen werden kann; denn das Liegegeld, um das es hier geht, ist kein Schadensersatz, sondern eine gesetzliche Vergütung für vertragsgemäße Verlängerung der Wartezeit und setzt weder einen Schaden des Verfrachters noch ein Verschulden auf der Seite des Befrachters voraus[80].

Maßgebend ist das Verursachungsprinzip: Störungen, die durch die Besonderheiten des vom Befrachter angewiesenen Platzes bedingt sind, gehen zu Lasten des Befrachters[81]; auf ein Verschulden kommt es dabei nicht an. Gerät das Schiff also wegen fehlender Wassertiefe der Zufahrtstraße während des Verholens auf Grund, so rechnet die Ladebereitschaft

---

[78] Hans. OLG HGZ 1889, Nr. 59 (S. 144) = Seuff. A. 44, Nr. 274; Schaps, § 567, A. 3 und § 594, A. 3.

[79] Boyens, § 560, A. 4 (S. 113 f.) und Schaps, § 560, A. 2 lassen den Befrachter für Verschulden in der Auswahl des Ladeplatzes einstehen. Nach Pappenheim, S. 158, kommt nur eine Haftung nach Deliktsrecht in Betracht. Capelle, S. 183, und Schlegelberger, § 560, A. 4 wenden § 642 BGB analog an. — Vgl. weiter RGZ 40, 293 (300 f.) für den Fall des empfängereigenen Platzes.

BSchR: Mittelstein Handbuch, S. 160, läßt den Absender bei einer öffentlichen Anlegestelle nur nach Deliktsrecht haften.

[80] RG Seuff. A. 48, Nr. 200; Hamb. Schiedsgericht HRZ 1923, Nr. 154 (Sp. 537); Boyens, § 567, A. 4 und 5 (S. 133 f.); Mittag, S. 23 ff.; Wüstendörfer, S. 251 f.; Abraham, S. 88; Schlegelberger, § 567, A. 15.

BSchR: BGHZ 1, 47 (50).

[81] ROHG 17, Nr. 23 (S. 96) und 19, Nr. 84 (S. 286); Boyens, § 560, A. 4 und Note 5 (S. 113 ff.); Sieveking, S. 53; Pappenheim, S. 158, Note 2; Schaps, § 567, A. 4 und § 594, A. 4; Warneken, S. 19 f.; Capelle, S. 184.

BSchR: Hans. OLG in Rspr. 32, 192.

von dem Zeitpunkt an, in dem das Schiff an einem freien und sicheren ortsüblichen Ladeplatz hätte anlegen können[82]. Ebenso wird die Ladebereitschaft nicht ausgeschlossen, wenn das Schiff nach dem Erreichen des Ladeplatzes Bodenberührung hat und während der Zeit des Wiederflottmachens nicht beladen werden kann.

Ist die mangelnde Sicherheit, also vor allem zu geringe Wassertiefe, keine Besonderheit des angewiesenen Platzes, weil auch die anderen ortsüblichen Plätze nicht sicherer sind, so kommt das Verursachungsprinzip nicht zur Geltung: Es handelt sich in diesem Fall um allgemeine Verhältnisse des Hafens, die zu Lasten des Verfrachters gehen und die Ladebereitschaft ausschließen. Eine Ausnahme gilt aber, wenn im Frachtvertrag ausdrücklich ein sicherer Ladeplatz vereinbart ist, so vor allem durch die Klausel "safe berth as ordered"[83]. Mit der ausdrücklichen Verpflichtung zur Anweisung eines sicheren Ladeplatzes verliert der Befrachter das Recht, sich auf die allgemein unzulänglichen Verhältnisse des Hafens zu berufen. Wird also das Schiff während des Verholens behindert[84] oder gerät es nach dem Anlegen an den Platz auf Grund[85], geht dies zu Lasten des Befrachters.

Der Schiffer wird allerdings durch die Anweisung des Befrachters — auch bei der safe-berth-Klausel — nicht der Verpflichtung enthoben, mit der notwendigen Sorgfalt über die Sicherheit seines Schiffes zu wachen. Trifft den Schiffer ein eigenes Verschulden, weil er fahrlässig ein Hindernis übersah, während der Befrachter bei der Anweisung schuldlos handelte, so hat das Verschulden des Schiffers den Vorrang, und der Verfrachter muß für eine evtl. Verzögerung einstehen.

### *II. Ungünstige Witterung und andere Hindernisse*

Wird das Schiff durch Sturm, Nebel oder sonstige Witterungseinflüsse oder auch durch einen Hafenbrand gehindert, seinen Ladeplatz bis zum Beginn der Ladezeit aufzusuchen, so ist die Ladebereitschaft ausgeschlossen,

---

[82] Schaps, § 567, A. 2 und 4.

[83] Germancon 1: "..load at such safe place as may be ordered by Suppliers' Agents..."

Austral 1 und Austwheat 1: "..load .. at such safe dock, pier, wharves, and/or anchorage, as ordered .."

Aracon 2: "..such dock or other safe discharging place, always afloat, as ordered by the Charterers, deliver ..."

[84] Ebenso Schaps, § 567, A. 2 für die Klausel "safe loading berth ready on arrival".

[85] Londoner Schiedsgericht Hansa 1954, 1345.

und die Ladezeit kann nicht beginnen[86]. Dasselbe gilt, wenn das Schiff im Hafen einfriert oder auf Grund gerät[87]. Hindernisse dieser Art fallen in die Sphäre des Verfrachters; denn sie hindern den Schiffer an der Erfüllung seiner Verpflichtung, einen Ladeplatz einzunehmen.

Liegt das Schiff an seinem Ladeplatz, so kann die Übernahme der Ladung durch schwere Stürme oder Regenböen, aber auch durch Eisgang verhindert werden[88]. Auch dieser Zufall geht zu Lasten des Schiffes, da er den Verfrachter an der ihm obliegenden Einladung der Güter verhindert. Wenn auch das Gesetz „Wind und Wetter" als Hauptbeispiel für einen die Übernahme der Ladung hindernden Zufall nennt, so muß doch beachtet werden, daß gewöhnlicher Regen und schwacher See- oder Eisgang für die Schiffsseite regelmäßig kein Hindernis darstellen[89]; ein Hindernis liegt insb. dann nicht vor, wenn die Beladung (Anlieferung und Übernahme) nur erschwert ist[90].

## F. Überfüllung und Platzmangel

### *I. Überfüllung des ganzen Hafens*

1. Seerecht.

Eine Überfüllung des ganzen Hafens geht zu Lasten des Verfrachters und schließt die Ladebereitschaft aus[91]; denn durch einen solchen Platzmangel wird der Verfrachter an der Erfüllung seiner Vertragspflicht gehindert, das Schiff an einen Ladeplatz zu legen[92].

---

86 Hans. OLG HGZ 1890, Nr. 93 (S. 255). Nach ROHG 17, Nr. 23 (S. 96); Schaps, § 567, A. 5; Warneken, S. 24 liegt ein „objektives Hindernis" vor. BSchR: Mittelstein, § 28, A. 2; Vortisch, § 28, A. 3 b.

87 Ebenso Schaps, § 567, A. 3 und Capelle, S. 185, die hier jedoch von unverschuldeten Hindernissen auf seiten des Schiffes sprechen. Die unterschiedliche Terminologie gegenüber der in Anm. 86 erscheint nicht gerechtfertigt. BSchR: RG Bolze 19, Nr. 508.

88 Hans. OLG HGZ 1889, Nr. 108 (S. 269): Teils waren die Schauerleute durch schlechtes Wetter am Ausladen verhindert (zu Lasten des Verfrachters), teils konnte sich der Leichter wegen des Windes nicht von der Ankerkette freihalten (zu Lasten des Empfängers).

89 Schaps, § 597, A. 7, Note 1 für den Fall der Ausladung.

90 ROHG 5, Nr. 30 (S. 139 f.) für die Ausladung; Schaps, § 573, A. 5, Note 2; Pappenheim, S. 179, Note 4; Capelle, S. 222, Note 84. — S. auch unten J Ziff. 2.

91 ROHG 17, Nr. 23 (S. 96); Hans. OLG HGZ 1913, Nr. 8 (S. 17) und 1914, Nr. 37 (S. 82); Boyens, § 560, A. 4 und 5 (S. 113 f.); Schaps, § 567, A. 5 und § 594, A. 5; Warneken, S. 25 f.; Capelle, S. 184; Wüstendörfer, S. 260 für den Löschhafen; Schlegelberger, § 567, A. 9.

92 Pappenheim, S. 158; Capelle, S. 184. — ROHG 17, Nr. 23; Schaps, a. a. O., Warneken, a. a. O., bezeichnen eine Überfüllung des Hafens als „objektives Hindernis".

2. Binnenschiffahrtsrecht.

Dasselbe hat für das Binnenschiffahrtsrecht zu gelten[93].

Nach verbreiteter Ansicht soll hier allerdings Platzmangel die Ladebereitschaft nicht ausschließen[94], weil dies kein in der Person des Frachtführers liegendes Hindernis sei[95]. Diese Meinung, die offenbar von dem Fall des Platzmangels an dem vom Absender angewiesenen Platz ausgeht[96], ist abzulehnen: Eine Überfüllung des ganzen Hafens fällt in die Sphäre des Frachtführers. Für eine unterschiedliche Behandlung dieser Frage gegenüber dem Seerecht ist kein Grund ersichtlich.

*II. Überfüllung nur des vom Befrachter angewiesenen Platzes*

Ist der vom Befrachter angewiesene Platz mit anderen Schiffen besetzt und bestand die Möglichkeit, dem Schiff einen freien Ladeplatz anzuweisen, so geht die Wartezeit des Schiffes zu Lasten des Befrachters[97]. Dies folgt aus dem allgemein anerkannten und vom Veranlassungsprinzip abzuleitenden Grundsatz, daß der Befrachter die Nachteile zu vertreten hat, die sich aus einer Besonderheit des von ihm angewiesenen Platzes ergeben[98].

Will der Befrachter nicht mit der Wartezeit des Schiffes belastet werden, muß er die Güter notfalls mit Leichtern an die Seite des im Strom ankernden Schiffes liefern, sofern eine solche Art der Beladung im Einzelfall der Usance entspricht[99].

Demgegenüber kann der Befrachter nicht geltend machen, daß die Anweisung eines anderen Platzes oder die Beladung mit Hilfe von Leichtern für ihn mit erheblichen Kosten oder anderen Nachteilen verbunden wäre[100].

---

[93] Mittelstein, § 28, A. 2.

[94] Hans. OLG HGZ 1899, Nr. 18 (S. 48 = Seuff. A. 54, Nr. 165; Landgraf, § 27, A. 20; Förtsch, § 29, A. 5; Bouvain, S. 21 f.; Vortisch, § 28, A. 1 b und § 47, A. 1 b. — Ebenso Boyens, § 560, A. 5, Note 5.

[95] Hans. OLG a. a. O.; Vortisch a. a. O. — Nach Förtsch, a. a. O., und Bouvain, a. a. O., ist Platzmangel ein Hindernis auf seiten des Absenders.

[96] Vgl. Hans. OLG a. a. O.

[97] ROHG 15, Nr. 66 (S. 235); Hans. OLG HGZ 1908, Nr. 83 (S. 176) und 1914, Nr. 37 (S. 82); Boyens, § 560, A. 4 und Note 5 (S. 113 ff.); Pappenheim, S. 158, Note 2; Sieveking, S. 53; Schaps, § 567, A. 4 und § 594, A. 4; Warneken, S. 19 f.; Capelle, S. 184 f.; Schlegelberger, § 567, A. 9.

BSchR: Mittelstein, § 28, A. 2 u. H. a. Begründung S. 65 Abs. 2. — Vgl. außerdem oben Anm. 94.

[98] S. die Zitate oben Anm. 81.

[99] Hans. OLG HGZ 1914, Nr. 37 (S. 81 f.).

[100] Hans. OLG HGZ 1908, Nr. 83 (S. 176).

Diese Grundsätze gelten auch, wenn die Ladung aus einem Seeschiff in ein Flußschiff verladen werden soll, dieses aber nicht an das Seeschiff anlegen kann, weil der Platz mit anderen Fahrzeugen besetzt ist. Der Befrachter (Absender) muß also entweder die Wartezeit als Ladezeit gelten lassen oder die Beladung auf seine Kosten auf dem Umweg über kleinere Schuten oder mit anderen Hilfsmitteln durchführen[101].

### *III. Besondere Fälle*

1. Daß Platzmangel am ortsüblichen[102] oder (in der Chartepartie) vereinbarten[103] oder an dem (wegen der besonderen Beschaffenheit der Ladung) behördlich vorgeschriebenen[104] Ladeplatz dem Verfrachter zur Last fällt, bedarf keiner weiteren Begründung.

2. Hat aber der Befrachter den Platzmangel unmittelbar oder mittelbar selbst verursacht, insb. durch Beladen oder Löschen anderer Schiffe, so muß er diese Überfüllung in jedem Fall, auch am ortsüblichen Platz, vertreten[105].

Dasselbe gilt, wenn die Anweisung eines Ladeplatzes durch die Hafenbehörde — wegen der Überfüllung des Hafens — davon abhängig gemacht wird, daß die für das Schiff bestimmte Ladung bereit liegt und der Schiffer keinen Liegeplatz erhält, weil die Ladung noch nicht zur Verfügung steht[106].

3. Ist anderseits der angewiesene Platz nur deshalb besetzt, weil die Ankunft des Schiffes schuldhaft verzögert worden ist, geht der Platzmangel zu Lasten des Verfrachters[107].

## G. Regular turn

### *I. Bedeutung*

Regular turn bedeutet zuerst einmal nur eine bestimmte Reihenfolge. Im Regelfall ist damit die durch Vorschriften oder Gebräuche des jewei-

---

[101] BSchR: Hans. OLG HGZ 1900, Nr. 11 (S. 29) und Nr. 21 (S. 54 f.).

[102] Schaps, § 567, A. 5 und § 594, A. 5; Capelle, S. 185; Schlegelberger, § 567, A. 9.

[103] Pappenheim, S. 158, Note 2.

[104] Boyens, § 560, A. 6 (S. 116).

[105] Hans. OLG HRZ 1924, Sp. 260; Boyens, § 560, Note 5 (S. 115); Warneken, S. 29; Capelle, S. 184; Carver, S. 876 f.

[106] So im Ergebnis Queen's Bench Division in Hansa 1958, 315, bestätigt durch Court of Appeal Hansa 1959, 2 und House of Lords in Hansa 1960, 1848; Carver, S. 878.

[107] OG Hamburg HGZ 1871, Nr. 285 (S. 405 f.); Schaps, § 567, A. 4 und § 594, A. 4; Warneken, S. 23.

ligen Hafens bestimmte Reihenfolge bei der Abfertigung der Schiffe gemeint[108], die meist vom Zeitpunkt der Ankunft des Schiffes im Hafen oder der Meldung bei der Hafenbehörde abhängt[109]. Praktische Bedeutung hat der regular turn vor allem dort, wo die Beladung wegen besonderer Ladevorrichtungen nur an bestimmten Stellen möglich ist und an diesen Plätzen oft größere Mengen zur Verschiffung bereit liegen[110]. Dies gilt insb. für Kohle- und Erzverladungen[111].

Der regular turn kann sich aber auch auf die Lieferung der Ladung beziehen, so insb. auf eine bestimmte Reihenfolge des abladenden Kohlenbergwerks, die sich z. B. nach den Eintragungen im Auftragsbuch richtet[112].

### *II. Das Risiko des port turn*

1. Der regular turn bei der Abfertigung im Hafen (port turn) geht grundsätzlich zu Lasten des Schiffes; der Verfrachter wird hier nämlich ebenso wie beim Platzmangel gehindert, seiner Verpflichtung nachzukommen, das Schiff an einen Ladeplatz zu legen[113].

Eigenarten, die einen Hafen im ganzen betreffen, gehen zu Lasten des Verfrachters. Die Ladebereitschaft des Schiffes ist deshalb auch dann ausgeschlossen, wenn örtliche Verordnungen das Laden gewisser Güter, insb. Kohlen, Chemikalien, Petroleum, Erdöl u. ä., nur an bestimmten Plätzen gestatten und das Anlegen an einen solchen Platz mit einer Wartezeit verbunden ist[114].

2. Ist der regular turn eine Besonderheit des vom Befrachter angewiesenen Platzes und konnte dieser einen turnfreien Platz anweisen, muß der Befrachter für die Verzögerung einstehen: Das Schiff ist von dem Zeitpunkt an ladebereit, in dem es an einem freien Platz hätte anlegen können[115]. — Dasselbe gilt, wenn der Befrachter, der die Auswahl zwischen mehreren Häfen hat, einen Hafen bestimmt, in dem ausschließlich nach regular turn abgefertigt wird, es sei denn, daß in allen zur

---

[108] Sieveking, S. 53; Schaps, § 567, A. 6; Capelle, S. 187; Carver, S. 859.

[109] Sieveking a. a. O.; Capelle a. a. O.; Tiberg, S. 251.

[110] ROHG 21, Nr. 71 (S. 228).

[111] Vgl. die Beispiele unten § 8 D.

[112] Capelle, S. 187. Vgl. auch den Fall HG Hamburg Ullrich Nr. 314.

[113] ROHG 21, Nr. 71 (S. 227 f.); Hans. OLG HGZ 1893, Nr. 40 (S. 126); Boyens, § 568, Note 2 (S. 137 f.); Sieveking, S. 53; Schaps, § 567, A. 6; Warneken, S. 27; Capelle, S. 187. — Schaps, Warneken und Capelle bezeichnen den regular turn als „objektives Hindernis".

BSchR: Mittelstein, § 28, A. 2. Vgl. Storke BB 1958, 180.

[114] ROHG 17, Nr. 23 (S. 94); Boyens, § 560, A. 6 (S. 116).

[115] ROHG 21, Nr. 71 (S. 228); Hans. OLG a. a. O.; Sieveking, Schaps, Warneken, Capelle, jeweils a. a. O.

BSchR: Mittelstein a. a. O.

Auswahl stehenden Häfen ein regular turn oder ein sonstiges allgemeines Hindernis besteht, das zu Lasten des Verfrachters ginge[116].

Der Befrachter kann sich demgegenüber nicht darauf berufen, daß die Anweisung eines anderen Platzes für ihn mit größeren Kosten oder sonstigen Nachteilen verbunden gewesen wäre[117].

3. Der Befrachter muß den durch einen turn entstehenden Zeitverlust auch dann vertreten, wenn er die Abfertigung der vorangehenden Schiffe verzögert[118] oder wenn er in dem Zeitpunkt, in dem das Schiff an der Reihe ist, keine Ladung anliefern kann, so daß das Schiff seinen turn wieder verliert[119].

4. Auf die beschriebene Rechtslage hat es keinen Einfluß, wenn die Charter ausdrücklich einen regular turn vorsieht[120].

Ein regular turn geht zu Lasten des Befrachters, wenn im Frachtvertrag ein Endtermin für das Laden bestimmt ist[121]. Die Übertragung des Risikos eines port turn auf den Befrachter kann sich im übrigen auch aus den Umständen ergeben[122].

5. Hält der Befrachter die von ihm zugesagte Reihenfolge nicht ein, geht die Verzögerung zu seinen Lasten[123]: Das Schiff ist also von dem Zeitpunkt an als ladebereit anzusehen, in dem es bei Einhaltung des vereinbarten turn an die Reihe gekommen wäre.

### *III. Der vom Ablader bestimmte turn*

Der vom Ablader bestimmte turn, z. B. colliery turn, fällt in den Bereich des Befrachters und ist deshalb von ihm zu vertreten; ein solcher turn verhindert nämlich nur die Lieferung der Ladung. Dasselbe muß gelten, wenn der turn des Abladers über den port turn bestimmt, weil der Befrachter dafür einstehen muß, daß die Güter zur Verschiffung bereit liegen.

---

[116] HG und OG Hamburg Hermann-Hirsch Nr. 165; Sieveking, S. 53; Warneken, S. 27, Note 4.

[117] Sieveking, S. 53.

[118] ROHG und Hans. OLG a. a. O.; Sieveking und Schaps, a. a. O.; Warneken, S. 27; Capelle, S. 187.

[119] Warneken, S. 28; Capelle, S. 187; Tiberg, S. 254; Carver, S. 861.

[120] Boyens, § 568, Note 2 (S. 138); Pappenheim, S. 158, Note 2; Schaps a. a. O.; Capelle, S. 187 f. — A. A. Tiberg, S. 255.

[121] Schaps a. a. O.

[122] RG Bolze 15, Nr. 337; Warneken, S. 28 f. — Nach HG Hamburg Ullrich Nr. 314 muß der Befrachter bei der Klausel "to be loaded as fast as the Captain can take in" das Risiko für den turn tragen.

[123] Schaps a. a. O.

BSchR: Hans. OLG Rspr. 10, S. 352 f. Vgl. auch Vortisch, § 28, A. 2 d.

## H. Hindernisse bei der Abladung im allgemeinen. Störungen der Ladefertigkeit i. e. S.

1. Das Anlegen an den Ladeplatz gehört zur Sphäre des Verfrachters, und eine Belastung des Befrachters mit etwaigen Hindernissen kommt deshalb nur nach dem Verursachungsprinzip in Betracht. Die der Einnahme des Liegeplatzes folgende Abladung fällt dagegen teils in den Bereich des Verfrachters, teils in den des Befrachters.

Nach dem Gesetz hat der Befrachter die Güter bis an die Seite des Schiffes (längsseit) zu liefern und der Verfrachter sie von dort in das Schiff einzuladen, § 561[124]. Nach dem Sphärenprinzip schließen also Hindernisse, die im Bereich des Verfrachters auftreten und die Übernahme der Ladung verzögern, die Ladebereitschaft aus. Wird aber der Befrachter in seinem Bereich, nämlich bei der Anlieferung der Ladung behindert, bleibt die Bereitschaft des Schiffes bestehen, § 573[125].

Für das Binnenschiffahrtsrecht ergeben sich bei der Einladung Abweichungen, die unter Ziff. 6 gesondert behandelt werden.

2. Das Schiff ist nicht ladebereit, wenn seine Ladeeinrichtungen Mängel aufweisen[126]. Mängel dieser Art schließen die Bereitschaft aber nicht aus, wenn die Einladung dadurch nicht behindert wird. Führt der Schiffer

---

[124] § 561 regelt zwar nur die Kostenverteilung, bestimmt damit aber zugleich, welche Tätigkeiten Befrachter und Verfrachter bei der Abladung auszuführen haben; Pappenheim, S. 190; Schaps, § 561, Einl.; Capelle, S. 258, Note 83 und S. 315; vgl. auch Mittag, S. 45.

Für den Löschhafen schreibt § 593 entsprechend vor, daß die Kosten der Ausladung aus dem Schiff vom Verfrachter, alle übrigen Kosten der Löschung vom Empfänger zu tragen sind: Der Verfrachter hat die Güter aus dem Schiff auszuladen, der Empfänger sie an der Schiffsseite in Empfang zu nehmen. S. Capelle, S. 315 f.

Der gesetzlichen Regelung entsprechen auch zahlreiche Charterklauseln; s. unten § 8 B II. Vgl. Pappenheim, S. 189, Note 6; Schaps, § 561, A. 3; Capelle, S. 258 f.

[125] Im Löschhafen wird entsprechend unterschieden zwischen der Ausladung und der Abnahme der Güter, § 597.

[126] Schaps, § 573, A. 7 und § 597, A. 7; Capelle, S. 210; Schlegelberger, § 573, A. 3 und § 597, A. 4.

Hans. OLG HGZ 1888, Nr. 117 (S. 272): Schaden an der Windevorrichtung; HGZ 1889, Nr. 108 (S. 270): gebrochene Dampfwinde. — Eine ungewöhnliche Entscheidung englischer Gerichte (King's Bench Division und Court of Appeal) wird in Hansa 1950, 998 berichtet: Ein Schiff wurde als ladebereit angesehen, obwohl der achtere Mast und die Ladebäume für die Luken 4 und 5 fehlten (Schiffsbrand): Der Schiffer müsse nur imstande sein, die längsseit gebrachte Ladung einzunehmen. Wie er seine Pflicht zur Übernahme der Ladung erfülle, könne er allein entscheiden.

also die Beladung mit Hilfe von Landkränen durch, so ist eine etwaige Betriebsunfähigkeit des Schiffsladegeschirrs ohne Bedeutung.

Da die Einladung der Güter dem Verfrachter obliegt, fallen auch die Ladevorrichtungen an Land in seine Sphäre, wenn das Schiff auf ihre Benutzung angewiesen ist[127]. Sind in einem solchen Fall die Einrichtungen an Land mangelhaft oder sonst ungeeignet oder sind sie vorübergehend anderweitig besetzt, ist das Schiff nicht ladebereit[128]. Dasselbe gilt, wenn zur Übernahme der Ladung besondere Vorkehrungen erforderlich sind und die zu diesem Zweck auf der Landseite vorhandenen Einrichtungen zeitweilig nicht zur Verfügung stehen[129].

Hat jedoch der Befrachter einen aus solchen Gründen ungeeigneten Platz angewiesen[130], so gilt das Schiff als von dem Zeitpunkt an ladebereit, in dem es an einem anderen Platz mit der Übernahme der Ladung hätte beginnen können. Dies folgt aus dem schon mehrfach genannten Grundsatz, daß Besonderheiten des vom Befrachter angewiesenen Platzes zu dessen Lasten gehen.

3. Die Ladefertigkeit erfordert nur, daß das Schiff in der Lage ist, die Ladung in der durch Gesetz oder Vertrag bestimmten Weise zu übernehmen.

Ebenso genügt es für die Löschfertigkeit, wenn das Schiff die Ladung in Übereinstimmung mit den Bedingungen des Frachtvertrages herausgeben kann[131]. Verzögert sich die Entlöschung, weil die Eisenbahnwaggons, in die eine Schrottpartie verladen werden soll, nicht in Reichweite des Schiffsgeschirrs stehen und die Ladung deshalb über Stellagen zu den Waggons gekarrt werden muß, während ein Kran erst nach Ablauf der Löschzeit benutzt werden kann, so geht dies zu Lasten des Empfängers[132]. — Wird das Löschen behindert, weil die Ladung mangelhaft

---

[127] Stockholmer Rathausgericht Hansa 1954, 1150: Wird nur mit einem Kran gelöscht, obwohl zwei Kräne hätten benutzt werden können, so liegt ein Hindernis auf seiten des Schiffes vor.

[128] Schaps, § 573, A. 7 und § 597, A. 7; Schlegelberger, § 573, A. 3 und § 597, A. 4; Tiberg, S. 398, Note 7.

Hans. OLG HGZ 1893, Nr. 40 (S. 126 f.): Ein Landkran paßte nicht zur Schiffsluke. — Vgl. aber den in Hansa 1950, 1145 berichteten Fall, in dem ein Schaden am Landkran (zu unrecht) nicht als Hindernis auf seiten des Schiffes angesehen wurde.

[129] OG Hamburg HGZ 1874, Nr. 31 (S. 47); Schaps a. a. O.

[130] S. Schaps, § 567, A. 4; Tiberg, S. 398, Note 8.

[131] Vgl. hierzu den Fall Schiedsgericht in Hansa 1953, 1265.

[132] Hamburger Schiedsgericht HRGZ 1930, Nr. 206 (Sp. 595 f.). Die hier vereinbarte Klausel Gencon 6 (unten abgedruckt in § 8 B II) stellt keine Abweichung von der gesetzlichen Regelung in § 593 dar.

gestaut worden ist, so muß der Verfrachter eine hieraus folgende Verzögerung vertreten[133].

4. Eine Besonderheit gilt, wenn trotz fehlender Ladebereitschaft mit der Beladung begonnen wird. Um unnötige Zeitverluste zu vermeiden, werden häufig schon Güter angeliefert und übernommen, wenn ein Teil des Schiffsladegeschirrs betriebsunfähig ist oder nicht genügend Landkräne zur Verfügung stehen. Diese Situation wird im folgenden als beschränkte Ladebereitschaft bezeichnet.

Rechnet man in diesen Fällen die zur Beladung benutzte Zeit nicht und auch nicht teilweise in die Ladezeit ein, kann dies im Einzelfall zu großen Härten für den Verfrachter führen. Ist nämlich die Beladung bis zum Eintritt der vollen Ladebereitschaft weitgehend beendet, könnte der Befrachter für die Anlieferung der Restladung die volle Liegezeit in Anspruch nehmen. Die Unbilligkeit einer solchen Berechnung wird besonders deutlich, wenn der Frachtvertrag ein Eilgeld vorsieht: Wird die gesamte Beladung bei beschränkter Ladebereitschaft durchgeführt, so entstünde für die volle vereinbarte Ladezeit eine Eilgeldforderung.

Liefert der Befrachter die Ladung an, obwohl das Schiff nicht voll ladebereit ist, so muß hierin sein Einverständnis mit dem Beginn der Ladezeit erblickt werden. Er kann nicht damit rechnen, daß der Verfrachter sein Schiff für einen möglicherweise unbestimmten Zeitraum ohne Anrechnung zur Verfügung stellt und sich damit vielleicht einer Liegegeldforderung aussetzt, der kein tatsächlicher Zeitgewinn gegenüber steht[134]. Dem Befrachter steht frei, mit der Anlieferung erst zu beginnen, wenn das Schiff voll ladebereit ist. Stellt er die fehlende Bereitschaft erst nach Beginn der Beladung fest, weil der Schiffer die Mängel nicht angezeigt hat, kann er die Anlieferung sofort unterbrechen. Liefert er aber trotz Kenntnis der nur beschränkten Ladefertigkeit, verstößt eine spätere Geltendmachung der fehlenden Ladebereitschaft gegen Treu und Glauben.

Anderseits ist die Beschränkung der Bereitschaft bei der Berechnung der Ladezeit gebührend zu berücksichtigen. Durch eine Anlieferung bei fehlender Ladebereitschaft dürfen die Rechte des Befrachters nicht geschmälert werden. Die Ladezeit muß deshalb entweder verlängert werden, oder die Tage der beschränkten Ladebereitschaft sind nur teilweise anzu-

---

[133] Vgl. Hans. OLG HRGZ 1931, Nr. 109 (Sp. 308 f.); vgl. auch Tiberg, S. 403, Note 1.

[134] Der Umstand, daß besonders bei Vereinbarung eines Eilgeldes Härten für den Verfrachter entstehen können, darf nicht dazu führen, die während der beschränkten Ladebereitschaft benutzten Tage nur im Hinblick auf das Eilgeld anzurechnen. Die Ladezeit ist ein einheitlicher Begriff; die Berechnung muß deshalb in jedem Falle die gleiche sein. Ebenso Hamb. Schiedsgericht HRZ 1922, Nr. 147 (Sp. 521 f.) für den Fall, daß vor Beginn der Löschzeit mit dem Löschen angefangen wird.

rechnen. Der ersten Alternative ist der Vorzug zu geben, weil sie auch bei der Zivilkomputation verwendbar ist und außerdem einfacher erscheint. Im einzelnen läßt sich die erforderliche Verlängerung der Ladezeit wie folgt berechnen:

Bei einer Ladezeit, deren Dauer aus einem vorgeschriebenen täglichen Mindestladequantum zu ermitteln ist, wird an den trotz beschränkter Ladebereitschaft benutzten Tagen die tatsächlich angelieferte an die Stelle der vorgesehenen Menge gesetzt[135].

Ist die Ladezeit nach Tagen oder Stunden bemessen, muß zuerst die Gesamtladungsmenge auf die Ladezeit umgelegt und so der Tagessatz ermittelt werden. Im übrigen ist wie im vorhergehenden Fall zu verfahren.

Ist schließlich keine feste Ladezeit, sondern "fast as can", "with customary despatch" o. ä. vereinbart, tritt an den Tagen der beschränkten Ladebereitschaft die tatsächlich übernommene an die Stelle der sonst üblichen oder möglichen Lademenge.

5. Der Befrachter verpflichtet sich häufig im Frachtvertrag, die Einladung und/oder Ausladung der Güter selbst vorzunehmen, so vor allem bei Massengütern[136]. In diesen Fällen haben Mängel des Schiffsladegeschirrs ohnehin keine Bedeutung[137]; die Ladeeinrichtungen an Land aber fallen in die Sphäre des Befrachters, so daß ihre fehlende Benutzbarkeit zu seinen Lasten geht.

6. Binnenschiffahrtsrecht.

Die Vorschriften des Binnenschiffahrtsgesetzes über die Ein- und Ausladung weichen von denen des Handelsgesetzbuchs ab. Dies ist vor allem darauf zurückzuführen, daß Flußschiffe meist nur geringe oder gar keine Lade- und Löschvorrichtungen besitzen. Nach § 41 hat der Absender, soweit nichts anderes vereinbart ist, gepackte Güter auf das Schiff, lose Güter in das Schiff zu liefern, der Frachtführer dagegen die weitere Verladung zu bewirken[138].

Mängel der Ladeeinrichtungen an Land fallen danach in die Sphäre des Absenders, so daß die Ladebereitschaft des Schiffes davon nicht

---

135 Beispiel: Gesamtlademenge 5000 t, tägliche Rate 1000 t. An drei Tagen werden bei beschränkter Ladebereitschaft je 500 t geladen. Für die verbleibenden 3500 t ergibt sich nach der Zivilkomputation eine weitere Ladezeit von vier Tagen. Die gesamte Ladezeit beträgt also sieben Tage.

136 Klauseln dieser Art und Einzelheiten s. unten § 8 B III und IV.

137 Hans. OLG HRGZ 1931, Nr. 109 (Sp. 308).

138 Entsprechend muß der Empfänger nach § 56 gepackte Güter auf dem Schiff, lose Güter im Schiff abnehmen und die weitere Entladung durchführen; vgl. RGZ 122, 221 (226 f.).

berührt wird. Anderseits ist auch hier im Prinzip die volle Betriebsfähigkeit des Schiffsladegeschirrs Voraussetzung für die Ladebereitschaft[139]. Da aber bei losen und zum großen Teil auch bei gepackten Gütern — wenn das Schiff nämlich kein Deck aufweist — die Einladung fast vollständig von der Landseite her bewirkt wird, haben etwaige Mängel der Ladevorrichtungen des Schiffes vielfach keine Bedeutung.

Trifft der Frachtvertrag eine von § 41 abweichende Regelung der Einladung, so gehen Mängel der Ladeeinrichtungen des Schiffes oder an Land zu Lasten der Partei, die dadurch an der Ausführung des von ihr übernommenen Teils der Abladung verhindert wird.

7. Der Verfrachter braucht nur bereit und imstande zu sein, die bedungene Ladung einzunehmen. Weicht die vom Befrachter gelieferte Ladung derart von der vereinbarten ab, daß das Schiff sie — etwa weil das Ladegeschirr oder die Laderäume nicht ausreichen — nicht oder nur mit Verzögerung übernehmen kann, während die Einladung der bedungenen Güter keine Schwierigkeiten bereitet hätte, so ist das Schiff ladebereit, und etwaige Zeitverluste gehen zu Lasten des Befrachters[140].

Können die Schauerleute nicht mit der Arbeit beginnen, weil der Befrachter deren Arbeitsgeräte nicht, wie vorher zugesagt, rechtzeitig an Bord gebracht hat, so bleibt diese Störung ebenfalls ohne Einfluß auf die Ladebereitschaft[141]. Verzögert sich der Beginn der Entlöschung, weil der Empfänger die Zolldeklaration nicht rechtzeitig vorlegt[142] oder eine etwa erforderliche Devisengenehmigung nicht rechtzeitig besorgt[143], so geht dies allein zu seinen Lasten. Die Löschbereitschaft des Schiffes wird hiervon nicht berührt.

8. Während des Bunkerns ist das Schiff grundsätzlich nicht ladebereit[144]. Der Befrachter kann verlangen, daß ihm das Schiff während der Ladezeit in vollem Umfang für die Beladung zur Verfügung steht und die Übernahme der Güter nicht durch andere Maßnahmen beeinträchtigt wird[145].

---

[139] Förtsch, § 29, A. 5; Vortisch, § 28, A. 1 a.

[140] OG Hamburg HGZ 1874, Nr. 31 (S. 47); Schaps, § 573, A. 5; Mittag, S. 45; Tiberg, S. 401 mit Beispielen in Note 4.

BSchR: Vortisch, § 28, A. 1 d.

[141] Hans. OLG HGZ 1889, Nr. 106 (S. 260).

[142] Schaps, § 594, A. 2.

[143] Hans. OLG HRGZ 1939, Nr. 138 (Sp. 393).

[144] Tiberg, S. 397.

[145] Capelle, S. 223.

## J. Störungen bei der Anlieferung der Ladung. Die Verladebereitschaft

1. Wie oben in H Ziff. 1 ausgeführt ist, fällt die Anlieferung der Ladung in den Bereich des Befrachters. Gemäß § 573 Abs. 1[146] geht eine wenn auch zufällige Verhinderung bei dieser Anlieferung zu seinen Lasten: Der Beginn oder Ablauf der Ladezeit wird nicht beeinflußt.

Eine bedeutsame Ausnahme gilt, wenn durch Wind und Wetter oder durch irgendeinen anderen Zufall die Anlieferung nicht nur der bedungenen, sondern jeder Art von Ladung an das Schiff verhindert ist: In diesem Fall beginnt die Ladezeit nicht, § 573 Abs. 2 Ziff. 1[147].

Die Voraussetzungen dieser Vorschrift sind erfüllt, wenn das zufällige Hindernis alle Befrachter des jeweiligen Hafens gleichermaßen trifft[148]. Es kommt nicht auf die zu verladenden Güter und auch nicht auf den einzelnen Befrachter an; es genügt nicht, wenn nur der jeweilige Befrachter an der Lieferung jeder Art von Ladung verhindert wird. Eine Störung, die nur ihn (und evtl. einzelne andere Befrachter) trifft, kann kein allgemeines Hindernis und muß also in seinen eigenen besonderen Verhältnissen begründet sein[149]. Die Ausnahmevorschrift setzt eine allgemeine Störung voraus, die jegliche Verladung in dem Hafen unmöglich macht[148]. Anderseits ist nicht erforderlich, daß das zufällige Hindernis seine Ursache in den besonderen Verhältnissen der Schiffahrt hat; es genügt auch

---

[146] § 597 Abs. 1 für den Löschhafen.

BSchR: §§ 29 Abs. 3 Satz 1 sowie 48 Abs. 3 Satz 1.

[147] Im Löschhafen § 597 Abs. 2 Ziff. 1.

BSchR: Die Vorschriften der §§ 29 Abs. 3 S. 2 und 48 Abs. 3 S. 2 entsprechen inhaltlich denen des Seerechts; Mittelstein, § 29, A. 4 e; Makower, § 29, A. 2 a. — Vgl. weiter Landgraf, § 29, A. 11; Mittelstein Handbuch, S. 168, Note 23 und S. 231.

Begründung S. 64 (zitiert nach Mittelstein, § 29, A. 4 e): „Ist dagegen der Hindernisgrund ein derartiger, daß nicht bloß die Verladung der Güter, um deren Versendung es sich im Einzelfall handelt, sondern die Verladung jeder Art von Gütern unmöglich sein würde, .. so ist von einem Hinderungsgrund in den Verhältnissen des Absenders nicht mehr die Rede."

Nach der abweichenden Auffassung von Hesper, S. 22 f. und 31 f., kommt es bei den zufälligen Umständen in den §§ 29 Abs. 3 und 48 Abs. 3 nur auf das konkrete Schiff an; es sei gleichgültig, ob andere Schiffe beladen oder gelöscht werden können.

[148] Mittag, S. 55.

BSchR: OLG Düsseldorf HRZ 1926, Nr. 93 (Sp. 263); Vortisch, § 29, A. 4 c.

[149] BSchR: Die Ausnahme des § 29 Abs. 3 kommt danach nicht zur Anwendung, wenn — ohne Vorliegen eines Generalstreiks — die Leute des Absenders streiken; Mittelstein Handbuch, S. 168; Vortisch, § 29, A. 4 c.

jedes andere zufällige Ereignis, wenn es nur allgemeine Wirkung hat, wie z. B. ein Generalstreik[150]. § 573 Abs. 2 nennt zwar Wind und Wetter als typische Beispiele, während § 29 Abs. 3 Hochwasser und Eisgefahr ausdrücklich hervorhebt[151]. Damit soll jedoch der Kreis der von der Vorschrift erfaßten Zufälle nicht eingeschränkt werden; dies folgt schon aus den allgemeinen Formulierungen der zitierten Bestimmungen.

Zum Ausgleich für diese Durchbrechung des Prinzips, daß jeder Teil die Zufälle tragen muß, die sich in seinem Bereich ereignen, schreibt § 574[152] vor, daß der Befrachter für die Tage, die das Schiff wegen Verhinderung der Lieferung jeder Art von Ladung länger warten muß, Liegegeld zu zahlen hat, selbst wenn die Verhinderung während der Ladezeit eintritt[153]. Die Ausnahmevorschrift des § 573 Abs. 2 Ziff. 1 kommt nicht zur Anwendung, wenn der Frachtvertrag vorsieht, daß die Abladung bis zu einem bestimmten Tage beendet sein muß, § 576[154].

Eine Störung bei der Anlieferung der Ladung hat nur dann Bedeutung, wenn das Schiff selbst ladebereit ist. Die Bereitschaft des Schiffes ist in jedem Fall Voraussetzung für den Beginn der Ladezeit. Fehlt es daran, so kann sich der Verfrachter nicht darauf berufen, daß der Befrachter keine Ladung bereitstehen hatte oder sonst an der Lieferung verhindert war[155].

2. Die Anlieferung jeder Art von Ladung kann durch schwere Regenböen unmöglich werden. Liegt das Schiff im Strom, kann schwerer Seeoder Eisgang jede Anlieferung durch Leichter verhindern[156].

Ein Hindernis liegt nicht vor, wenn die Anlieferung nur erschwert

---

[150] Boyens, § 573, A. 1 (S. 151); Schaps, § 573, A. 9; Mittag, S. 55.
BSchR: OLG Düsseldorf a. a. O.; Mittelstein Handbuch, S. 231; Vortisch a. a. O.

[151] BSchR: Nach der abweichenden Ansicht von Hesper, S. 27 f., haben die genannten Bestimmungen des BSchG enumerative Bedeutung und erfassen nur solche zufälligen Umstände, die den Schiffahrtsverhältnissen durchaus eigentümlich sind.

[152] Für den Löschhafen gilt § 598.

[153] BSchR: Hier fehlt eine dem § 574 entsprechende Vorschrift. Der Absender braucht also auch kein Liegegeld zu zahlen.

[154] Für den Löschhafen gilt § 600.
BSchR: Hier fehlen entsprechende Vorschriften, so daß die Geltung der §§ 29 Abs. 3 S. 2 und 48 Abs. 3 S. 2 nicht eingeschränkt ist.

[155] Schiedsgericht HRGZ 1932, Nr. 173 (Sp. 556); Boyens, § 573, A. 1 (S. 150); Capelle, S. 222, Note 84.
BSchR: RGZ 122, 221 (227) für die Löschbereitschaft.

[156] Schaps, § 573, A. 9; Schlegelberger, § 573, A. 4.
Hans. OLG HGZ 1880, Nr. 104 (S. 286): Eine Behinderung durch Eisgang bei der Abnahme der Ladung geht zu Lasten des Empfängers.

ist[157]. Können die Leichter mit der Ladung wegen schwerer See nicht ohne Schlepper ans Schiff gebracht[158] oder kann wegen Eisgangs die Ladung in Oberländer Kähnen nicht längsseit geschafft werden, während dies mit Schuten möglich wäre[159], so kann sich der Befrachter nicht auf die Erschwerung oder die erhöhten Kosten berufen[160]. Dasselbe gilt, wenn eine Überschwemmung die Beladung behindert[161] oder das Heranbringen der Schuten an die Seite des Dampfers und die Beladung mit gewissen Gefahren verbunden ist[162]. Anderseits kann jedoch der Einsatz ganz außergewöhnlicher Kosten oder Mittel nicht verlangt werden[163].

Hat der Befrachter nicht genügend Leichter zur Verfügung, so muß er voll dafür einstehen, und zwar auch dann, wenn ein allgemeiner Mangel an solchen Fahrzeugen besteht[164]; denn dieser Mangel trifft nur den einzelnen Befrachter und hindert nicht die Lieferung von Ladung schlechthin.

Zu Lasten des Befrachters geht es auch, wenn die Empfindlichkeit der abzuladenden Güter keine Anlieferung bei schlechtem Wetter, insb. Regen, gestattet[165].

3. § 573 spricht in Abs. 1 und Abs. 2 Ziff. 1 von Hindernissen bei der Lieferung der Ladung, nämlich der Anlieferung der Güter vom Verladeplatz bis an die Schiffsseite.

Von dieser Anlieferung der Ladung muß das Heranschaffen an den Verladeplatz deutlich unterschieden werden[166]. Für die Herstellung oder Gewinnung bzw. den Erwerb der zu verschiffenden Güter und den Antransport zum Abladehafen und an den Verladeplatz (regelmäßig zum

---

[157] RG HGZ 1908, Nr. 41 (S. 82); Schiedsgericht a. a. O. (Sp. 559); Boyens, § 573, A. 1 (S. 151); Schaps, § 573, A. 5, Note 2; Mittag, S. 55; Schlegelberger, a. a. O.

BSchR: BGHZ 2, 20 (25); OLG Düsseldorf HRZ 1926, Nr. 93 (Sp. 263), beide für die Ausladung; Mittelstein, § 29, A. 4 e; Vortisch, § 29, A. 5 c.

[158] Hans. OLG HGZ 1888, Nr. 117 (S. 272) für die Entlöschung.

[159] Hans. OLG HGZ 1890, Nr. 91 (S. 251) für die Entlöschung.

[160] Schaps, § 573, A. 9, Note 3.

[161] RG HGZ 1908, Nr. 41 (S. 82).

[162] Hans. OLG HGZ 1892, Nr. 78 (S. 204) für die Ausladung.

[163] RG a. a. O.; Schiedsgericht a. a. O.; Boyens a. a. O.; Schaps § 573, A. 5, Note 2; Schlegelberger a. a. O.

BSchR: RG Bolze 19, Nr. 508; BGH a. a. O.; OLG Düsseldorf a. a. O.; Vortisch a. a. O.

[164] RG HGZ 1908, Nr. 41 (S. 82); Boyens, § 573, A. 1 (S. 149); Schlegelberger, § 597, A. 3.

[165] Schaps, § 597, A. 7; Schlegelberger, § 573, A. 4.

BSchR: Mittelstein, § 29, A. 4 e.

[166] Entsprechend ist im Löschhafen zwischen der Abnahme (dem Empfang) der Ladung und dem Abtransport zu unterscheiden.

Kai oder Schuppen) muß der Befrachter in jedem Fall einstehen: Er haftet dafür, daß die Ladung rechtzeitig verschiffungsbereit liegt[167]. Die Ausnahmevorschrift des § 573 Abs. 2 Ziff. 1 gilt nicht für Störungen dieser Verladebereitschaft, sondern nur für Hindernisse bei der Anlieferung, Hindernisse also, von denen die schon verschiffungsbereit liegenden Güter betroffen werden.

Störungen der Verladebereitschaft gehen in jedem Fall zu Lasten des Befrachters. Dabei ist es gleichgültig, ob die Ladung bei Eintritt des Hindernisses schon unter seiner Kontrolle oder noch im Bereich seines Zulieferanten, z. B. des Abladers, war. Zum Haftungsbereich des Befrachters gehören sowohl Störungen bei der Gewinnung der Güter, wie etwa Arbeitsunterbrechungen im Bergwerk, als auch Verzögerungen bei der Zulieferung oder gar die Nichteinhaltung des Vertrages durch den Zulieferer des Befrachters. Zu seinen Lasten gehen vor allem auch zufällige Hindernisse und Verzögerungen während des Transports zum Verschiffungsort, z. B. wegen eines Mangels an Eisenbahnwaggons oder weil der Wasserzufahrtsweg zugefroren ist[168]. Ebenso hat der Befrachter eine gerichtliche Beschlagnahme der abzuladenden Güter zu vertreten[169].

Entsprechend ist es beim Löschen allein Sache des Empfängers, ob ihm genügend Eisenbahnwaggons oder Lastkraftwagen oder ausreichend Lagerräume zur Verfügung stehen[170]. Ebenso geht es zu seinen Lasten, wenn er keine Leichter herbeischaffen kann[171].

Diese Störungen der Verladebereitschaft beeinflussen den Beginn und Ablauf der Liegezeit nicht. Sofern der Verfrachter die Voraussetzungen für den Beginn der Ladezeit erfüllt hat und auf seiner Seite keine Hindernisse vorliegen, zählt die Zeit ohne Rücksicht darauf, ob die Güter des Befrachters zur Verschiffung bereit sind oder nicht; die Ausnahme des § 573 Abs. 2 Ziff. 1 bleibt insoweit außer Betracht.

---

[167] Capelle, S. 228; Tiberg, S. 277. — Nach RGZ 55, 179 (181) hat es der Befrachter „selbstverständlich" zu vertreten, wenn er innerhalb der Ladezeit keine Ladung liefert.

[168] HG Hamburg Seebohm Nr. 199; Schaps, § 573, A. 8; Wüstendörfer, S. 250; Schlegelberger, § 573, A. 4.

Rathausgericht Helsingfors Hansa 1954, 1623: Stockungen auf der zum Hafen führenden Eisenbahn bewirken ein Verkehrsverbot.

[169] Schaps, § 573, A. 8.

[170] RG HGZ 1924, Nr. 156 (S. 272).

BSchR: BGHZ 1, 47 (52): Schwierigkeiten bei der Wagengestellung und beim An- und Abtransport im Löschhafen.

[171] RG a. a. O.

## K. Streik. Mangel an Arbeitskräften und Streikfolgen

### *I. Streik*

1. Bei einem Streik gelten die allgemeinen Grundsätze über die Risikoverteilung mit der Besonderheit, daß an die Stelle des Verursachungsprinzips das Verschuldensprinzip tritt. Hat eine der Parteien den Streik schuldhaft verursacht oder unterläßt sie es schuldhaft, die Beilegung des Streiks herbeizuführen, indem sie sich willkürlich berechtigten Forderungen der Arbeiter entgegenstellt, so geht die Störung vollen Umfangs zu ihren Lasten. In allen anderen Fällen ist der Streik einem Zufall gleichzustellen, insb. auch dann, wenn die betroffene Partei den Streik zwar durch Nachgeben gegenüber den Arbeitern vermeiden könnte, ein solches Nachgeben aber nicht zwingend geboten erscheint, sondern im Rahmen des jedem Arbeitgeber zuzubilligenden vernünftigen Ermessens liegt.

Das Risiko des „zufälligen" Streiks, welcher den Regelfall darstellt, ist nach dem Sphärenprinzip zu verteilen. Ein Streik geht danach zu Lasten der Partei, in deren Bereich er auftritt. Es kommt darauf an, ob die streikenden Arbeiter dem Verfrachter oder dem Befrachter bei der Erfüllung ihrer Aufgaben dienen. Es ist nicht notwendig entscheidend, wer die Arbeitskräfte eingestellt hat und wer sie bezahlt, sondern allein, ob die zu leistende Arbeit der einen oder anderen Partei obliegt.

2. Ein Streik der Schiffsmannschaft schließt die Ladebereitschaft aus, soweit dadurch die Einladung in der vertraglich vorgesehenen Weise verhindert oder erheblich beeinträchtigt wird[172]. Können die der Mannschaft obliegenden Arbeiten, z. B. Bedienung der Winden, von den nicht streikenden Offizieren so ausgeführt werden, daß das erforderliche Ladequantum eingehalten wird, bleibt das Schiff ladebereit[173].

3. Zu Lasten des Verfrachters geht auch ein Streik derjenigen Personen, deren Hilfe sich der Schiffer bedient, um den Ladeplatz aufzusuchen und dort anzulegen. Hier sind vor allem die Lotsen, Schlepperbesatzungen[174] und Festmacher zu nennen.

4. Seerecht.

Bei einem Streik der die Beladung ausführenden Hafenarbeiter kommt es entscheidend darauf an, wie die einzelnen Tätigkeiten zwischen Verfrachter und Befrachter verteilt sind. Nach dem Gesetz, § 561, hat der

---

[172] Schiedsgericht HRGZ 1932, Nr. 173 (Sp. 556 f.); Schaps, § 567, A. 3 und § 594, A. 3; Capelle, S. 229 f.; Schlegelberger, § 573, A. 3.
BSchR: Bouvain, S. 22 f.; Vortisch, § 29, A. 5 c.

[173] Schiedsgericht a. a. O.; Capelle, S. 230.

[174] Amerikanisches Schiedsgericht Hansa 1953, 1268.

Befrachter die Güter bis an die Seite des Schiffes zu liefern, und zwar entweder bis unter die Schiffswinde[175] oder unter den Landkran. Die auf dem Schiff tätigen Hafenarbeiter, vor allem die Schauerleute (Stauereiarbeiter), gehören also zur Sphäre des Verfrachters, die auf der Landseite tätigen Kaiarbeiter aber zum Bereich des Befrachters[176]. Soweit das Schiff vom Strom aus beladen wird, treten die Besatzungen der Schuten und sonstigen Fahrzeuge an die Stelle der Kaiarbeiter[177].

Ein Streik der Schauerleute schließt also die Ladebereitschaft aus, ein Streik der Kaiarbeiter dagegen nicht[178].

Das Befestigen der Güter am Ladegeschirr bzw. am Landkran, das sog. Einschlagen in die Kette, wird teils als Aufgabe des Befrachters[179], teils als solche des Verfrachters angesehen[180]; diese Frage ist wohl nach dem jeweiligen Hafengebrauch zu entscheiden[181]. Für die hier bedeutsame Abgrenzung ist allein entscheidend, ob die Güter von den Kaiarbeitern oder den Schauerleuten in die Kette geschlagen werden.

Zu den Arbeitern der Schiffsseite gehören auch die Kranführer; sie arbeiten zwar an Land, verrichten aber eine der Aufgaben des Verfrachters.

5. Binnenschiffahrtsrecht.

Das Binnenschiffahrtsgesetz trifft, wie schon oben in H Ziff. 6 ausgeführt, eine vom Seerecht abweichende Abgrenzung der den Parteien bei der Abladung und Löschung obliegenden Tätigkeiten.

Bei Schiffen ohne Verdeck muß der Absender alle Güter bis in das Schiff liefern. Hat das Schiff ein Verdeck, muß er nur lose Güter in das Schiff, gepackte Güter dagegen auf das Deck schaffen. Das Laden ist also weitgehend Aufgabe des Absenders. Er kann sich dabei eigener oder fremder Arbeitskräfte bedienen. Ein Streik dieser Arbeiter schließt die Ladebereitschaft des Schiffes nicht aus.

Der Frachtführer kann die ihm obliegenden Arbeiten, also das Abdecken der Luken und das Verstauen gepackter Güter, im Regelfall mit seiner eigenen Besatzung ausführen. Ein Streik der Hafenarbeiter trifft den Frachtführer nur dann, wenn seine Leute für die Einladung nicht ausreichen und keine anderen Arbeitskräfte zu bekommen sind.

---

175 Hans. OLG HGZ 1897, Nr. 63 (S. 152); Pappenheim, S. 189, Note 6; Capelle, S. 259; Wüstendörfer, S. 247; Schlegelberger, § 561, A. 5.

176 Ebenso Capelle, S. 229 f.

177 Dies gilt im Hinblick auf § 573 Abs. 2 Ziff. 1 allerdings nur für die Beförderung der schon verschiffungsbereit liegenden Güter an die Schiffsseite.

178 Schiedsgericht HRGZ 1932, Nr. 173 (Sp. 557); Capelle, S. 229 f.

179 Boyens, § 561, A. 2 (S. 118).

180 Schaps, § 561, A. 1; Schlegelberger, § 561, A. 5.

181 Capelle, S. 259.

Die Ladebereitschaft des Schiffes bleibt somit bei einem Streik der Hafen- und sonstigen Landarbeiter in den weitaus meisten Fällen bestehen.

6. Treffen der Frachtvertrag oder die örtlichen Verordnungen des Abladehafens eine von § 561 abweichende Regelung, so tritt die dort vorgeschriebene Aufteilung der bei der Abladung anfallenden Arbeiten an die Stelle der gesetzlichen Abgrenzung zwischen Übernahme (Einladung) und Anlieferung[182].

7. Ein allgemeiner Streik der Hafenarbeiter läßt vielfach die Ladebereitschaft des Schiffes bestehen. Er kann aber die Anlieferung jeder Art von Ladung verhindern, so daß die Ladezeit nicht beginnt[183]. Dabei ist Voraussetzung, daß der Streik für den Befrachter einen Zufall darstellt und die Anlieferung von Ladung allgemein, also auch für alle anderen Befrachter in diesem Hafen, unmöglich macht. Der Streik ist für den Befrachter kein Zufall, wenn er ihn schuldhaft verursacht hat — dies gilt vor allem bei Abwehrstreiks — oder im Rahmen der Zumutbarkeit die Möglichkeit einer Beilegung ausläßt[184]. Zumutbar ist in gewissem Umfang auch ein Nachgeben gegenüber den Forderungen der Streikenden. Die Anlieferung jeder Art von Ladung ist dann nicht unmöglich, wenn andere Arbeitskräfte beschafft werden können, selbst wenn dabei erhöhte Kosten erwachsen[185]. Ein Teilstreik geht also in jedem Fall voll zu Lasten des Befrachters[186].

Hat anderseits ein allgemeiner Streik der Hafenarbeiter zur Folge, daß sowohl der Befrachter an der Lieferung als auch der Verfrachter an der Übernahme verhindert ist, so bleibt die Verhinderung des Befrachters gegenüber dem Fehlen der Ladebereitschaft außer Betracht[187]. Kann der Schiffer aber die fehlenden Schauerleute durch seine eigene Schiffsmann-

---

[182] Zu den abweichenden Regelungen der Charterklauseln vgl. im einzelnen unten § 8 B.

[183] Boyens, § 573, A. 1 (S. 151); Schaps, § 573, A. 9 und § 597, A. 9; Capelle, S. 230; Wüstendörfer, S. 250; Schlegelberger, § 573, A. 4.

BSchR: OLG Düsseldorf HRZ 1926, Nr. 93 (Sp. 262 ff.); Mittelstein, Handbuch, S. 231, beide für das Löschen; Vortisch, § 29, A. 5 c.

[184] Capelle, S. 230. — Schiedsgericht HRGZ 1932, Nr. 173 (Sp. 558 f.): Der Ablader hatte die Möglichkeit, seine Arbeiter zur Weiterarbeit zu veranlassen.

[185] Capelle a. a. O.

[186] Hans. OLG HRZ 1923, Nr. 219 (Sp. 806): Streik der Oberländerschiffer; Schaps, § 573, A. 8.

BSchR: OLG Düsseldorf a. a. O.: Streik der Transportarbeiter und außerdem der Arbeiter des Empfängers. Die Löschung hätte aber durch die Angestellten des Empfängers, evtl. mit Unterstützung der Mannschaft des Frachtführers, erfolgen können.

[187] Schiedsgericht HRGZ 1932, Nr. 173 (Sp. 556).

schaft ersetzen, bleibt das Schiff ladebereit[188], und der Befrachter muß, obwohl die Ladezeit nicht läuft, Liegegeld zahlen.

Treten die Kaiarbeiter aus Gründen der Solidarität zur streikenden Schiffsmannschaft ebenfalls in den Streik (Sympathiestreik), nachdem die Schiffsoffiziere zu erkennen gegeben haben, daß sie die Arbeit der Mannschaft übernehmen wollen und können, so bleibt die Ladebereitschaft des Schiffes bestehen[189]. Der Befrachter kann nicht geltend machen, daß der in seinem Bereich auftretende Streik durch das Verhalten der Schiffsmannschaft verursacht sei; denn es ist allein Sache der Landarbeiter, ob sie sich dem Streik der Seeleute anschließen wollen. Eine Haftung des Verfrachters nach § 278 BGB kommt schon deshalb nicht in Betracht, weil er sich nicht der streikenden Mannschaft, sondern der Offiziere zur Erfüllung seiner Verbindlichkeit, nämlich der Herstellung der Ladebereitschaft, bedient; die streikenden Seeleute haben im übrigen durch ihr Verhalten deutlich zu erkennen gegeben, daß sie nicht Erfüllungsgehilfen des Verfrachters sein wollen[190].

Zu Lasten des Verfrachters geht es, wenn sich die auf der Schiffsseite tätigen Schauerleute weigern, in einen Streikbrecherkahn zu löschen[191].

8. Hindernisse bei der Bereitstellung der Ladung zur Verschiffung gehen, wie oben in J Ziff. 3 ausgeführt, zu Lasten des Befrachters, ohne unter § 573 Abs. 2 Ziff. 1 zu fallen. Ein Streik der Transportarbeiter, z. B. Lastkraftwagen, Eisenbahn, und der Flußschiffer hindert den Beginn der Ladezeit also ebensowenig wie ein Streik am Produktionsort[192].

### *II. Mangel an Arbeitskräften und Streikfolgen*

1. Ein Mangel an Arbeitskräften geht immer zu Lasten der Partei, die dadurch bei der Erfüllung der ihr obliegenden Aufgaben behindert wird.

Im Gegensatz zum Streik findet § 573 Abs. 2 Ziff. 1 in keinem Fall Anwendung. Es ist Sache jedes einzelnen Befrachters, wie er mit einem Arbeitermangel fertig wird. Auch wenn nicht genügend Arbeitskräfte zur Verfügung stehen, ist deshalb nicht die Lieferung jeglicher Ladung unmöglich.

Es gibt also nur zwei Möglichkeiten: Fehlt es an Arbeitern auf der Verfrachterseite, ist die Ladebereitschaft ausgeschlossen. Hat der Befrach-

---

188 Boyens, § 573, Note 7 (S. 151).

189 A. A. Capelle, S. 230. In der oben Anm. 173 genannten Entscheidung wird diese Frage offen gelassen.

190 Hesper, S. 21.

191 Hans. OLG HRZ 1924, Nr. 3 (Sp. 19 f.).

192 HG Hamburg HGZ 1870, Nr. 180: Streik der Grubenarbeiter; Schlegelberger, § 573, A. 4.

ter nicht genügend Arbeitskräfte, geht dies voll zu seinen Lasten[193]; am Beginn und Ablauf der Ladezeit ändert sich nichts.

2. Hindernisse, die ihre Ursache in einem bereits beendeten Streik haben (Streikfolgen) — vor allem Mangel an Ladeplätzen und Arbeitskräften — fallen demjenigen zur Last, in dessen Sphäre sie eintreten. Grundsätzlich ist gleichgültig, in welchem Bereich der verursachende Streik stattfand. Das Sphärenprinzip, wonach jede Partei mit dem Streik ihrer Arbeitskräfte belastet wird, verliert seine Wirkung mit dem Streikende[194].

Der mit einer Anhäufung von Schiffen verbundene Mangel an Arbeitern auf seiten des Befrachters trifft auch dann nicht den Verfrachter, wenn diese Schwierigkeiten die Folge eines Seemaschinistenstreiks sind, an dem sich auch die Besatzung des Verfrachters beteiligte[195]. — Die mit dem Streik belastete Partei muß nur dann für die Streikfolgen im Bereich der Gegenseite einstehen, wenn sie den Streik verschuldet oder schuldhaft die Möglichkeit der rechtzeitigen Beilegung versäumt hat.

## L. Zusammenfassung der allgemeinen Grundsätze

Ein Hindernis bei der Abladung schließt die Ladebereitschaft aus, wenn es vom Verfrachter verschuldet oder sonst verursacht ist oder wenn es zufällig in seiner Sphäre eintritt. Eine Störung fällt in den Bereich des Verfrachters, wenn sie ihn an der Erfüllung der ihm nach Gesetz oder Vertrag obliegenden Aufgaben hindert. — Ist umgekehrt das Hindernis vom Befrachter verschuldet oder sonst verursacht oder greift es nur in seinen Bereich ein, ist das Schiff ladebereit. Zur Sphäre des Befrachters gehören die Bereitstellung sowie die Lieferung der Ladung oder die von ihm sonst im Frachtvertrag übernommenen Tätigkeiten.

Tritt ein Hindernis, das vom Befrachter veranlaßt ist, in der Sphäre des Verfrachters ein, wird die Ladebereitschaft nicht ausgeschlossen; das Verursachungsprinzip hat gegenüber dem Sphärenprinzip den Vorrang. Steht der Veranlassung durch den Befrachter aber ein zeitlich früheres Verschulden des Verfrachters gegenüber, geht das Hindernis zu Lasten des Verfrachters. Diese Grundsätze gelten entsprechend umgekehrt.

Ist das Schiff ladebereit, so wird der Beginn der Ladezeit von Störungen, die den Befrachter treffen, nicht berührt. Eine Ausnahme gilt nur, wenn die Lieferung jeder Art von Ladung unmöglich ist: In diesem

---

[193] OLG Düsseldorf LZ 1915, 1675; Schaps, § 597, A. 8.

[194] Die in Anm. 191 zitierte Entscheidung belastet den Verfrachter auch mit der nach der Weigerung der Schauerleute eingetretenen Verzögerung bei der Beschaffung von Leichtern. Das ist schon deshalb abzulehnen, weil der Leichtermangel nicht durch das Verhalten der Schauerleute bedingt war.

[195] Hamburger Schiedsgericht HRZ 1923, Nr. 154 (Sp. 538).

Fall beginnt die Ladezeit nicht; der Befrachter muß jedoch Liegegeld zahlen. Der Befrachter kann sich aber auf die Ausnahme nicht berufen, wenn die zu verladenden Güter nicht verschiffungsbereit liegen.

Ist das Schiff nicht ladebereit, so ist es gleichgültig, ob noch ein weiteres Hindernis vorliegt, für das der Befrachter einstehen muß. Fehlt es nämlich an der Ladebereitschaft des Schiffes, dann kann die Ladezeit ohnehin nicht beginnen.

Im Rahmen dieser Untersuchung waren nur solche Störungen zu behandeln, die vor oder bei Beginn der Ladezeit auftreten. Die dargestellten Grundsätze gelten aber in gleicher Weise für Hindernisse, die nach dem Beginn der Ladezeit entstehen oder wirksam werden und damit die Abladung verzögern.

## § 8. Störungen und Hindernisse in den Charterformularen

### A. Allgemeines

1. Die im § 7 behandelten Störungen und Hindernisse sind vielfach Gegenstand einer eingehenden Sonderregelung in den Charterformularen. Art und Umfang dieser Klauseln weisen erhebliche Unterschiede auf: Die Skala der Bestimmungen reicht von spezifizierten Einzelregelungen über allgemeine Vorschriften für eine Vielzahl von möglichen Störungen bis zu Generalklauseln. Die Klauseln weichen schon deshalb voneinander ab, weil die einem reibungslosen Ablauf der Verladung und Löschung drohenden Gefahren je nach der Art des beförderten Gutes und nach dem Reiseweg verschieden sind[1]. Die Vielfalt der Klauseln erhöht sich weiter dadurch, daß beim Aushandeln der Einheitsverträge durch die Reeder- und Abladerverbände das wirtschaftliche Übergewicht teils auf der einen, teils auf der anderen Seite liegt, so daß die Risiken für bestimmte Gefahren hier dem Verfrachter, dort dem Charterer aufgebürdet und wieder in anderen Verträgen unter den Vertragsparteien verteilt werden.

Schon diese Umstände machen deutlich, daß eine erschöpfende Behandlung aller in Betracht kommenden Bestimmungen kaum möglich ist. Im Rahmen dieser Arbeit kommt es wesentlich darauf an, am Beispiel zahlreicher Klauseln die Anwendbarkeit der oben in § 7 L zusammengefaßten allgemeinen Grundsätze zu überprüfen. Daneben soll gleichzeitig versucht

---

[1] So kann z. B. für nässeempfindliche Ladungen, wie insb. Zement, bei einem Sprühregen nicht dasselbe gelten wie bei solchen Gütern, denen geringe Feuchtigkeit nicht schadet oder die verdeckt bzw. verpackt geladen werden. — Eisklauseln sind nur dann erforderlich, wenn die Charter für eine nicht eisfreie Route gilt. Leichterklauseln sind nur dann geboten, wenn das Schiff Häfen anlaufen muß, die nicht ausreichend Wasser führen.

werden, einen Überblick über die Regelung der besonders häufigen und praktisch bedeutsamen Störungen in den Charterformularen zu gewinnen.

2. Die in Rede stehenden Klauseln stimmen entweder mit der gesetzlichen Regelung überein, oder sie ändern die Aufgabenbereiche der Parteien ab, oder sie durchbrechen den Verursachungs- oder Sphärengrundsatz.

Der erste Fall bedarf keiner näheren Erläuterung.

Bei der zweiten Alternative kommt es darauf an, die veränderten Aufgabenbereiche der Parteien genau abzugrenzen. Dabei ergibt sich möglicherweise, daß an die Notiz- oder Ladebereitschaft des Schiffes größere oder geringere Anforderungen als nach dem Gesetz gestellt werden. Übernimmt z. B. der Befrachter, das Massengut mit seinen eigenen Verladeeinrichtungen vom Kai in die Schiffsluken zu schaffen, werden die gesetzlichen Voraussetzungen der Ladefertigkeit i. e. S. weitgehend eingeschränkt: Es ist für die Ladebereitschaft des Schiffes und damit den Beginn der Ladezeit nicht erforderlich, daß das schiffseigene Ladegeschirr betriebsfähig und ordnungsgemäß bemannt ist. Eine solche Änderung in den Voraussetzungen der Ladebereitschaft und damit im Aufgabenbereich des Verfrachters verschiebt gleichzeitig den Haftungsbereich. Im übrigen bleibt es aber bei der Geltung des Verursachungs- und Sphärengrundsatzes. Jede Partei muß die in ihrem (veränderten) Aufgabenbereich auftretenden zufälligen Störungen vertreten.

Bei der dritten Alternative handelt es sich im wesentlichen um Durchbrechungen des Sphärengrundsatzes: Die Klausel belastet eine Partei mit einer Störung, die sie nicht verursacht hat und die auch nicht in ihrer Sphäre, sondern im Bereich der anderen Partei aufgetreten ist. Der Inhalt dieser Klauseln ist dabei unterschiedlich: So kann bestimmt sein, daß die Liegezeit beginnt, obwohl die Voraussetzungen der Ladebereitschaft noch nicht erfüllt sind und das Hindernis in den Bereich des Verfrachters fällt. Dieselbe Durchbrechung des Sphärenprinzips liegt vor, wenn die Klausel den Befrachter — ohne daß die Liegezeit läuft — zur Zahlung eines Liegegeldes verpflichtet, obwohl keine Ladebereitschaft vorhanden und das störende Ereignis im Bereich des Verfrachters eingetreten ist. Die Klausel kann umgekehrt vorschreiben, daß einzelne Störungen, die zur Sphäre des Befrachters gehören, aus der Haftung ausgeschlossen sind oder — im Ergebnis übereinstimmend, aber deutlicher — daß die Ladezeit nicht beginnt oder nicht zählt, wenn eine bestimmte Störung aus dem Bereich des Befrachters vorliegt. Das Sphärenprinzip wird weiter dann durchbrochen, wenn ein Hindernis aus dem Bereich der einen Partei auf beide Partner verteilt wird, indem die Liegezeit halb angerechnet oder halbes Liegegeld angeordnet wird. Auf derselben Ebene liegt es schließlich, wenn die Klausel einer Partei, die durch eine Störung in ihrem

Bereich an der Vertragserfüllung gehindert wird, ein Rücktrittsrecht einräumt.

Es ist in diesen Fällen gleichgültig, ob die Charter die Aufgabenbereiche der Parteien in Übereinstimmung mit dem Gesetz oder abweichend regelt. Die Ausnahmeklauseln beeinflussen die Abgrenzung der Haftungsbereiche nicht. Es bleibt im Grundsatz auch bei der Geltung des Verursachungs- und Sphärenprinzips. In einzelnen Fällen wiederholen die Klauseln ohnehin nur das, was schon aus der Verteilung der Aufgabenbereiche und der Anwendung der allgemeinen Grundsätze folgt. Nur soweit die Klausel im Widerspruch zum Sphärenprinzip steht, tritt die Ausnahmeregelung an dessen Stelle.

Die Anwendung der Ausnahmeklausel setzt im Regelfall voraus, daß ein zufälliges unabwendbares Ereignis vorliegt. Nur für eine solche zufällige Störung trifft die Klausel eine vom Sphärengrundsatz abweichende Regelung. Das Verursachungsprinzip bleibt dagegen bestehen. Hat die nach der Klausel entlastete Partei die Störung selbst verursacht oder hätte sie die Störung vermeiden können, kommt die Ausnahmeregel nicht zur Anwendung; der etwaige Zeitverlust geht zu ihren Lasten. — Im Einzelfall ergibt sich aus dem Wortlaut der Klausel eine noch weitergehende Bedeutung, nämlich eine Abweichung vom Verursachungsgrundsatz. Dies führt allerdings nicht zur Aufhebung dieses Prinzips, sondern nur zu einer teilweisen Durchbrechung, deren Umfang von der Einzelbestimmung abhängt.

Zusammenfassend ergibt sich: Auch die im folgenden behandelten Klauseln sind im Grundsatz nach den allgemeinen Prinzipien zu beurteilen. Soweit die Ausnahmebestimmung der einzelnen Klausel reicht, wird das Sphärenprinzip aufgehoben und durch die in der Klausel beschriebene Regelung ersetzt. Das Verursachungsprinzip bleibt im Regelfall bestehen; im Einzelfall kann die Klausel aber auch hiervon abweichen.

Im folgenden Abschnitt B werden besondere Vorschriften über das Laden und Löschen, also Klauseln behandelt, die die Aufgabenbereiche der Parteien regeln. Die übrigen Abschnitte befassen sich mit Klauseln, die den Einfluß von Störungen auf Beginn und Ablauf der Liegezeit betreffen. Die Abschnitte C und D behandeln die Frage des Liegeplatzes, E und F Einfluß von Schlechtwetter und Eis auf die Lade- und Verladebereitschaft; der Abschnitt G stellt die Streikklauseln dar; die letzten Abschnitte H und J enthalten schließlich Klauseln, die den Befrachter von verschiedenartigen Störungen seiner Verladebereitschaft entlasten.

## B. Vorschriften über das Laden und Löschen

### *I. Allgemeines*

1. Die Charterformulare enthalten regelmäßig besondere Bestimmungen über die Aufgabenverteilung unter den Frachtvertragsparteien beim Laden und Löschen. In manchen Fällen stimmen die Klauseln mit den Vorschriften des Handelsgesetzbuchs überein; häufig treffen sie aber auch abweichende Regelungen. Innerhalb der verschiedenen Bestimmungen sind drei Grundtypen hervorzuheben, die auch in den Formularen mit Alternativklauseln immer wiederkehren. Alle drei Regelungen stellt Scancon 7 zur Auswahl:

"A. The cargo shall be
g) brought to
h) taken from
alongside the vessel by the Charterers or their Agents at their risk and expense. If any piece or package weighs more than two tons, the Charterers shall pay any extra expenses in loading, stowing and discharging.
B. The cargo shall be
k) brought into the holds
l) brought into the holds, loaded, stowed and/or trimmed
m) taken from the holds and discharged
by the Charterers or their Agents free of any risk, liability and expense whatsoever to the Owners.
C. The cargo shall be
o) brought into the holds, loaded, stowed and/or trimmed by the Charterers or their Agents free of any risk and liability to the Owners, the Owners paying ... per ton covering all expenses whatsoever
p) taken from the holds and discharged by the Charterers or their Agents free of any risk and liability to the Owners, the Owners paying ... per ton covering all expenses whatsoever.
If alternatives k, l or o apply
the Charterers shall provide all mats and/or wood for dunnage and any separations required, the Owners allowing the use of any dunnage wood on board, if required.
If alternatives k, l, m, o or p apply
the Owners shall provide winches, motive power and winchmen from the crew, if requested and permitted, if not the Charterers shall provide and pay for winchmen from shore and/or cranes, if any.
If alternatives k, l, m, o or p apply
the Charterers shall not be responsible for damage to or loss of the vessel (including loss of time) caused by fire or explosion to any further extent than if alternatives g and h were to apply."

2. Die Aufgabenverteilung unter den Vertragsparteien entscheidet zugleich über die Frage, wer für Hindernisse und Störungen einstehen

muß, die zufällig oder durch Einwirkung Dritter auftreten[2]. Übernimmt also eine Partei im Frachtvertrag bestimmte Tätigkeiten beim Laden oder Löschen, die nach dem Gesetz der anderen Partei obliegen, so bewirkt dies auch den Übergang der Gefahr für mögliche Störungen, die bei diesen Arbeiten auftreten[3]. Die oben, insb. in § 7 H und K, getroffenen einzelnen Entscheidungen über die Haftung der Parteien für zufällige Hindernisse beim Laden oder Löschen haben deshalb keine Geltung und müssen entsprechend berichtigt werden, wenn und soweit die gesetzliche Abgrenzung zwischen den Aufgabenbereichen der Parteien vertraglich abgeändert ist. Naturgemäß können hier nicht alle Abweichungen dargestellt werden, die sich im einzelnen aus den verschiedenen vertraglichen Regelungen des Ladens und Löschens ergeben. Die Anwendung des Verursachungs- und Sphärengrundsatzes wird aber auch bei den Charterklauseln zu der richtigen und im Regelfall einfachen Lösung führen: Eine vom Verfrachter nicht verursachte Störung hindert den Eintritt der Lade- oder Löschbereitschaft nur, wenn sie in seine Sphäre fällt, wenn er also durch sie an der Erfüllung einer übernommenen Verpflichtung gehindert wird.

3. Es ist zu beachten, daß eine Klausel, die gewisse Abweichungen gegenüber der gesetzlichen Regelung des Ladens oder Löschens enthält, nicht in jedem Fall eine Sphärenverschiebung zur Folge hat. Regelmäßig übernimmt zwar die Partei mit der Verpflichtung zur Durchführung bestimmter Aufgaben bei der Abfertigung des Schiffes zugleich die Gefahr für etwaige im Rahmen dieser Tätigkeit auftretende Hindernisse. Gleichwohl ist es möglich, daß eine Partei Aufgaben des Vertragspartners erfüllt, dabei aber für diesen und nicht für sich selbst tätig wird. Solche Vereinbarungen, bei denen eine Verschiebung der beiderseitigen Aufgabenbereiche nicht beabsichtigt ist und auch nicht eintritt, finden sich auch in Charterklauseln. Der wichtigste Fall sind die sog. Stauerklauseln (s. unten V).

4. Wie oben in A Ziff. 2 ausgeführt, können die Parteien den Sphärengrundsatz außer Kraft setzen und vereinbaren, daß bestimmte zufällige Störungen, die in dem Bereich einer Partei auftreten, teilweise oder ganz zu Lasten der anderen Partei gehen. Solche Klauseln finden sich auch für Hindernisse, die das Laden oder Löschen unmittelbar beeinträchtigen (vgl. insb. unten E, G und J).

---

[2] Mittag, S. 46.

[3] Die Ausführungen im Text dürfen nicht auf die hier nicht zu behandelnde Frage bezogen werden, wer für etwaige Schäden haftet, die bei den Lade- oder Löscharbeiten Dritten zugefügt werden.

## *II. Klauseln mit der gesetzlichen Regelung*

Nach den §§ 561 und 597 muß der Befrachter die Güter längsseit des Schiffes anliefern, der Verfrachter sie ein- und wiederausladen und der Empfänger die Ladung längsseit des Schiffes abnehmen Nichts anderes besagen die folgenden Klauseln:

> Austral 4: "The cargo shall be brought to and taken from alongside the Vessel at the risk and expense of the Charteres."[4]
>
> Contwood 6(a): "At the loading port the cargo shall be brought alongside the Vessel in the customary manner by the Shippers at their risk and expense."[5]
>
> Gencon 5: "Cargo to be brought alongside in such a manner as to enable vessel to take the goods with her own tackle."[6]
>
> Gencon 6: "Cargo to be received by Merchants at their risk and expense alongside the vessel, not beyond the reach of her tackle . ."[7]
>
> Welsh Coal 7: "The Cargo to be taken from alongside by Consignees at port of discharge, free of expense and risk to the Vessel . ."[8]

---

[4] Ebenso lautet Austwheat 4; entsprechend Hydrocharter 13; außerdem Newbelwood 9. Vgl. auch die oben abgedruckte Klausel Scancon 7 A.

Deutholz 10: „Die Ladung ist für Rechnung und Gefahr der Ablader bezw. der Empfänger frei an die Seite des Dampfers zu bringen und wieder frei von der Seite des Dampfers zu nehmen." Ebenso Deutholzneu 9 und Deutal 9.

[5] Ebenso Propcon 5 (a); entsprechend Saltcon 5, Nubaltwood 6; weiter auch Scanfin 5.

Die gleichen Bestimmungen für das Löschen enthalten Contwood 15 (a), Propcon 13 (a); entsprechend Saltcon 6.

[6] Entsprechende Bestimmungen enthalten Baltpulp 3 und Spanfrucon 6.

Gencon 5 enthält allerdings noch weitere Vorschriften: "Charterers to procure and pay the necessary men on shore or onboard the lighters to do the work there, vessel only heaving the cargo onboard.

If the loading takes place by elevator cargo to be put free in vessel's holds, Owners only paying trimming expenses. Any pieces and/or packages of cargo over two tons weight, shall be loaded, stowed and discharged by Charterers at their risk and expense."

Der erste Satz entspricht der gesetzlichen Regelung. Die beiden folgenden Absätze enthalten jedoch Ausnahmevorschriften.

[7] Dieselbe Klausel enthält Baltpulp 7, eine entsprechende Spanfrucon 9.

Kalicharter 13: „Das Schiff hat die Ladung beim Löschen frei Schiffsreeling zu liefern und auch auf Verlangen der Empfänger die Ware für eigene Rechnung in Waggonhöhe über den Kai, soweit mit eigenem Geschirr erreichbar, zu hieven.

[8] Ebenso Medcon 10. Beide Klauseln enthalten jedoch in ihrem letzten Satz eine Sonderbestimmung, wonach der Empfänger gegen eine Vergütung des Verfrachters selbst löschen muß (vgl. dazu unten IV Ziff. 4). Wird dieser letzte Satz nicht gestrichen, so entsprechen die genannten Klauseln trotz des abgedruckten einleitenden Satzes nicht der gesetzlichen Regelung. Vgl. weiter Aticol 12.

Diese Klauseln grenzen die Aufgaben der Parteien beim Laden und Löschen in Übereinstimmung mit dem Handelsgesetzbuch ab. Für Störungen und Hindernisse gelten also im Grundsatz die oben in § 7 behandelten Prinzipien. Die Klauseln können jedoch für einzelne oder mehrere Hindernisse Sonderbestimmungen treffen und damit die allgemeinen Grundsätze ausdrücklich durchbrechen.

Manche alongside-Klauseln bestimmen ausdrücklich, daß das Schiff „arbeitende Winschen, Winschleute und Schiffsgeschirr"[9] zur Verfügung stellen muß[10], obwohl dies schon aus dem Gesetz folgt. Vielfach haben es allerdings die Gewerkschaften durchgesetzt, daß die Winden nicht von der Schiffsmannschaft bedient werden dürfen, sondern Landarbeiter heranzuziehen sind. Deshalb treffen die Chartern hierzu eine vorsorgliche Regelung:

> Aracon 6: "The Owners shall provide winches, motive power and winchmen from the crew if requested and permitted, otherwise the Charterers shall provide and pay for winchmen from shore."
>
> Saltcon 5 und 6: "The Vessel shall also provide winchmen from the crew if requested and permitted, otherwise the Shippers (Receivers) shall provide and pay for winchmen from shore, who shall be regarded as servants of the Shippers (Receivers), but shall follow the instructions of the Captain in connection with the loading (discharging)."

### *III. Die sog. fio-Klauseln*

1. Den zweiten Grundtyp für die vertragliche Regelung des Ladens und Löschens stellen die sog. fio-Klauseln dar (fio = free in and out): Die Güter werden ohne Kosten und Gefahr für das Schiff geladen und gelöscht. Solche Klauseln finden sich vor allem in Chartern für Massengüter.

> Panstone 15: "The Cargo to be loaded and discharged at Charterers' risk and expense."
>
> Polcon 4: "The cargo shall be put on board by the Shippers free of expense to the Vessel."[11]
>
> Polcon 11 C: "The Consignees shall effect the discharge of the cargo free of all risk and expense to the Vessel."[12]
>
> Contwood 15 (b): "At the discharging port the Receivers shall effect the discharge in the customary manner and free of any risk and expense whatsoever to the Owners."[13]

Der Befrachter muß die Güter hier selbst in die Schiffsluken verbringen; entsprechend muß der Empfänger die Ladung in der Luke in

---

[9] Kalicharter 13.
[10] S. z. B. Aticol 12, Herrings 4, Iron Ore (7) 7.
[11] Ebenso Contcoal 4, Germancon-North 4.
[12] Ebenso Contcoal 12 B, Germancon-North 11 C; fast ebenso Coastcon 19.
[13] Ebenso Propcon 13 (b).

Empfang nehmen und löschen. Da diese Klauseln den Befrachter bzw. Empfänger mit zusätzlichen Verpflichtungen belasten, sind sie eng auszulegen. Sofern die Klausel also nur vom Laden spricht, genügt der Befrachter seiner Vertragspflicht, wenn er die Güter in die Luken schafft. Das etwa noch erforderliche Stauen bleibt Aufgabe des Verfrachters. Etwas Abweichendes kann sich allerdings aus dem Ortsgebrauch ergeben[14].

Einzelne Klauseln schreiben darüberhinaus vor, daß der Befrachter die Ladung auch stauen muß:

> Contwood 6 (b): "At the loading port the cargo shall be loaded and stowed in the customary manner free of any risk and expense whatsoever to the Owners."[15]

Eine ordnungsgemäße Beladung erfordert bei manchen Massengütern, insb. bei Schüttgut, daß die Ladung getrimmt wird. Die Verpflichtung des Befrachters zur kostenfreien Beladung umfaßt aber nicht das Trimmen; die Übernahme dieser Tätigkeit muß vielmehr ausdrücklich erfolgen[16]. Die Chartern treffen allerdings, wenn die Ladung getrimmt werden muß, regelmäßig besondere Bestimmungen[17]:

> Polcon 4: "The trimming shall be effected by the stevedores appointed by the Owners at their risk and expense. The Charterers shall pay for separation of different parcels, levelling and extra trimming (if any) not arising from the character or construction of the Vessel."[18]
> Cemenco 9: "Cargo to be loaded, stowed, trimmed and discharged free of risk and expense to the Owners."[19]
> Panstone 15: "The Cargo to be trimmed at Charterers' risk and expense, Owners paying Five Shillings per 100 tons."[20]

2. Ist der Befrachter (Empfänger) nach der Klausel zum Laden bzw. Stauen oder Trimmen (Löschen) verpflichtet, so erweitert sich sein Aufgabenbereich um diese Tätigkeiten; entsprechend vergrößert sich seine Haftungssphäre: Treten bei einer der von ihm übernommenen Arbeiten Hindernisse auf, die nicht vom Verfrachter verursacht sind, so gehen sie zu seinen Lasten, da er an der Erfüllung seiner Aufgaben verhindert wird (s. unten Ziff. 4).

---

[14] Vgl. Capelle, S. 265.

[15] Ebenso Propcon 5 (b); entsprechend Synacomex 5.

[16] Vgl. Capelle a. a. O.

[17] Auch die oben abgedruckte Alternativklausel Scancon 7 B führt ausdrücklich das Trimmen an. Vgl. weiter auch Coastcon 2, Baltcon 4, Germancon-North 27.

[18] Ebenso Contcoal 4.

[19] Übereinstimmend Britcont 4.

[20] Vgl. auch Deuterzneu 13: „Die Ladung ist für Rechnung und Gefahr des Befrachters frei in die Räume des Dampfers zu bringen und wieder frei aus dem Dampfer zu nehmen. Für das Trimmen der Ladung zahlt der Dampfer die ortsüblichen Kosten.“

3. Der Schiffer bleibt auch dann für die Ordnungsmäßigkeit des Ladens und Stauens verantwortlich, wenn der Befrachter die Güter ohne Gefahr und Kosten für das Schiff laden und stauen muß und zu diesem Zweck selbst den Stauer einsetzt[21]. Gemäß § 514 hat der Schiffer für die gehörige Stauung nach Seemannsbrauch sowie dafür zu sorgen, daß das Schiff nicht überladen und daß es mit dem nötigen Ballast und der erforderlichen Garnierung versehen wird; dabei ist es gleichgültig, ob das Stauen durch eigene Leute oder durch besondere Stauer bewirkt wird. Diese Verpflichtung wird durch die fio-Klauseln nicht berührt. Umgekehrt ändert sich am Aufgabenbereich des Befrachters, der das Laden und Stauen übernommen hat, nichts, wenn die Charter ausdrücklich auf das Weisungsrecht oder die Verantwortung des Schiffers für das Stauen hinweist[22]:

Ferticon 4: "The cargo shall be loaded, stowed, trimmed and discharged by the Charterers free of expense and risk to the Vessel, but under the supervision of the Master."[23]

Dem Schiffer — in der Praxis meist der sog. Ladungsoffizier — obliegt nur die Überwachung des Ladens und Stauens, evtl. die Aufstellung eines Stauplans. Die Arbeiten selbst führt der Stauer mit seinen Schauerleuten durch[24]. Die Tätigkeit des Schiffers fällt naturgemäß in den Bereich des Verfrachters, so daß dieser auch für Hindernisse in der Person des Schiffers bzw. des Ladungsoffiziers einstehen muß.

Demgegenüber gehören der Stauer und seine Leute zur Sphäre des Befrachters, da sie mit dem Laden und Stauen die von diesem übernommenen Verpflichtungen erfüllen[25]. Der Befrachter beauftragt den Stauer im eigenen Namen; die Schauerleute sind seine Erfüllungsgehilfen[26]. Daß die Stauereiarbeiter dem Weisungsrecht des Schiffers unterliegen, ändert hieran nichts.

4. Aus dem vorhergehenden folgt, daß ein Streik der Schauerleute — mangels entgegenstehender Sonderklausel — zu Lasten des Befrachters geht, wenn dieser dadurch an der Erfüllung seiner Verpflichtung zum Laden oder Stauen gehindert wird[27]. Ein solcher Streik schließt also die Ladebereitschaft des Schiffes nicht aus.

---

[21] Schaps, § 514, A. 6; Schlegelberger, § 514, A. 5 und § 561, A. 9.

[22] Schiedsgericht HRGZ 1932, Nr. 173 (Sp. 558).

[23] Vgl. auch die bei den pay-Klauseln unter IV Ziff. 5 abgedruckte Bestimmung Propcon 15 (c), die wörtlich mit den fio-Klauseln Propcon 15 (b) und Contwood 13 (b) übereinstimmt.

[24] Vgl. aber zur Mitwirkungspflicht des Verfrachters unten Ziff. 5 und 6.

[25] Schiedsgericht a. a. O.; Capelle, S. 262 ff.; Schlegelberger, § 561, A. 9.

[26] So auch RGZ 71, 330 (333 f.), allerdings in anderem Zusammenhang, und RG HRZ 1921, Nr. 25 (Sp. 105 f.) in einem binnenschiffahrtsrechtlichen Fall.

[27] Tiberg, S. 399, Note 3.

Gehört bei einer Greiferentlöschung das Herantrimmen der Ladung zu den vom Empfänger übernommenen Aufgaben, so ist eine schlechte Arbeitsleistung der Schauerleute allein seine Sache[28]. — Wenn die Beladung vertragsgemäß durch Landkräne erfolgen muß, so hat eine Betriebsunfähigkeit des Schiffsladegeschirrs keine Bedeutung[29].

Da die Beladung (Entlöschung) Aufgabe des Befrachters (Empfängers) ist, gehen Mängel der Lade- oder Löschvorrichtungen am Kai zu seinen Lasten; dasselbe gilt, wenn die üblichen Lade- bzw. Löschvorrichtungen vorübergehend nicht zur Verfügung stehen[30].

5. Sofern das Laden und Löschen nicht vom Land aus erfolgt, muß das schiffseigene Ladegeschirr eingesetzt werden. Die Lade- bzw. Löschbereitschaft des Schiffes setzt in diesem Fall voraus, daß die betriebsfertigen Geräte des Schiffes und die zur Bedienung erforderlichen Besatzungsmitglieder bereit stehen[31]. Diese Mitwirkungspflicht des Verfrachters entfällt auch nicht dadurch, daß der Befrachter (Empfänger) das Laden (Löschen) übernimmt: Wenn nicht ausdrücklich etwas anderes vereinbart ist, muß das Schiff auf Verlangen des Befrachters (Empfängers) kostenfrei die Schiffswinden mit Dampf oder Strom und Bedienung zur Verfügung stellen[32].

Kann der Verfrachter seine Mitwirkungspflicht nicht erfüllen und wird deshalb die Beladung verzögert oder behindert, so fehlt es an der Ladebereitschaft des Schiffes. Ein Streik der Schiffsmannschaft kann also auch hier die Bereitschaft des Schiffes ausschließen.

Die fio-Klauseln treffen regelmäßig eingehende Bestimmungen über den Umfang der Mitwirkungspflicht des Verfrachters[33].

> Polcon 4: "If required by the Shippers, the Vessel shall provide free of charge to the Shippers winches, winchmen, motive power, running gear and light enabling trimming."[34]
>
> Panstone 15: "..if required, Vessel ... to give free use of winches, winchmen, steam, and her ordinary gear."

Diese Klauseln entsprechen der gesetzlichen Regelung.

---

[28] Hans. OLG HRGZ 1931, Nr. 109 (Sp. 309 f.).

[29] Hans. OLG a. a. O. (Sp. 308): Ist die Ladung nach dem Vertrag mit Greifern zu entlöschen, so ist es gleichgültig, ob das Schiffsgeschirr Schäden aufweist.

[30] HG Hamburg Ullrich Nr. 315: Die Ladung (Lokomotiven) konnte nur mit der Staatshebemaschine gelöscht werden, die jedoch außer Betrieb war.

[31] Vgl. oben § 7 H und K.

[32] Capelle, S. 265 f.; Schlegelberger, § 561, A. 9.

[33] Vgl. auch die unten in Ziff. 6 aufgeführten Klauseln.

Deuterzneu 14: „Der Dampfer hat seine Winden mit Dampf und Bedienung sowie Ladebäume einschließlich des Tauwerks zum Laden und Löschen, falls erforderlich, kostenfrei zur Verfügung des Befrachters zu stellen."

[34] Ebenso Germancon-North 4.

Eine gewisse Einschränkung der gesetzlichen Mitwirkungspflicht des Verfrachters enthalten die folgenden Bestimmungen, nach denen der Befrachter (Empfänger) die Bedienung für die Winden selbst stellen muß:

Britcont 4: "The Vessel shall give the use of winches and steam or power for same, if required, but not exceeding their ordinary capacity."[35]
Coastcon 19: "... Vessel providing only winches and steam where necessary."
Cemenco 9 und 10: "... Vessel providing only winches and motive power if required by Charterers."

Bei diesen Klauseln gehört die Windenbedienung zum Bereich des Befrachters, so daß er auch für hier auftretende Störungen und Hindernisse einstehen muß.

6. Weigern sich die Schauerleute, mit den für die Bedienung der Schiffswinden abgestellten Besatzungsmitgliedern zusammenzuarbeiten, so fällt eine sich hieraus ergebende Verzögerung dem Befrachter (Empfänger) zur Last. Die Organisation der Stauereiarbeiter verlangt in vielen Häfen, daß bei der Schiffsabfertigung ausschließlich ihre Leute eingesetzt werden. Da die Schauerleute bei der fio-Klausel zum Bereich des Befrachters gehören, muß er auch für deren Verhalten und dessen Folgen einstehen[36]. Dasselbe gilt, wenn die Hafenbehörden den Einsatz von Besatzungsmitgliedern an den Winden untersagen; solche Verbote sind regelmäßig nichts anderes als eine offizielle Bestätigung der Forderungen der Arbeiterorganisationen.

Stehen die Besatzungsmitglieder zur Bedienung der Winden bereit und ist das Schiff im übrigen ladefertig, so hindert die Weigerung der Schauerleute nicht den Beginn der Ladezeit. Verbieten behördliche Vorschriften den Einsatz der Schiffsbesatzung, oder steht aus einem anderen Grunde im voraus fest, daß für die Arbeit an den Winden nur Schauerleute in Betracht kommen, etwa weil diese ihre Forderung schon angekündigt haben, so genügt es für die Herstellung der Ladebereitschaft, wenn das Schiff im übrigen ladefertig ist, ohne daß es auf die Einsatzfähigkeit und -bereitschaft der Besatzungsmitglieder ankommt. Der Befrachter muß auf seine Kosten die zur Bedienung der Winden erforderlichen Ersatzleute stellen[37]. Die von ihm eingesetzten Schauerleute sind seine Erfüllungsgehilfen, so daß auch etwaige andere Störungen, die aus deren Verhalten entstehen, zu seinen Lasten gehen. Allerdings unterliegen

---

[35] Ebenso Ferticon 4.

[36] Capelle, S. 266 f., begründet dasselbe Ergebnis damit, daß es sich um die Unmöglichkeit einer Teilleistung des Verfrachters handele, die er nicht zu vertreten habe. Diese Überlegung erscheint nicht richtig; denn nach § 323 BGB müßte sich dann der Anspruch auf die Gegenleistung mindern, evtl. in Höhe der Kosten für die Ersatzleute.

[37] Capelle, S. 266 f. mit ausländischen Zitaten.

diese Ersatzleute, ebenso wie die übrigen Stauereiarbeiter, dem Weisungsrecht des Schiffers; insoweit wird auf die Ausführungen unter Ziff. 3 verwiesen.

Dieser gesetzlichen Regelung entsprechen die folgenden Klauseln[38]:

> Contcoal 4: "The Vessel shall also provide winchmen from the crew if requested and permitted, otherwise the Shippers shall provide and pay for winchmen from shore who shall be regarded as servants of the Shippers, but shall follow the instructions of the Captain in connection with the loading."[39]
>
> Contwood 6 (b): "The Owners shall provide winches, motive power and winchmen from the crew, if requested and permitted; if not the Shippers shall provide and pay for winchmen from shore and/or cranes, if any."[40]

Etwas anderes gilt, wenn die Klausel ausdrücklich vorschreibt, daß die Ersatzleute vom Verfrachter bezahlt werden müssen. In diesem Fall treten die hilfsweise eingesetzten Landarbeiter auch rechtlich an die Stelle der Besatzungsmitglieder: Die Ersatzleute gehören zum Bereich des Verfrachters.

### *IV. Klauseln, nach denen der Verfrachter das Laden bzw. Löschen vergütet (pay-Klauseln)*

1. Den dritten Grundtyp bei der vertraglichen Regelung des Ladens und Löschens verkörpern die im folgenden kurz als pay-Klauseln bezeichneten Bestimmungen: Der Befrachter oder Empfänger führt das Laden bzw. Löschen durch und erhält dafür vom Verfrachter eine im voraus festgelegte Vergütung:

> Meditore 7: "Shippers to put the mineral on board, Steamer paying one shilling per ton for such operation."[41]
>
> Polcon 11 A: "The Consignees shall effect the discharge of the cargo, the Vessel paying . . per ton of 1000 kilos . ."[42]
>
> Contwood 15 (c): "At the discharging port the Receivers shall effect the discharge in the customary manner and free of any risk to the Owners,

---

[38] Hierher gehört auch die oben abgedruckte Klausel Scancon 7 B. — S. weiter Synacomex 5.

[39] Entsprechend denselben Wortlaut für das Löschen enthalten Contcoal 12 B, Polcon 11 C, Germancon-North 11 C. Dieselbe Regelung trifft auch Orecon 9 a für das Löschen.

[40] Ebenso Propcon 5 (b); entsprechend die Löschklauseln Contwood 15 (b) und Propcon 13 (b).

[41] Ebenso Necore 7; ähnlich Iron Ore (7) 17. Vgl. auch Kalicharter 12.

[42] Ebenso (teilweise mit anderer Maßeinheit) Polcon 11 B, Welsh Coal 7, Medcon 10, Baltcon 17, Contcoal 12 A, Germancon-North 11 A und B, Pitwoodcon 16. Inhaltlich übereinstimmende Löschklauseln enthalten auch Coastcon 20, Welcon 18, Merseycon 6.

> the Owners paying .. per standard covering all costs and charges whatsoever in connection with the discharge of the cargo."[43]
> Orecon 9: "Cargo .. to be taken from Vessel's holds by the Consignees. The Consignees appointing the stevedores to effect the discharging free of any risk and expense to the Owners, but if the cargo is totally or partially discharged by shore cranes, the Owners to refund Kr. 0,10 per ton of cargo so discharged."

Die letzte Bestimmung ist zwar in erster Linie eine fio-Klausel. Sie wandelt sich aber zur pay-Klausel, wenn und soweit die Ladung durch Landkräne gelöscht wird.

2. Die Verpflichtung zum Laden umfaßt hier — ebenso wie bei den fio-Klauseln — nicht ohne weiteres das Stauen oder Trimmen[44]. Diese Tätigkeit wird aber vielfach vom Befrachter ausdrücklich mitübernommen:

> Pitwoodcon 6: "Shipper's men shall hoist, load and stow the cargo aboard the Vessel, the Vessel paying one shilling per 1.000 kilos..."[45]
> Orecon 7: "Cargo to be delivered free on board by Charterers and/or Shippers at their expense but Owners to pay Shippers a fixed charge covering trimming expenses and use of mooringboat and boatmen, per ton of 1015 kilos intaken weight of .. öre..."[46]

3. Ebenso wie bei den fio-Klauseln führt der Befrachter (Empfänger) auch bei den pay-Klauseln das Laden (Löschen) als eigene Verpflichtung durch und nicht etwa als fremdes Geschäft. Sein Aufgabenbereich erweitert sich je nach dem Inhalt der Vertragsbestimmung um das Laden (Löschen) oder weiter um das Stauen oder Trimmen. Gleichgültig ist, ob er seine Verpflichtung durch eigene Leute oder mit Hilfe eines Stauers erfüllt.

Sieht man von der Vergütung ab, so gelten im Grundsatz für fio- und pay-Klauseln dieselben Regeln. Der Unterschied bei der Vergütung läßt sich vereinfachend dahin kennzeichnen, daß bei den erstgenannten Klauseln die zusätzliche Tätigkeit des Befrachters bei der Kalkulation der Fracht bereits berücksichtigt ist, während bei den letzteren die Anrechnung gesondert erfolgt. Hierbei verdient der Umstand Beachtung, daß die pay-Klauseln nicht eine Vergütung der tatsächlichen Ausgaben, sondern nur eine Pauschale vorsehen, die meist von der Ladungsmenge abhängt: Der Befrachter wird also für eigene Rechnung tätig.

Der wesentlichen Übereinstimmung beider Klauseltypen entspricht

---

[43] Denselben Text mit der Maßeinheit "fathom" enthält Propcon 13 (c).

[44] Africanphos 7: "The cargo to be loaded into the vessel's holds by Shippers, Owners paying for this operation ... per metric to loaded (B/L weight), levelling or any other special trimming required by the Captain, to be at Owner's risk and expense."

[45] Pay-Klauseln, die dem Befrachter neben dem Laden ausdrücklich auch das Stauen übertragen, finden sich weiter in Russwood 6 (b), Baltwood 29, Pixpinus 15 und Scancon 7 C.

[46] Auch Scancon 7 C führt ausdrücklich das Trimmen an.

es, daß Chartern, die beide Bestimmungen als Alternativen anführen, vielfach gemeinsame Nebenbestimmungen enthalten[47]. Besonders bezeichnend ist Orecon 9: Die Klausel bestimmt im Obersatz, daß der Empfänger die Ladung löschen muß. Als Ergänzung wird klargestellt, daß der Empfänger den Stauer ernennt und den Verfrachter von Gefahr und Kosten freistellt. Eine Ausnahme — und zwar nur für die Kosten — gilt insoweit, als der Empfänger Landkräne einsetzen muß[48].

4. In manchen Chartern findet sich die pay-Klausel neben der alongside-Klausel[49]. Dies bedeutet aber nicht, daß die zweite Bestimmung die Risikoverteilung regelt und der Befrachter nur für Rechnung und Gefahr des Verfrachters tätig wird. Tatsächlich entscheidet die pay-Klausel zugleich auch über die Aufgaben- und Risikenverteilung; sie steht insoweit also im Gegensatz zur gesetzlichen Regelung der alongside-Klausel. In einzelnen Chartern sind diese verschiedenen Klauseln deshalb ausdrücklich als Alternativbestimmungen aufgeführt[50]. An dieser gegensätzlichen Bedeutung ändert sich aber auch dann nichts, wenn der alternative Charakter dieser Klauseln nicht besonders hervorgehoben wird. Dies gilt jedenfalls für die hier zu behandelnde Aufgaben- und Risikoverteilung[51].

5. Verschiedene pay-Klauseln stellen ausdrücklich fest, daß der Stauer Gehilfe des Befrachters (Empfängers) ist:

> Propcon 13 (c): "The Stevedores shall be appointed by and be the servants of the Receivers but shall follow the instructions of the Master in connection with the discharging which shall be to his satisfaction."[52]

---

[47] Vgl. Scancon 7 B und C (oben abgedruckt zu I); Contcoal 12 A und B, Polcon 11 B und C, Germancon-North 11 B und C, Propcon 13 (b) und (c), Contwood 15 (b) und (c).

[48] Die Ausführungen im Text legen zwar den Gedanken nahe, die pay-Klauseln nicht als besonderen Klauseltyp, sondern nur als eine für die hier bedeutsamen Fragen unbeachtliche Unterart der fio-Klauseln zu behandeln. Die hier durchgeführte deutliche Trennung entspricht aber dem Aufbau der Chartern mit Alternativklauseln; sie dient der besseren Übersicht und erleichtert die Untersuchung einzelner Abweichungen. Im übrigen rechtfertigt schon der Unterschied hinsichtlich der Vergütung die grundsätzliche Trennung, da diesem Punkt — unabhängig von den hier interessierenden Fragen — entscheidende Bedeutung zukommt.

[49] S. z. B. Welsh Coal 7, Medcon 10, Baltcon 15—17, Polcon 10 und 11, Germancon-North 10 und 11, Contcoal 11 und 12.

[50] S. die oben abgedruckte Klausel Scancon 7 A; ebenso Propcon 13 und Contwood 15.

[51] Ob und welche sachliche Bedeutung der alongside-Klausel verbleibt, sofern sie neben einer fio- oder pay-Klausel steht, braucht hier nicht weiter untersucht zu werden.

[52] Ebenso lauten Contwood 15 (c) und die fio-Klauseln Propcon 13 (b) und Contwood 15 (b).

Dieser Klausel kommt indes keine eigene Bedeutung zu; sie besagt nur ausdrücklich, was ohnehin aus dem Wesen der pay-Klausel folgt. Das Fehlen einer solchen Bestimmung ist deshalb kein Anhaltspunkt dafür, daß etwas anderes gelten solle. Dies zeigen deutlich die unten in Ziff. 9 aufgeführten Klauseln. Sie enthalten meist keinen Hinweis darauf, daß der Stauer Gehilfe des Befrachters oder Empfängers sei, bestimmen aber ausdrücklich, daß die Landarbeiter, die hilfsweise für die Bedienung der Winden einzusetzen sind, dessen Gehilfen seien. Diese Vorschrift setzt aber als selbstverständlich voraus, daß dasselbe für die Schauerleute gilt. Diese Arbeiter müssen nämlich in jedem Fall vom Befrachter eingesetzt und bezahlt werden, während die Windenbedienung in erster Linie vom Verfrachter und nur hilfsweise vom Befrachter (Empfänger) gestellt werden muß.

6. Nach alledem gilt für die pay-Klauseln in den hier interessierenden Fragen des Aufgaben- und Haftungsbereiches dasselbe wie für die fio-Klauseln[53].

Der Schiffer bleibt für die Ordnungsmäßigkeit des Ladens und Stauens verantwortlich. Es entspricht nur den ohnehin geltenden gesetzlichen Vorschriften, wenn die Klausel bestimmt, daß der Stauer den Anweisungen des Schiffers, die sich auf das Laden (Löschen) beziehen, Folge leisten muß und daß der Schiffer für das Stauen der Ladung verantwortlich bleibt[54]:

> Russwood 6 (b): "The stevedores at the loading port shall be appointed by the Charterers, but shall be under the direction of the Master who shall remain responsible for the stowage of the cargo."[55]

Auf die Ausführungen zur fio-Klausel (oben III Ziff. 3), die hier ebenfalls gelten, wird verwiesen.

7. Zufällige Störungen, durch die der Befrachter an der Erfüllung seiner Verpflichtung zum Laden oder Stauen gehindert wird, gehen bei der pay-Klausel ebenso zu seinen Lasten wie bei der fio-Klausel. Die Ausführungen oben III Ziff. 4 finden vollen Umfangs Anwendung.

8. Den Verfrachter trifft auch bei der pay-Klausel eine Mitwirkungspflicht beim Laden und Löschen. Sofern das Schiff nicht vom Land aus beladen (gelöscht) wird, muß der Verfrachter mangels entgegenstehender Vereinbarung auf Verlangen des Befrachters (Empfängers) kostenfrei die Schiffswinden mit Dampf oder Strom und Bedienung zur Verfügung stellen[56]. Kann der Verfrachter diese Verpflichtung nicht erfüllen, fehlt es an der Lade- bzw. Löschbereitschaft; ein Streik der Schiffsmannschaft kann somit die Bereitschaft des Schiffes ausschließen.

---

[53] Vgl. auch Tiberg, S. 399 f.

[54] Vgl. auch die oben Ziff. 5 abgedruckte Klausel Propcon 15 (c).

[55] Ebenso Baltwood 29.

[56] S. oben Anm. 32.

Auch in den pay-Klauseln wird der Inhalt der Mitwirkungspflicht meist ausdrücklich geregelt[57]:

Welsh Coal 7: ".. Vessel .. providing only steam, steam-winches, winchmen, gins, and falls."

Medcon 10: ".. Vessel .. providing only winches, with steam or other power, winchmen and running gear customary at port of discharge."[58]

Während diese Klauseln mit der gesetzlichen Regelung übereinstimmen, schränkt die folgende Bestimmung die Mitwirkungspflicht des Verfrachters erheblich ein:

Coastcon 20: "Receivers providing Winchmen, Cranemen, all necessary labour, and gear, Vessel providing only winches and sufficient steam if required and ordinary ship's gear where customary."[59]

9. Können die Besatzungsmitglieder nicht zur Bedienung der Winden eingesetzt werden, weil sich die Schauerleute weigern, mit ihnen zusammenzuarbeiten oder weil die Hafenbehörden die Tätigkeit der Schiffsmannschaft untersagen, so geht dieses Hindernis zu Lasten des Befrachters. Er muß die Ersatzleute vom Land stellen und bezahlen; diese Arbeiter fallen in seinen Bereich, so daß von ihnen veranlaßte Störungen vom Befrachter zu vertreten sind: Es gilt hier dasselbe wie bei der fio-Klausel (s. oben III Ziff. 6).

Die folgenden Klauseln stimmen mit dieser Regelung überein[60]:

Polcon 11 B: "The Vessel shall also provide winchmen from the crew if requested and permitted, otherwise the Consignees shall provide and pay for winchmen from shore who shall be regarded as servants of the Consignees, but shall follow the instructions of the Captain in connection with the discharging."[61]

Propcon 13 (c): "The Owners shall provide winches, motive power and winchmen from the crew, if requested and permitted; if not the Receivers shall provide and pay for winchmen from shore and/or cranes, if any."[62]

Nach der folgenden Klausel muß der Empfänger zwar die Ersatzleute beschaffen und bezahlen. Es wird aber ausdrücklich bestimmt, daß die Arbeiter gleichwohl als Gehilfen des Verfrachters anzusehen sind:

Baltcon 17: ".. Vessel .. providing winches, motive power and running gear customary at Port of Discharge. Vessel also to provide Ship's winchmen if requested and permitted otherwise Consignees to provide and pay

---

[57] Vgl. auch die unten in Ziff. 9 aufgeführten Klauseln.

[58] Entsprechend für das Laden Pitwoodcon 6.

[59] Fast ebenso Welcon 18.

Africanphos 7: "Vessel to supply free of charge the full use of windlasses, winches and the necessary power."

[60] S. auch die oben abgedruckte Klausel Scancon 7 C.

[61] Ebenso Germancon-North 11 B und Contcoal 12 A.

[62] Ebenso Contwood 15 (c).

for winchmen, who shall nevertheless be regarded as servants of the Owners."[63]

Ein Streik oder sonstige Störungen der Ersatzleute fallen also dem Verfrachter zur Last und schließen die Löschbereitschaft des Schiffes aus.

Auch bei der folgenden Klausel gehören die Ersatzleute vom Land zum Bereich des Verfrachters; er muß sie sogar bezahlen.

Necore 10: "The Ship to .. give use of steam winches and steam free of expense, and crew to drive the winches, if willing and permitted by local labour regulations; otherwise shore hands to be employed, and Owners to pay cost of same."[64]

### *V. Die sog. Stauerklauseln*

1. In manchen Chartern, die das Laden und Stauen in Übereinstimmung mit dem Gesetz regeln, finden sich Klauseln, nach denen der Befrachter dem Verfrachter die Wahl des Stauers vorschreiben oder der Befrachter selbst — wenn auch im Namen des Verfrachters — mit dem Stauer abschließen kann (sog. Stauerklauseln). Dieses Sonderrecht des Befrachters ist ohne Einfluß auf die gesetzliche Abgrenzung der Aufgaben- und Haftungsbereiche der Frachtvertragsparteien: Der Stauvertrag wird zwischen Verfrachter und Stauer abgeschlossen; der Stauer und seine Leute sind Erfüllungsgehilfen des Verfrachters. Zufällige Störungen in diesem Bereich gehen zu seinen Lasten; der Verfrachter ist für das Laden und Stauen verantwortlich[65]. Daß der Befrachter bei der Auswahl des Stauers für die Sorgfalt eines ordentlichen Kaufmanns einstehen muß, bedarf keiner Ausführung.

2. Die Klauseln lassen allerdings vielfach nicht klar erkennen, ob der Befrachter, der das Recht zur Auswahl des Stauers hat und auch den Vertrag mit ihm abschließt, dabei im Namen des Verfrachters handeln oder den Stauer im eigenen Namen beauftragen soll. Eine Stauerklausel liegt nur im ersten Fall vor, während im zweiten Fall der Befrachter selbst das Stauen übernimmt, sei es in der Form der fio- oder der pay-Klausel.

Für eine Stauerklausel ist kein Raum, wenn das Laden nach dem klaren Vertragsinhalt dem Befrachter übertragen ist: Hier ist der Stauer Beauftragter des Befrachters und erfüllt dessen Verpflichtung. Ist dagegen das Laden Aufgabe des Verfrachters, so stellt eine Bestimmung, die den Befrachter zur Benennung des Stauers ermächtigt, eine Stauerklausel dar. Kann aus dem Inhalt der Charter nicht entnommen werden, zu wessen Aufgabenbereich das Laden und/oder Stauen gehört und läßt der Wort-

---

[63] Übereinstimmend Polcon 11 A und Germancon-North 11 A.

[64] Ebenso Meditore 10.

[65] OLG Stettin HRGZ 1933, Nr. 236 (Sp. 624); Capelle, S. 260 f.; Schlegelberger, § 561, A. 11.

laut der Klausel offen, ob der Befrachter den Stauer im eigenen Namen oder in dem des Verfrachters beauftragt, so kommt es entscheidend darauf an, wer den Stauer bezahlt: Eine Stauerklausel liegt nur vor, wenn die Vergütung durch den Verfrachter erfolgt. Bestimmt die Klausel dagegen, daß der Befrachter den Stauer bezahlt, kommt der Stauvertrag zwischen diesen beiden zustande. Dies gilt auch dann, wenn der Verfrachter dem Befrachter einen bestimmten Geldbetrag je Ladeeinheit vergüten muß[66].

Capelle[67] vertritt demgegenüber die Ansicht, daß eine Stauerklausel auch dann vorliege, wenn der Befrachter vom Verfrachter für das Stauen einen im voraus festgelegten oder von der Hafenusance abhängigen Betrag erhält und dann seinerseits den Stauer bezahlt, wobei sich für ihn ein Zwischengewinn ergeben könne: „Dabei wird der Stauvertrag entweder trotz der abweichenden Zahlungsregelung vom Verfrachter selbst geschlossen oder es soll zwar der Charterer den Stauer beauftragen, dieser jedoch als Gehilfe des Verfrachters gelten, eine Vereinbarung, in der man wohl die Erteilung einer Vollmacht sehen kann, durch die der Charterer ermächtigt wird, den Stauvertrag im Namen des Verfrachters abzuschließen. Auch hier besteht also der Stauvertrag zwischen Schiff und Stauer." Die Ansicht Capelles ist abzulehnen; sie verkennt das Wesen der pay-Klausel: Die Vergütung des Verfrachters an den Befrachter ist der Ausgleich für die von diesem zusätzlich übernommene Aufgabe; der Befrachter erfüllt also mit dem Laden eine eigene Verpflichtung. Capelle muß deshalb gewaltsam konstruieren: Der Stauer schließt mit dem Verfrachter ab, wird aber vom Befrachter bezahlt; der Befrachter beauftragt den Stauer, ist aber stillschweigend ermächtigt, im Namen des Verfrachters abzuschließen. Tatsächlich verpflichtet sich der Verfrachter in den von Capelle beschriebenen Klauseln nur, an den Befrachter eine bestimmte Zahlung zu leisten; es ist keine Rede davon, daß der Befrachter ihn außerdem oder wahlweise auch zur Zahlung an den Stauer verpflichten kann. Die Unhaltbarkeit der Ansicht Capelles wird besonders deutlich, wenn der Preis des Stauers die vom Verfrachter an den Befrachter zu zahlende Vergütung übersteigt: Der bevollmächtigte Befrachter muß die Differenz zuschießen. Der Vertreter trägt hier also das Risiko anstelle des Geschäftsherrn!

Ohne Einfluß auf die hier behandelte Frage ist es, ob die Klausel einen Zusatz enthält wie "..captain to remain responsible for the stowage". Der Schiffer ist nämlich in jedem Fall für eine ordnungsgemäße Stauung verantwortlich.

---

[66] Schiedsgericht HRGZ 1932, Nr. 173 (Sp. 558).

[67] Capelle, S. 261. Ähnlich Hans. OLG HGZ 1893, Nr. 56 (S. 163 f.).

3. Beispiele für Stauerklauseln sind[68]:

Austral 11: "The stevedore at loading port or ports shall be appointed by the Charterers at a cost not exceeding the then current rate for first class work."

Centrocon 18: "The Charterers shall provide Stevedores to load the cargo at a cost to the Vessel of twenty-five cents gold per English ton."[69]
Hydrocharter 15: "The Owners are requested to employ Charterers' and Receivers' stevedores, their charges, however, not to exceed current rate(s) at the ports of loading and discharge respectively."

Die folgende Bestimmung ist zwar keine Stauerklausel im strengen Sinne; sie räumt aber ebenfalls dem Befrachter einen gewissen Einfluß auf die Auswahl des Stauers ein:

Austwheat 11: "The Stevedore at loading port or ports shall be nominated by the Shipowners subject to the Charterers' approval, which approval is not to be unreasonably withheld."

## C. Platzmangel

1. Ein besonders häufiges Hindernis vor Beginn der Beladung ist die Überfüllung des Hafens oder des vorgesehenen Liegeplatzes. Ein solcher Platzmangel geht, wenn keine besonderen Umstände vorliegen, zu Lasten des Verfrachters[70].

Durch die Charterklauseln wird jedoch das Risiko für diese Überfüllung (engl. congestion) vielfach auf den Befrachter übertragen.

2. Besonders gebräuchlich sind die Klauseln:

"whether in berth or not"[71/72] und

---

[68] Vgl. auch die Stauerklausel in Herrings 4.

Papierholzcharter 8: „Der Dampfer ist verpflichtet, den vom Befrachter zu benennenden zu ortsüblichen Sätzen arbeitenden Stauer zu benutzen."

Auch der von Capelle, S. 261, Note 100, zitierte Wortlaut von Zernocon 8 ist nach den im Text aufgestellten Grundsätzen als Stauerklausel anzusehen. Der besonderen Konstruktion Capelles bedarf es nicht: "steamer to employ Charterers' stevedore at loading port .., steamer paying one shilling per ton for grain .. the master being responsible for proper stowage."

[69] Auch die von Capelle, S. 260, zitierte ältere Fassung von Centrocon 18 stellt eine Stauerklausel dar: "Charterers have the option of appointing the stevedore at loading ports or places, said stevedore to be paid by the master .."

[70] Vgl. oben § 7 F.

[71] Welsh Coal 7, Medcon 10, Welcon 3 und 16, Coastcon 18, Contcoal 4 und 11, Baltcon 15, Polcon 4 und 10, Germancon-North 4 und 10, Baltwood 28, Nubaltwood 6, Russwood 6, Propcon 13, Contwood 15, Meditore 13, Necore 13, Orecon 6b und 8a, Saltcon 5 und 6, Aracon 6; Aticol 12. S. weiter Iron Ore (7) 6 und Iron Ore (8) 6.

[72] Teilweise mit dem Zusatz "notwithstanding any custom or laws of the

"whether in berth or waiting for a berth"[73].

Beide Klauseln haben dieselbe Bedeutung[74].

Der Wortlaut der ersten Bestimmung ist irreführend. Danach wäre es nämlich für den Beginn der Liegezeit schlechthin gleichgültig, ob das Schiff seinen Liegeplatz eingenommen hat oder nicht. Tatsächlich enthält die Klausel keine so weitgehende Befreiung für den Verfrachter. Lehnt der Schiffer z. B. ohne rechtlichen Grund die Einnahme des Liegeplatzes ab, so ist das Schiff nicht ladebereit[75]. Die Klausel findet keine Anwendung, wenn die Nichteinnahme des Ladeplatzes vom Verfrachter verursacht ist.

Die Geltung dieser allgemeinen Bestimmungen beschränkt sich im wesentlichen auf den Fall, daß das Schiff wegen Überfüllung seinen Liegeplatz nicht einnehmen kann und deshalb warten muß[76]. Der Wortlaut der zweiten Klausel bringt dies deutlicher zum Ausdruck: Das Schiff muß entweder an seinem Platz liegen oder darauf warten.

Vielfach wird der Anwendungsbereich dieser Klauseln allgemein so bestimmt, daß eine Verzögerung dann zu Lasten des Befrachters geht, wenn das im übrigen ladebereite Schiff aus Gründen, die es selbst nicht zu vertreten hat, den Ladeplatz nicht erreichen kann[77]. Diese Formulierung ist ungenau: Grundsätzlich hat der Verfrachter nämlich auch einen Platzmangel zu vertreten. Die genannten Klauseln ändern aber das Sphärenprinzip für einzelne Risiken ab. Dies gilt aber keineswegs für alle zufälligen Störungen, die zum Bereich des Verfrachters gehören und die Einnahme des Liegeplatzes verzögern. Die oben genannte Formulierung läßt also die Frage offen, welche Hindernisse der Verfrachter zu vertreten hat.

Die zitierten Klauseln übertragen vor allem das Risiko einer Verzögerung durch Überfüllung oder Platzmangel auf den Befrachter[78]. Ebenso geht es zu Lasten des Befrachters, wenn das Schiff auf Grund sonstiger Anordnungen der Hafenbehörde den Liegeplatz nicht anlaufen kann[79]

---

port to the contrary" oder ähnlich; vgl. z. B. Coastcon 18, Contcoal 4, Orecon 6b.

Übereinstimmend die deutsche Klausel Deuterzneu 8: „.. einerlei ob der Dampfer dann einen Lade- bezw. Löschplatz hat oder nicht und ungeachtet etwaiger Platzgebräuche." Ebenso für den Löschplatz Deutholz 7.

[73] Baltcon 16, Phoscon 7.

[74] Rordam, S. 128; Capelle, S. 186.

[75] OLG Königsberg HRGZ 1929, Nr. 270 (Sp. 676); Capelle a. a. O.

[76] Rordam a. a. O.

[77] Hans. OLG HGZ 1908, Nr. 111 (S. 248); Schaps, § 594, A. 5, Note 1, für das Löschen; Capelle, S. 186.

[78] Hanseatisches Schiedsgericht HRZ 1923, Nr. 154 (Sp. 538 f.) für das Löschen; Schaps, § 594, A. 5; Schlegelberger, § 567, A. 9.

[79] Vgl. z. B. den Fall in Hans. OLG HGZ 1908, Nr. 111.

oder auf behördliche Anweisung auf der Reede warten muß[80]. Der Befrachter muß also dafür einstehen, daß ein bereiter Lade- oder Löschplatz für das Schiff zur Verfügung steht[81]. Anderseits gelten die Klauseln nicht, wenn das Schiff wegen zu großen Tiefgangs seinen Liegeplatz nicht erreichen kann[82] oder den Beginn des Hochwassers abwarten muß.

Sofern die übrigen Voraussetzungen vorliegen, gilt ein Schiff also auch dann als ladebereit, wenn es den Liegeplatz wegen Platzmangels noch nicht eingenommen hat. Soweit die Charter keine ergänzenden Sonderbestimmungen trifft (vgl. unten Ziff. 3), bleibt es im übrigen bei den allgemeinen Regeln[83]. Die Anwendung der Klauseln setzt nicht voraus, daß das Schiff im Hafen liegt. Muß das Schiff wegen der Überfüllung außerhalb des Hafens warten, ist es erforderlich und ausreichend, wenn es den Platz eingenommen hat, den die Hafenbehörden für wartende Schiffe bestimmen[84]. Dies gilt sowohl für die Bereitschaftsmeldung als auch für den Beginn der Liegezeit. Ist eine Bereitschaftsanzeige nicht erforderlich und auch keine Notiz- oder Wartezeit vorgesehen, beginnt also die Liegezeit mit der Einnahme des Warteplatzes. Mangels entgegenstehender Vorschrift wird die Ladezeit später auch nicht für die Dauer des Verholens zum Lade- oder Löschplatz unterbrochen.

3. Viele Chartern enthalten neben den genannten allgemeinen Klauseln Sonderbestimmungen, die sich mit den Folgen einer Überfüllung im einzelnen befassen. Dabei wird teilweise der Fall des Wartens vor dem Hafen besonders hervorgehoben. Häufig werden die Abgabe der Bereitschaftsmeldung und der Beginn der Liegezeit ausdrücklich geregelt. Daneben wird auch der Anwendungsbereich der Klausel erweitert oder besonders abgegrenzt. Teilweise wird die Verholzeit zum endgültigen Liegeplatz von der Liegezeit ausgenommen. Schließlich bestimmen manche Klauseln, daß die Wartezeit des Schiffes nur halb oder sonst eingeschränkt als Liegezeit zählt.

Während Contcoal 4 allgemein bestimmt, daß die Ladebereitschaft im Falle der Überfüllung keine Einnahme des Liegeplatzes voraussetzt, führt Contcoal 6 im einzelnen aus:

---

[80] Vgl. Court of Appeal Hansa 1956, 250 (unter Aufhebung von Queen's Bench Division Hansa 1955, 1707).

[81] Hamb. Schiedsgericht Hansa 1959, 2085.

[82] Rordam, S. 128.

[83] Das Risiko der Überfüllung und des Platzmangels im Hafen geht auch dann zu Lasten des Befrachters, wenn "a safe berth ready on arrival" vereinbart ist; vgl. Boyens, § 560, A. 8 (S. 117).

[84] Rordam, S. 128. So auch Schutzverein Deutscher Rheder (Nr. 8046) in Hansa 1957, 1665.

Queen's Bench Division Hansa 1957, 884, obwohl das Schiff 22 sm (dem nächstgelegenen Ankerplatz) vor dem Hafen vor Anker ging.

"If prevented from entering the port or harbour or from arriving at or off the loading place by reason of congestion of shipping or shore traffic, not due to strikes or any other causes excepted in the charter, the Vessel shall be regarded as if ready in berth on arrival at or off the port, or so near thereto as she may be permitted to approach, and thereupon notice of such readiness shall be given and time shall count as provided in clause 4. Actual time occupied in moving from the place of stoppage to the place of loading shall not count for laytime or demurrage."

Kann also das Schiff bei einer Überfüllung des Hafens oder des Küstenverkehrs[85], die nicht auf besonders benannte Ausnahmeursachen zurückzuführen ist, seinen Liegeplatz nicht erreichen, so kann das Schiff ordnungsgemäß seine Ladebereitschaft anzeigen, sobald es den für wartende Schiffe bestimmten Platz eingenommen hat. Das Verholen vom Warte- zum Liegeplatz zählt allerdings nicht zur Liegezeit.

Eine eingehende Sonderregelung — neben der allgemeinen Klausel — enthält auch Coastcon 18[86]:

"But if prevented from entering port, harbour or docks, or from arriving at or off discharging place, by reason of congestion of shipping or shore traffic not due to strikes, lockouts, civil commotions, frosts, floods, storms, bad weather, or accidents, Vessel to be regarded as if ready in berth, and time to count from first high water on or after arrival at or off the port, or so near thereunto as she may be permitted to approach, but the actual time occupied in moving from the place of stoppage to the actual place of discharge not to count for lay time, but if such high water be between 6 p. m. and 6 a. m. time to commence at 6 a. m."

Hier werden die Ausnahmefälle, in denen die Überfüllung nicht zu Lasten des Empfängers geht, einzeln aufgeführt. Da eine Bereitschaftsmeldung nicht erforderlich ist, beginnt die Löschzeit mit dem Eintritt des Hochwassers nach Erreichen des Warteplatzes, aber nicht zwischen 6 Uhr abends und 6 Uhr morgens. Die Zeit des Verholens zum endgültigen Liegeplatz zählt hier ebenfalls nicht.

Meditore 13 enthält die allgemeine Klausel sowohl für die Lade- als auch für die Löschbereitschaft. In Meditore 15 heißt es aber[87]:

"If, through congestion at the Port of Discharge, Steamer is kept waiting off the Port for 36 hours (Sundays and Holidays excepted) lay days are to commence to count as per Clause 13 unless already on demurrage."

Die durch Überfüllung verursachte Wartezeit vor dem Hafen zählt also nur, wenn sie 36 Stunden (Sonn- und Feiertage ausgeschlossen)

---

[85] Shore traffic: gemeint sind die Transportmittel, welche die Güter vom und zum Hafen oder Schiff befördern.

[86] Fast ebenso Welcon 16 und Aticol 12.

[87] Entsprechend Iron Ore (7) 26 und Iron Ore (8) 22.

überschreitet, es sei denn, daß die zulässige Liegezeit bereits vorher überschritten ist[88].

Baltcon 15 enthält neben der allgemeinen Klausel nur noch die Bestimmung[89]:

"..time occupied in moving from outer harbour to berth not to count."

4. Manche Chartern enthalten zwar eine Sonderregelung für den Fall der Überfüllung, verzichten aber auf die in Ziff. 2 behandelte allgemeine Klausel[90]:

Coastcon 7: "If Vessel be prevented from entering harbour or docks or from arriving at or off loading place by reason of congestion of shipping or shore traffic (not due to strikes, lockouts or stoppages of pitmen or workmen, civil commotions, frosts, floods, storms, bad weather or accidents) she is to be treated as a ready Vessel from first high water on or after arrival at or off harbour or docks or so near thereunto as she may be permitted to approach and entitled thereupon to give written notice of readiness in accordance with the terms of Clause 3 A, 3 B or 3 C (but the actual time occupied in moving from the place of stoppage to the place of loading not to count for lay time)."

Baltpulp 3: "Time to commence after arrival and notice of readiness has been given. Should a loading berth not be provided, owing to congestion, after the vessel is in every other respect ready to receive cargo, demurrage will accrue, but Owners shall only be entitled to half the demurrage rate for the first five running days lost in waiting for berth, whereas for any further time lost full demurrage .. shall be paid."

Trotz des ersten Satzes ("arrival") kann es keinen Unterschied machen, ob das Schiff außerhalb oder innerhalb des Hafens warten muß. Entscheidend ist lediglich, ob die Nichteinnahme des Ladeplatzes auf eine Überfüllung des Hafens zurückzuführen ist.

5. Manche Charterklauseln bestimmen, daß die Liegezeit mit dem

---

88 Eine eingehende Sonderregelung findet sich — neben der allgemeinen Klausel — weiter auch in Medcon 10, Polcon 5, Germancon-North 5, Nubaltwood 6 und 15, Necore 15.

89 Ebenso Polcon 10, Contcoal 11, Germancon-North 10; ähnlich Propcon 13, Contwood 15, Saltcon 5 und 6.

90 Vgl. auch Baltcon 6. Dort zählt die Wartezeit allerdings nur zur Hälfte als Liegezeit.

Deutholzneu 7: „Sollte das Schiff wegen Überfüllung des Löschhafens oder weil keine Leichter, Eisenbahnwagen oder andere Transportmittel oder Kräne erhältlich sind, oder aus anderen, nicht von der Reederei zu vertretenden Ursachen gezwungen sein, im Löschhafen oder auf der Reede oder anderswo zu warten, so hat der Ladungsempfänger für die dadurch verlorene Zeit Liegegeld zu zahlen, ungeachtet etwaiger entgegenstehender Gesetze oder Ortsgebräuche; in diesen Fällen ist eine Berufung auf höhere Gewalt ausgeschlossen."

Eine ähnliche Bestimmung (allerdings neben der allgemeinen Klausel in Deutholz 7) enthält Deutholz 9, jedoch mit einer Staffelung des Liegegeldsatzes.

Eintritt des ersten Hochwassers nach der Ankunft des Schiffes in oder vor dem Hafen beginnt[91].

Der Zweck dieser Bestimmungen deckt sich weitgehend mit dem der in Ziff. 2 behandelten allgemeinen Klauseln: Im wesentlichen wird dem Befrachter das Risiko für eine Überfüllung des Hafens und die damit verbundene Verzögerung aufgebürdet[92]. Bei einer solchen Überfüllung ist das Schiff also, sofern die übrigen Voraussetzungen der Bereitschaft vorliegen, als ladebereit anzusehen, sobald es vor dem Hafen angekommen ist und Hochwasser einsetzt. Dabei macht es keinen Unterschied, ob als Beginn der Ladezeit das erste Hochwasser nach Ankunft oder nach Ankunft auf der Reede vereinbart ist[93].

6. Eine allgemeine Klausel enthält auch Gencon 5[94]:

"Time lost in waiting for berth to count as loading time."

Auch diese Bestimmung überträgt das Risiko für einen Zeitverlust, der durch Überfüllung des Hafens verursacht ist, auf den Befrachter. Die Klausel findet ebenso wie die vorhergehenden in gleicher Weise Anwendung, wenn das Schiff innerhalb oder außerhalb des Hafens warten muß. — Bei strenger Auslegung des Wortlauts ergibt sich aber folgende Besonderheit: Die Klausel besagt nicht, daß das Schiff mit dem Erreichen des Warteplatzes die Voraussetzungen der Ladebereitschaft erfüllt oder mit diesem Zeitpunkt die Liegezeit beginnt. Sie bestimmt lediglich, daß der Zeitraum, während dessen das Schiff (wegen Überfüllung) auf einen Ladeplatz warten muß, als Liegezeit gerechnet wird. Sobald das Schiff also Nachricht erhält, daß ein Ladeplatz frei geworden ist, zählt die Liegezeit nicht mehr; sie beginnt erst wieder, wenn das Schiff die in der Charter für den Beginn der Liegezeit vorgeschriebenen Voraussetzungen erfüllt.

Eine Besonderheit — im Hinblick auf die Zeitzählung — enthält Hydrocharter 13:

"Time lost in waiting for berth at port of loading and half of the time lost in waiting for berth at port of discharge shall count as laydays."

7. Britcont 3: "In the event of a berth to which the Vessel can forthwith proceed on arrival in the port not being available or of an insufficiency of water to enable the Vessel to berth on arrival, the Vessel shall be deemed to be in berth from first high water after arrival off the berth and time shall begin as above. It is agreed, however, that should the Vessel be ordered to a place where she can only berth at Spring tides,

---

[91] Vgl. z. B. die in Hans. OLG HGZ 1913, Nr. 8 abgedruckte Klausel.

[92] Hans. OLG HGZ 1913, Nr. 8 (S. 17); Schaps, § 594, A. 5 für das Löschen.

[93] Hans. OLG a. a. O.

[94] Entsprechend Gencon 6 und Spanfrucon 9 für das Löschen; ähnlich Scancon 8.

Deutgencon 5 und 6: „Zeitverlust durch Warten auf einen Lade(Lösch)platz zählt als Lade(Lösch)zeit."

the time lost before actually getting into berth owing to lack of water shall not count as lay time, if the Charterers shall have notified the Shipowners in writing before the date of this charter party that the Vessel could only berth at Spring tides.

But if prevented from entering port, harbour or docks, or from arriving at or off the loading or discharging place, by reason of congestion of shipping or shore traffic, not due to strikes, lock-outs, civil commotions, frosts, floods, storms, bad weather, or accidents, the Vessel shall be regarded as if ready in berth from first high water on or after arrival at or off the port, or so near thereunto as she may be permitted to approach, and time shall begin as above, but the actual time occupied in moving from the place of stoppage to the actual place of loading or discharge shall not count as lay time."[95]

Der erste Absatz behandelt den Fall, daß das Schiff nach seiner Ankunft im Hafen wegen Platzmangels oder Niedrigwassers keinen Liegeplatz einnehmen kann: Hier gilt das Schiff mit dem Eintritt des ersten Hochwassers als ladebereit. Der Zeitverlust durch Niedrigwasser zählt jedoch dann nicht gegen den Befrachter, wenn dieser rechtzeitig mitgeteilt hat, daß das Schiff seinen Liegeplatz nur bei Hochwasser anlaufen könne. Der zweite Absatz regelt demgegenüber den Fall, daß das Schiff wegen Überfüllung vor dem Hafen oder vor dem Liegeplatz warten muß. Dieser Teil der Klausel gleicht weitgehend den in Ziff. 3 abgedruckten Contcoal 6 und Coastcon 18.

### D. Regular turn

1. Mangels anderweiter Vereinbarung geht ein regular turn bei der Abfertigung der Schiffe im Hafen grundsätzlich zu Lasten des Verfrachters. Ein turn des Abladers bei der Anlieferung der Ladung fällt dagegen in den Bereich des Befrachters[96]. An der erstgenannten Regel ändert sich nichts, wenn die Charter ausdrücklich einen "regular turn"[97] vorsieht[98].

Zweifelhaft ist aber, ob die turn-Klausel auch das Risiko einer Verzögerung durch den turn eines Abladers auf den Verfrachter überträgt. Grundsätzlich bezieht sich der regular turn nur auf die Schiffsabfertigung im Hafen. Im Einzelfall kann sich jedoch die Bedeutung der turn-Klausel auch auf die vom Ablader bestimmte Reihenfolge erstrecken. Dies hängt entscheidend von der Usance des einzelnen Hafens ab. Entspricht es der allgemein bekannten Übung des in der Charter genannten Ladehafens, daß die Schiffe in einer vom Ablader, insb. dem Bergwerk, bestimmten Reihenfolge zu beladen sind, so muß der vereinbarte "regular turn"

---

[95] Ebenso — aber ohne den zweiten Satz des ersten Absatzes — Ferticon 3.

[96] Vgl. oben § 7 G.

[97] Z. B. Pitwoodcon 6, Orecon 2 und 6 a.

[98] S. oben § 7 G II Ziff. 4 und Anm. 120.

(auch) auf den turn des Abladers bezogen werden[99]. Fehlt es jedoch an einer solchen anerkannten Usance, bleibt es bei dem Grundsatz, daß der Befrachter für die rechtzeitige Anlieferung der Ladung einstehen muß[100]: Die Ladebereitschaft des Schiffes ist nicht dadurch ausgeschlossen, daß es auf den turn des Abladers warten muß und deshalb keinen Liegeplatz erhält.

Nach englisch-amerikanischer Auffassung erfaßt die turn-Klausel weitgehend auch besondere Usancen der Hafenbehörden, Kaiunternehmen u. a., durch die ein Verfrachter im Einzelfall erheblich benachteiligt werden kann[101].

2. Manche Chartern belasten den Verfrachter nur für einen bestimmten Zeitraum mit dem durch einen regular turn entstehenden Zeitverlust. Nach Ablauf dieser Zeit geht das Risiko auf den Befrachter über, und das Schiff gilt als ladebereit, auch wenn es im Zuge des regular turn noch nicht an der Reihe ist[102]:

> Cemenco 5: "Should the Vessel be ordered to load at a wharf at Rochester or in the River Thames and be unable to proceed alongside on arrival by reason of such wharf being occupied by another Steamer or full power motor Vessel or by reason of another Steamer or full power motor Vessel being on turn to load Charterers to be allowed additional loading hours corresponding to the time the Vessel is prevented from getting alongside owing to the foregoing causes but such additional time not to exceed 24 running hours."

3. Schließlich wird die Gefahr eines regular turn in einigen Chartern sogar voll auf den Befrachter übertragen. Durch die Vereinbarung "free of turn"[103] geht das Risiko für jeglichen Zeitverlust, der durch einen regular turn verursacht wird, auf den Befrachter über[104]. Dabei ist gleichgültig, ob es sich um einen port turn oder den turn eines Abladers handelt.

---

99 Ähnlich Tiberg, S. 253.

100 Carver, S. 860 f. und die dort zitierten Fälle Lawson v. Burness und Ardan S. S. Co. v. Weir.

101 S. Tiberg, S. 251 ff.

102 Africanphos 6: ".. loaded in turn not exceeding 48 running hours, Sundays and legal or local holidays included .." Eine entsprechende Beschränkung des Löschturns (auf 36 Stunden) enthält Africanphos 18.

Deuterzneu 1 (Laden): „.. in üblicher und regelmäßiger Reihenfolge, die jedoch 80 laufende Stunden, Sonn- und gesetzliche Feiertage ausgeschlossen, nicht überschreiten darf .."

103 Z. B. Meditore 2, Necore 2; außerdem Iron Ore (7) 2.

104 Schaps, § 567, A. 6; Capelle, S. 188.

## E. Schlechtwetterklauseln

1. Wird die Übernahme der Ladung durch ungünstige Wetterverhältnisse verhindert, so geht diese Verzögerung nach dem Sphärengrundsatz zu Lasten des Verfrachters. Umgekehrt fällt es in den Bereich des Befrachters, wenn schlechtes Wetter die Anlieferung der Ladung verzögert. Gemäß §§ 573 Abs. 2 Ziff. 1 und 574 gilt eine Ausnahme, wenn durch Wind und Wetter oder andere Zufälle die Lieferung jeder Art von Ladung an das Schiff verhindert ist.

Die Mehrzahl der Chartern trifft für die Störungen durch schlechtes Wetter eine Sonderregelung und belastet regelmäßig den Verfrachter mit dem vollen Risiko.

2. Besonders häufig finden sich die Klauseln
"weather working day"[105] und
"weather permitting"[106].

Als Liegezeit gilt hier nur die Zeit, während der das Laden oder Löschen nicht durch ungünstiges Wetter verhindert wird[107]. Im Gegensatz zu § 573 Abs. 2 Ziff. 1 kommt es nicht darauf an, ob das Wetter die Lieferung jeglicher Ladung unmöglich macht; es genügt vielmehr, wenn die Verhinderung lediglich die bedungenen Güter trifft[108]. Kann der Befrachter die Ladung wegen des schlechten Wetters nicht anliefern, zählt die Liegezeit nicht; bei nässeempfindlichen Ladungen genügt bereits leichter Regen zur Verhinderung.

Wenn keine besonderen Eisklauseln vereinbart sind, muß auch eine Behinderung durch Eis unter den Geltungsbereich der genannten Klauseln fallen. Die Ladezeit läuft also nicht, solange die Anlieferung der Ladung durch starkes Eis oder Eisgang verhindert wird[109].

Die zitierten Klauseln schließen nur die Zeit der tatsächlichen und notwendigen Verhinderung aus. Liefert der Befrachter an, obwohl er sich auf schlechtes Wetter berufen und die Arbeit einstellen könnte, so zählt die Ladezeit. Ebenso rechnet die Liegezeit, wenn eine Anlieferung trotz

---

[105] Baltwood 17 und 28, Russwood 6 und 19, Orecon 5 und 8, Austwheat 19, Spanfrucon 6.

Die deutsche Fassung in Deutküst 7 (Kalicharter 14) lautet „wetterdienende (wetterdienliche) Arbeitstage".

[106] Welsh Coal 7, Medcon 10, Propcon 5 und 13, Contwood 6 und 15, Baltpulp 3 und 7, Meditore 11, Necore 11, Ferticon 3, Scancon 9, Saltcon 5, Phoscon 7, Hydrocharter 13, Aracon 6.

Papierholzcharter 6: „. . sofern das Wetter es erlaubt . ."

[107] Schaps, § 573, A. 8, Note 2; Capelle, S. 225; Schlegelberger, § 573, A. 6; Carver, S. 838 f.

[108] Trappe Hansa 1957, 2140.

[109] Capelle, S. 225, Note 111; Tiberg, S. 374; Carver, S. 838; Scrutton, S. 358, Note (s).

des ungünstigen Wetters möglich gewesen wäre oder wenn die Verhinderung des Befrachters tatsächlich auf andere, von ihm selbst zu vertretende Ursachen zurückgeht[110].

Zusammenfassend besagt die Klausel "weather working day", daß die in dem jeweiligen Lade- oder Löschhafen übliche Arbeitszeit als Liegezeit zählt und hiervon die Zeitspannen ausgenommen werden, während der die Anlieferung oder Übernahme der Ladung tatsächlich durch widrige Wetterverhältnisse verhindert wird[111].

3. In einzelnen Chartern wird die Klausel "weather working day" noch ergänzt:

> Austwheat 9: "Any time lost on a working day owing to weather conditions shall not count provided work is actually stopped or prevented thereby."[112]

Dieser Text besagt nichts anderes als die vorhergehenden kürzeren Klauseln. Nach englischem Recht besteht allerdings ein gewisser Unterschied: Bei der Klausel "weather working day" kommt es nicht darauf an, ob die Arbeit wirklich infolge schlechten Wetters unterbrochen worden ist[113]. Austwheat 9 verlangt jedoch ebenso eine tatsächliche Verhinderung durch Witterungsverhältnisse wie die folgende Klausel:

> Spanfrucon 6: "If loading be delayed or prevented by swell and/or surf, time lost thereby to count half."

4. Britcont 3 (b): "Any time lost during usual working hours at the port owing to bad weather shall not be counted."[114]

Diese Klausel steht an Stelle des "weather working day" und besagt dasselbe[115].

---

[110] Schlegelberger, § 573, A. 6; Trappe Hansa 1957, 2140. Vgl. den Fall in Hansa 1955, 2222: Befrachter kann sich nicht auf "weather permitting" berufen, wenn in Wirklichkeit wegen fehlender Importlizenz nicht mit dem Löschen begonnen werden kann.

Anders für das englische Recht: Queen's Bench Division Hansa 1957, 1882: Mit der Bestimmung "weather working day" sollen die Tage erfaßt werden, an denen üblicherweise eine Unterbrechung der Löscharbeiten erwartet werden muß; entscheidend ist nur die Wetterlage, nicht aber, ob der Empfänger die Arbeiten unterbrochen hat oder nicht. Ebenso Scrutton, S. 364. S. aber auch Tiberg, S. 373, Note 6 und S. 355, Note 8.

[111] Schlegelberger a. a. O. — Vgl. Carver, S. 838 f.; Court of Appeal Hansa 1955, 549.

Zu der Berechnung von "weather working day" in der Nubaltwood-Charter vgl. Hansa 1951, 1158 (Bemerkung 5).

[112] Vgl. auch Austral 9.

[113] Vgl. Anm. 110.

[114] Ebenso Herrings 9 (b).

[115] Deuterzneu 7: „.. Tage, an denen wegen der Witterungsverhältnisse nicht geladen oder gelöscht werden kann, ausgeschlossen."

Russcon 6: "Should any time be lost whilst Steamer is in a loading berth owing to work being impossible through rain, snow or storm, the amount of actual time so lost during which it is impossible to work, owing to rain, snow or storm, to be added to the loading time, but in no case shall the allowance, for any or all of the foregoing circumstances exceed, in the aggregate, time amounting to three days in Summer and four days in Winter."

Auch in den Generalklauseln werden vielfach Schlechtwetterstörungen aus dem Haftungsbereich des Befrachters ausgenommen:

Coastcon 8: "Any time lost through .. frosts, floods, storms, bad weather .. which prevent or delay the working, leading or loading of the said Cargo, not to count ..."[116]

Pitwoodcon 6: ".. not count .. any time during which the loading may be prevented by floods, rain, frost, snow or tempest (when men will not work for the aforesaid reasons) .."[117].

## F. Eisklauseln

1. Ein besonders gewichtiges Hindernis für das Laden und Löschen und für die Schiffahrt überhaupt stellt das Eis dar. Meist wird durch das Eis das Schiff und damit der Verfrachter behindert. Die hierdurch entstehenden Zeitverluste gehen grundsätzlich allein zu seinen Lasten.

Im Einzelfall kann aber auch der Befrachter durch Eis an der Erfüllung seiner Verpflichtungen verhindert werden, wenn z. B. der Wasserweg zum Abladehafen zufriert oder schweres Packeis die Leichter blockiert, mit denen die Ladung angeliefert werden soll[118]. In manchen Generalklauseln wird auch dieses Risiko aus der Haftung des Befrachters ausgenommen; teilweise wird das Eis sogar ausdrücklich als Störungstatbestand aufgeführt[119].

2. Zahlreiche Chartern enthalten besondere, zum Teil recht ausführliche Spezial-Eisklauseln. Dies gilt vor allem für diejenigen Formulare, die für Reisen von und nach nicht eisfreien Häfen bestimmt sind, so z. B. die Holzchartern ab Skandinavien und Rußland.

Gegenstand dieser Eisklauseln sind im wesentlichen die mögliche Behinderung des Schiffes bei seiner Fahrt zum Bestimmungshafen, also vor der Herstellung der Lade- oder Löschbereitschaft, und die Gefahr, infolge eines Kälteeinbruchs nach der Einnahme des Liegeplatzes einzufrieren. Kann das Schiff infolge des Eises oder der Eisgefahr den Bestimmungshafen nicht erreichen oder nicht auf seinem Liegeplatz bleiben, so kann der Verfrachter seine Pflichten aus dem Frachtvertrag nicht erfüllen und

---

[116] Vgl. auch die Generalklauseln in anderen Kohlenchartern: Welsh Coal 3, Welcon 3 und 4, Baltcon 9, Polcon 6, Contcoal 7.

[117] Vgl. auch Orecon 10, Panstone 8, Cemenco 6.

[118] S. auch den Fall in Hans. OLG HGZ 1915, Nr. 66 (S. 131 f.).

[119] Vgl. z. B. die unten J Ziff. 1 abgedruckte Klausel Aracon 6.

insbesondere keine Lade- oder Löschbereitschaft herstellen bzw. aufrechterhalten. Die Eisklauseln schreiben deshalb zugunsten des Verfrachters unter bestimmten Voraussetzungen eine Aufhebung des Vertrages vor oder geben dem Schiffer das Recht, statt des vereinbarten einen anderen Hafen anzulaufen und dort die Lade- oder Löschbereitschaft des Schiffes dem Befrachter bzw. Empfänger anzuzeigen.

3. Die General Ice Clause für den Ladehafen[120] sieht im Absatz a) eine Aufhebung des Vertrages vor, wenn das Schiff infolge von Eis den Hafen nicht erreichen kann oder nach der Ankunft im Hafen die Gefahr besteht, daß das Schiff einfriert; die Vertragsaufhebung wirkt mit dem Eintritt der in der Klausel genannten Voraussetzungen und erfordert keine Rücktrittserklärung des Verfrachters oder Befrachters; der Schiffer muß jedoch den Befrachter von der ihm möglicherweise unbekannten Aufhebung unterrichten. Absatz b) trifft eine Sonderregelung für den Fall, daß nach Beginn der Beladung Frostwetter einsetzt und das Schiff mit einer Teilladung den Hafen verlassen muß. Absatz c) behandelt den Fall, daß der Frachtvertrag mehrere Ladehäfen vorsieht, von denen einer oder mehrere durch Eis gesperrt sind. Nach Absatz d) hat die Klausel im Frühling keine Geltung.

---

[120] Die General Ice Clause ist Bestandteil der Gencon- und der Baltpulp-Charter. Die deutsche Fassung in Deutgencon und Deutküst lautet:

„(a) Der Frachtvertrag soll aufgehoben sein, wenn der Ladehafen, sei es zu der Zeit, wo das Schiff von seinem letzten Hafen abgangsfertig oder schon unterwegs ist, oder wenn es dort ankommt, Eises wegen nicht erreichbar ist, desgleichen, wenn nach Ankunft des Schiffes vor Beginn der Beladung Frostwetter einsetzt und der Kapitän befürchtet, einzufrieren.

(b) Nach Beginn der Beladung hat der Kapitän das Recht, den Ladehafen mit der an Bord befindlichen Teilladung jederzeit zu verlassen, sofern er befürchtet, mit dem Schiff einzufrieren. In diesem Fall hat der Kapitän das Recht, in anderen Häfen zugunsten der Reederei nach dem Löschhafen oder einem oder mehreren anderen Häfen beizuladen.

Die für Rechnung der Befrachter unter diesem Vertrage an Bord befindliche Ladung ist gegen Zahlung der darauf entfallenden Fracht nach dem Bestimmungshafen zu befördern, sofern den Empfängern der Ladung dadurch keine Extrakosten entstehen. Die Fracht wird auf die ausgelieferte Menge bzw. bei einer Lumpsum-Fracht im Verhältnis gezahlt. Alle anderen Bedingungen dieses Vertrages bleiben in Kraft.

(c) Wenn unter diesem Vertrage mehr als ein Ladehafen vorgesehen ist und einer oder mehrere dieser Häfen durch Eis gesperrt sind, hat der Kapitän oder die Reederei das Recht, entweder die Teilladung in dem offenen Hafen einzunehmen und in einem oder mehreren anderen Häfen für Rechnung der Reederei wie unter b) andere Ladung beizuladen, oder diesen Vertrag aufzuheben, es sei denn, daß die Befrachter sich bereit erklären, das Schiff in dem offenen Hafen voll zu beladen.

(d) Diese Eisklausel hat im Frühling keine Geltung.“

Diese allgemeine Eisklausel deckt sich voll oder zumindest weitgehend mit der Mehrzahl der anderen Eisklauseln für den Ladehafen[121].

Die Klausel kommt zur Anwendung, wenn die Fahrt zum Bestimmungshafen endgültig durch Eis blockiert wird; eine nur vorübergehende Eisbildung genügt nicht. Gleichgültig ist, auf welchem Teil der Reise das Eishindernis auftritt; das Schiff braucht keineswegs in die Nähe des Hafens gekommen zu sein. — Zur Beurteilung der Eisverhältnisse darf sich der Schiffer nicht ohne weiteres auf die offiziellen Eisberichte verlassen. Sofern Zweifel bestehen, muß das Schiff bis an den Rand des Eises herangehen[122]. — Im Grundsatz muß das Schiff notfalls die Hilfe

---

[121] Die Absätze a—c in den Klauseln Orecon 22 und Saltcon 19 stimmen mit den gleichlautenden Absätzen der General Ice Clause überein; der letzte Absatz (d) der Allgemeinen Eisklausel fehlt allerdings.

Die wahlweise Eisklausel für den Ladehafen in der Polcon-Charter enthält im wesentlichen dieselbe Regelung wie die Absätze a) und b) der General Ice Clause (Ladehafen). Ähnliches gilt für die wahlweise Eisklausel in Contcoal 28: Die Absätze a—c entsprechen weitgehend den Absätzen a) und b) der Allgemeinen Eisklausel. Contcoal 28 bestimmt allerdings weiter: "The Vessel shall not be obliged to follow icebreakers or to force ice."

Weitgehende Ähnlichkeit mit der General Ice Clause haben die Eisklauseln für den Ladehafen in Russwood 8, Baltwood 8, Contwood 8 und Propcon 7: Die Absätze a, b und d in den genannten Klauseln der Holzchartern enthalten im wesentlichen dieselbe Regelung wie die Absätze a) und b) der General Ice Clause (Ladehafen); die Absätze c sehen jeweils eine Sonderregelung für den Fall mehrerer Ladehäfen vor; die Klauseln haben übereinstimmend im Frühling keine Geltung. Eine Spezialvorschrift enthalten die Holzchartern lediglich in den jeweiligen Absätzen f; s. hierzu im Text unten Ziff. 5.

Vgl. zu den Holzchartern weiter Scanfin 7 und die kurz gefaßte Eisklausel in Newbelwood 6.

Deutholzneu 22 stimmt mit der Allgemeinen Eisklausel (Ladehafen) weitgehend überein; eine Sonderbestimmung enthält jedoch Absatz d: „Das Schiff ist nicht verpflichtet, Eis zu zwingen." Eine kürzere Fassung der Eisklausel enthält Deutholz 22: „Falls der Ladehafen voraussichtlich bei Ankunft des Dampfers durch Eis gesperrt sein sollte, wenn der Dampfer vom letzten Hafen dahin abzudampfen bereit oder bereits unterwegs ist, so steht der Reederei oder dem Kapitän das Recht zu, diesen Frachtvertrag aufzuheben; ebenso gilt der Frachtvertrag als erloschen, wenn der Ladehafen bei Ankunft geschlossen ist. Sollte nach Ankunft vor oder während der Beladung die Gefahr eintreten einzufrieren, dann ist der Kapitän berechtigt, in Ballast bezw. mit Teilladung zu flüchten. Der Dampfer kann jedoch, wenn teilweise beladen, anderswo Ladung zu Reeders Nutzen einnehmen und löschen. (Diese Eisklausel gilt nicht im Frühjahr.)"

Papierholzcharter 9 und Deuterzneu 19 stimmen hiermit im wesentlichen überein.

[122] Rordam Hansa 1957, 2442.

eines Eisbrechers in Anspruch nehmen[123]. Eine Ausnahme gilt nur, wenn das Schiff (und die Ladung) trotz Unterstützung eines Eisbrechers durch das starke Eis gefährdet würde[124].

Manche Eisklauseln enthalten allerdings die Bestimmung, daß das Schiff kein Eis zu forcieren und/oder keinem Eisbrecher zu folgen brauche[125].

Einzelne Eisklauseln sehen im Ladehafen nicht ohne weiteres eine Aufhebung des Vertrages vor:

> Scancon 15: "In the event of the loading port being inaccessible by reason of ice on the vessel's arrival or in case frost sets in after the vessel's arrival, endangering the vessel of being ice-bound, the Charterers shall have the option of immediately ordering the vessel to an adjacent accessible port, where she can safely load the cargo under this Charter. If such option is not exercised either party may cancel this Charter ... Should this Charter not be cancelled by either party, the Charterers shall keep the vessel against paying compensation at the demurrage rate until the port of loading is again accessible."[126]

Der Befrachter hat hier das Recht, das Schiff in einen nahe gelegenen sicheren Hafen zu beordern; maßgebend für den Beginn der Liegezeit ist die Ladebereitschaft in diesem Ersatzhafen. Benennt der Befrachter keinen Ersatzhafen und hebt auch keine der Parteien den Frachtvertrag auf, so muß das Schiff vor dem Bestimmungshafen warten, bis die Eisbehinderung wegfällt. Die Liegezeit beginnt zwar erst nach der Einnahme des Liegeplatzes im Hafen und ordnungsgemäßer Herstellung der Ladebereitschaft; der Befrachter muß aber für die volle Wartezeit — vom Beginn bis zum Wegfall der Eisbehinderung — Liegegeld bezahlen; diese Wartezeit läßt sich als eine vorweggenommene Überliegezeit bezeichnen.

Auch die sog. Leningrader Eisklausel[127] geht von der Aufrechterhaltung des Vertrages aus. Der Befrachter muß innerhalb bestimmter Frist auf seine Kosten Eisbrecherhilfe zur Verfügung stellen, damit das Schiff

---

[123] Rordam Hansa 1957, 2442: „Wenn durch die staatlichen Eisbrecher bestimmte Fahrrinnen und Häfen offen gehalten werden, muß dies als wesentlicher Gesichtspunkt für die Verpflichtung angesehen werden, diese Rinnen zu benutzen und diese Häfen anzulaufen."

[124] Vgl. Rordam, S. 101 ff., unter Hinweis auf die strengen Anforderungen, welche die skandinavische Rechtsprechung an diese Ausnahme stellt.

[125] Vgl. hierzu aber Rordam Hansa 1957, 2442 und die dort in Anm. 11 zitierten dänischen Entscheidungen.

[126] Dieselbe Regelung wie der oben abgedruckte Teil des 1. Absatzes von Scancon 15 enthält auch der 1. Absatz von Hydrocharter 19.

[127] Der englische Text der Klausel ist abgedruckt in Hans. OLG HRGZ 1934, Nr. 50 (Sp. 144). Die deutsche Übersetzung — zitiert nach Hans. OLG HRGZ 1933, Nr. 19 (Sp. 46) und Capelle, S. 175 — lautet: „Die Charterer haben den Dampfer mit Eisbrecherhilfe zu versehen, sobald sie vom Kapitän angefordert wird, um den Dampfer zu befähigen, in den oder aus dem Ladehafen

in den Ladehafen einlaufen oder ihn wieder verlassen kann. Eine nach Fristablauf anfallende Wartezeit auf Eisbrecherhilfe geht zu Lasten des Befrachters.

Der Charterer übernimmt mit dieser Klausel nicht nur die Haftung für rechtzeitige Eisbrecherhilfe; er trägt vielmehr allgemein das Risiko, daß das Schiff während der Fahrt durch das Eis keine ungewöhnlichen Zeitverluste erleidet: Ungünstige Eisverhältnisse gehen ebenso zu Lasten des Befrachters wie mangelhafte oder unterbrochene Eisbrecherhilfe[128]. Zeitverluste, die über die zugebilligte Wartefrist von 48 Stunden hinaus beim Einlaufen in den Hafen auftreten, zählen in der Weise als Liegezeit, daß das Schiff von dem Zeitpunkt an als ladebereit gilt, in dem es unter normalen Verhältnissen das Eis hätte durchfahren und den Liegeplatz erreichen können[129]. Beim Auslaufen aus dem Hafen fällt eine Verzögerung dagegen nur dann unter "demurrage", wenn dies ausdrücklich vereinbart ist. Im anderen Fall steht dem Verfrachter ein allgemeiner Schadensersatzanspruch zu ("damages for detention")[130], bei dem allerdings die vereinbarte Liegegeldrate als untere Begrenzung zugrunde gelegt werden kann.

4. Bei einer Eisbehinderung des Löschhafens stellt die Aufhebung des Vertrages keine praktische Lösung dar. Die Eisklauseln bestimmen hier, unter welchen Voraussetzungen und Bedingungen der Verfrachter die Ladung in einem Ersatzhafen löschen kann.

Die General Ice Clause für den Löschhafen[131] gibt dem Empfänger

---

ein- oder auszufahren. Die Kosten gehen zu Lasten der Charterer. Der Kapitän oder die Agenten des Dampfers müssen dem Hafenkapitän rechtzeitig von der Bereitschaft des Dampfers zur Ein- oder Ausfahrt in den oder aus dem Ladehafen Kenntnis geben. Die Eisbrecherhilfe muß binnen 48 Stunden nach Ankunft des Dampfers am Eisrand oder nach Bereitschaft zum Verlassen des Ladehafens gewährt werden. Die über 48 Stunden hinausgehende Zeit des Wartens auf Eisbrecherhilfe, nachdem der Dampfer zur Weiterfahrt bereit war, geht zu Lasten der Charterer."

[128] Hans. OLG HRGZ 1933, Nr. 19 (Sp. 48 ff.) und Nr. 78 (Sp. 185) sowie 1934, Nr. 50 (Sp. 144); Capelle, S. 177 f. — Vgl. auch Hans. OLG HRGZ 1934, Nr. 140 (Sp. 473 ff.).

[129] Vgl. Hans. OLG HRGZ 1933, Nr. 19 (Sp. 48) und 1934, Nr. 50 (Sp. 145).

[130] Hans. OLG HRGZ 1934, Nr. 50 (Sp. 145 f.); Capelle, S. 178. Zur Verzögerung der Eisbrecherhilfe beim Ladehafen (unter Anwendung der Eisklausel Zernocon 17) vgl. Hans. OLG HRGZ 1934, Nr. 94 (Sp. 305 ff.).

[131] Die General Ice Clause ist Bestandteil der Gencon- und der Baltpulp-Charter. Die deutsche Fassung in Deutgencon und Deutküst lautet:

„(a) Sollte das Schiff (außer im Frühling) den Bestimmungshafen Eises halber nicht erreichen können, haben die Empfänger der Ladung das Recht, das Schiff bis zur Wiedereröffnung der Schiffahrt gegen Zahlung von Liegegeld warten zu lassen oder es nach einem sicheren und sofort erreichbaren Hafen zu

ein befristetes Wahlrecht, das Schiff gegen Zahlung des vereinbarten Liegegeldes vor dem Bestimmungshafen warten zu lassen oder das Schiff in einen sicher erreichbaren anderen Hafen zu beordern; nach Ablauf einer 48stündigen Frist[132] geht das Wahlrecht auf den Verfrachter über[133]. — Für die Löschung im Ersatzhafen behalten die Bestimmungen des Frachtvertrages volle Geltung.

Der Beginn der Liegezeit im Ersatzhafen bestimmt sich also nach den Vorschriften des Frachtvertrages, wie wenn dieser Hafen von vornherein als Löschhafen vereinbart worden wäre. Soweit es jedoch auf die Umstände, Usancen und Bedingungen des Hafens ankommt, sind diejenigen des Ersatzhafens und nicht die des ursprünglichen Bestimmungshafens maßgebend[134].

Im Frühling findet die General Ice Clause keine Anwendung. Während dieser Jahreszeit geht also das Eisrisiko und damit eine etwaige Wartezeit vor dem Bestimmungshafen voll zu Lasten des Verfrachters.

---

beordern, wo die Entlöschung sicher und ohne Gefahr der Verzögerung durch Eis ausgeführt werden kann. Diese Order ist spätestens innerhalb 48 Stunden zu geben, nachdem der Kapitän oder die Reederei den Befrachtern die Unmöglichkeit der Erreichung des Bestimmungshafens angezeigt hat.

(b) Der Kapitän hat das Recht, den Löschhafen mit der noch an Bord befindlichen Ladung zu verlassen und nach dem nächsten erreichbaren Hafen zu fahren, wo die Ladung sicher gelöscht werden kann, sofern er fürchtet, daß das Schiff in dem ursprünglichen Löschhafen einfrieren würde.

(c) Bei Auslieferung der Ladung in einem solchen Ersatzhafen sollen alle Bedingungen dieses Frachtvertrages und des Konnossementes Anwendung finden, und das Schiff hat die gleiche Fracht zu erhalten, als wenn es die Ladung in dem ursprünglichen Bestimmungshafen gelöscht hätte. Wenn die Entfernung des Ersatzhafens von dem ursprünglichen Löschhafen indessen 100 sml. übersteigt, ist die Fracht für die in dem Ersatzhafen ausgelieferte Ladung im Verhältnis zu erhöhen."

[132] Der Verfrachter muß diese 48stündige Dispositionsfrist zugunsten des Befrachters in jedem Fall abwarten; dänisches Oberstes Gericht Hansa 1960, 296.

[133] Unrichtig Hans. OLG HRGZ 1928, Nr. 254 (Sp. 613) unter Anwendung der Ziff. a) der Allgemeinen Eisklausel (s. oben Anm. 131): Danach bleibt es bei der allgemeinen Regel, daß Verzögerungen der Reise durch Eis vom Verfrachter zu tragen sind, wenn der Empfänger dem Schiff keine Anweisung erteilt, die Wiedereröffnung der Schiffahrt abzuwarten und auch keinen eisfreien Ersatzhafen bestimmt. — Dagegen LG Hamburg Hansa 1930, 1186 f.: Sinn der Eisklausel ist es, das Eisrisiko vom Verfrachter abzuwälzen; macht der Befrachter von seinem Wahlrecht keinen Gebrauch, so gebührt dem Verfrachter Liegegeld. — Vgl. auch den in Hansa 1950, 843 geschilderten Fall, in dem dieselbe Eisklausel anzuwenden war.

[134] Capelle, S. 309; Rordam, S. 108 f. Zu der Frage, ob die allgemein im Ersatzhafen oder die zur fraglichen Zeit dort herrschenden Bedingungen zugrunde zu legen sind, vgl. den Fall in Hansa 1957, 1817 f.

Die allgemeine Eisklausel deckt sich weitgehend mit den meisten anderen Eisklauseln für den Löschhafen[135].

Einige Kohlenchartern enthalten wahlweise (optional) Eisklauseln für den Löschhafen, die erheblich kürzer als die allgemeine Eisklausel gefaßt sind:

> Baltcon: "In case of ice (except in Spring) preventing the Vessel from entering Port of Discharge the Vessel to have liberty to proceed to a near accessible port (in the same country if possible) as ordered by the Receiver and there deliver the Cargo in terms of this Charter-Party but at the customary rate of discharge and conditions of the substituted port."[136]

Diese Klausel weicht von den im vorhergehenden aufgeführten Eisklauseln ab, indem sie statt von "reaching" oder "reaching or entering" nur von "entering" spricht. Im ersten und Regelfall kommt die Klausel zur Anwendung, sobald das Schiff endgültig durch Eis gestoppt wird[137]; dabei ist gleichgültig, auf welchem Teil der Reise das Hindernis auftritt[138].

---

[135] Die Absätze d—f in Saltcon 19 stimmen mit der General Ice Clause (Löschhafen) überein; Saltcon 19 gilt jedoch auch im Frühling.

In Orecon 22 lauten die Absätze d und f ebenso wie die Absätze a) und c) der Allgemeinen Eisklausel. Der Absatz e in Orecon 22 enthält gegenüber dem Absatz b) der Allgemeinen Eisklausel nur insofern eine Abweichung, als das Wahlrecht des Ersatzhafens zuerst dem Charterer zusteht, der es jedoch innerhalb von 12 Geschäftsstunden nach Eingang der Anzeige des Schiffers ausüben muß. Orecon 22 findet ebenfalls auch im Frühling Anwendung. Orecon 22 enthält schließlich die oben in Anm. 121 (zu Contcoal 28) abgedruckte Eisbrecherklausel.

Auch die zweiten Absätze in Scancon 15 und Hydrocharter 19 stimmen mit der Regelung in den Absätzen a) und c) der General Ice Clause (Löschhafen) überein; es fehlt jedoch der letzte Satz des Absatzes über die Erhöhung der Fracht. Im übrigen gelten diese Klauseln ebenfalls auch im Frühling.

Deutholzneu 22 (Löschhafen) stimmt weitgehend mit der allgemeinen Eisklausel überein, enthält jedoch denselben oben in Anm. 121 (für den Ladehafen) abgedruckten Absatz d.

Vgl. weiter die kurze Eisklausel (Löschhafen) in Africanphos 25. Der Empfänger muß dort innerhalb einer Frist von 24 Stunden einen eisfreien Ersatzhafen benennen: "Failing such instructions, time is to count."

[136] Fast denselben Wortlaut enthalten auch die wahlweisen Eisklauseln in Polcon und in Contcoal 28 (d). Beide weisen jedoch die Einschränkung von Baltcon ("from entering Port of Discharge") nicht auf, sondern führen den üblichen weitergehenden Text ("from reaching or entering"). Im übrigen enthält Contcoal 28 die schon oben in Anm. 121 aufgeführte Eisbrecherklausel.

[137] Rordam Hansa 1957, 2441: „Beginnende Eisbehinderung oder Auftreten von Eis, das wahrscheinlich nur vorübergehender Art ist, reichen gewöhnlich nicht aus, das Verlangen des Reeders nach einem Ausweichhafen zu rechtfertigen."

[138] LG Hamburg Hansa 1930, 1187; Capelle, S. 309, Note 135; Rordam, S. 105 u. H. a. skandinavische Entscheidungen.

Die Baltcon-Eisklausel setzt dagegen voraus, daß das Schiff den Hafen oder zumindest seine unmittelbare Nähe bereits erreicht hat[139]. Das Schiff muß im übrigen, wenn keine absolut zuverlässigen Berichte über die derzeitige Eislage vorliegen, bis an den Rand des Eises herangehen, um die Möglichkeit einer Weiterfahrt zu überprüfen[140]. — Das Bestimmungsrecht des Ersatzhafens liegt beim Empfänger, der es aber innerhalb angemessener Frist ausüben muß. Bei der Wahl des Ersatzhafens kommt es auf die Nähe zum vereinbarten Bestimmungshafen, nicht auf die Nähe zum Ort der Fahrtunterbrechung an[141].

5. Eine besondere Klausel enthält Baltwood 8 (f)[142]:

> "In the Spring the Charterers' liability to load shall not commence until the navigation of lighters between the Shipper's wharf and/or quay and the Vessel is entirely unimpeded by ice."

Im Gegensatz zu den sonstigen Eisklauseln begünstigt diese Bestimmung ausschließlich den Befrachter: Das Risiko eines Zeitverlustes, weil der Befrachter durch Eisbehinderung die Ladung nicht an das Schiff heranbringen kann, geht (im Frühling) zu Lasten des Verfrachters.

## G. Streik und Aussperrung

### *I. Allgemeines*

1. Wenn die Charter für den Fall des Streiks keine Sonderregelung trifft, gelten die oben in § 7 K dargelegten Grundsätze. Ist also der Streik von keiner der Vertragsparteien verursacht worden, geht er zu Lasten der Partei, die durch ihn an der Erfüllung der ihr obliegenden Aufgaben gehindert wird.

Sieht die Charter eine vom Gesetz abweichende Regelung der beiderseitigen Tätigkeitsbereiche vor[143], so wirkt sich dies vor allem beim Streik zum Nachteil der mehrbelasteten Partei aus: Sie muß auch für einen

---

[139] Capelle, S. 309; Rordam, S. 103. — Skandinavische Entscheidungen in Hansa 1930, 612 f. und 1931, 1097 f.

[140] Rordam, S. 106 u. H. a. skandinavische Entscheidungen, und in Hansa 1957, 2442.

[141] Rordam, S. 107 f. Zu dem Fall, daß der Befrachter nach Eisbehinderung des benannten Wahlhafens später einen anderen Wahlhafen (als Ausweichhafen) bestimmt, vgl. Rordam Hansa 1957, 2443.

[142] Ebenso die gleichlautenden Absätze in Baltwood 8, Contwood 8 und Propcon 7.

Newbelwood 6: "The liability for shippers and charterers to load at f. o. w. or late in the season is subject to the possibility of bringing out the cargo through ice to steamer from shippers' wharves and quays."

[143] Vgl. oben Abschnitt B.

Streik der Arbeitskräfte einstehen, die für die von ihr zusätzlich übernommenen Aufgaben zuständig sind.

Ohne Bedeutung ist nach deutschem Recht, ob eine fixe oder eine unbestimmte Ladezeit vereinbart ist[144].

Für die Aussperrung (engl. lock-out) von Arbeitern gelten die vorstehenden Grundsätze ebenso wie für den Streik.

2. Im Hinblick darauf, daß Streiks sowohl hinsichtlich ihres Beginns als auch ihrer Dauer weitgehend unvorhersehbar sind und für die belastete Partei erheblichen Schaden mit sich bringen können, enthalten die meisten Chartern Sonderbestimmungen, viele sogar Spezial-Streikklauseln.

Die strenge Haftung des Befrachters, die sowohl nach englischem Recht bei einer fixen Ladezeit als auch nach skandinavischem Recht gilt[145], ist die Ursache, daß die Streikklauseln in erster Linie dessen Risiko einschränken. Daneben stehen andere Klauseln, vor allem solche jüngeren Ursprungs, die das Streikrisiko — zumindest teilweise — wieder dem Befrachter aufbürden. Bedeutsam ist hierbei, daß die Klauseln nicht auf die nach deutschem Recht maßgebende gesetzliche oder vertragliche Abgrenzung der Aufgabenbereiche abstellen, sondern eine allgemeine Regelung für alle Arbeitskräfte oder bestimmte Gruppen, insb. die Hafen- und Transportarbeiter, treffen. Viele Klauseln nennen Streik und Aussperrung — teilweise sogar Epidemien — nebeneinander und machen insoweit keinen Unterschied. Die Klauseln gelten aber jeweils nur für die ausdrücklich benannten Tatbestände; die Aussperrung ist nicht etwa eo ipso dem Streik gleichzustellen.

### *II. Klauseln zugunsten des Befrachters*

1. Wird die Streikgefahr wechselseitig aus dem Risikobereich der Parteien herausgenommen, so führt dies hinsichtlich des Beginns der Ladezeit und des Liegegeldes zur Entlastung des Befrachters; das Risiko trägt nunmehr der Verfrachter.

> Panstone 3: "All strikes, lock-outs, and employment disputes affecting the Owners or Charterers, whether directly or indirectly, are also always excepted throughout this Charter."

Viele Generalklauseln, die teilweise den Streik und die Aussperrung als Verschiffungshindernisse mitaufführen, sprechen ausdrücklich von einer gegenseitigen Haftungsbefreiung der Parteien ("The parties hereto mutu-

---

[144] Nach englischem Recht geht das Streikrisiko bei einer fixen Ladezeit grundsätzlich zu Lasten des Befrachters; vgl. Carver, S. 832—835, und oben § 7 C Ziff. 2a.

[145] Zum skandinavischen Recht, vgl. oben § 7 C Ziff. 2b.

ally exempt each other from all liability...")[146]. Nach dem Wortlaut dieser Klauseln soll keine Partei für die Streikgefahr und die aus einem Streik erwachsenden Zeitverluste haften. Keine der Parteien kann also Schadensersatzansprüche geltend machen, und der Verfrachter kann kein Liegegeld verlangen[147]. Dies bedeutet aber, daß die Ladezeit während der Streikdauer nicht zählt und also auch nicht beginnt[148]. Im Ergebnis geht somit der Streik, soweit es sich um den Lauf der Liegezeit handelt, zu Lasten des Verfrachters; er muß das Schiff für die Dauer des Streiks ohne Anspruch auf Vergütung zur Verfügung halten.

Viele Streikklauseln schreiben neben dem gegenseitigen Haftungsausschluß ausdrücklich vor, daß die Liegezeit während der Dauer des Streiks (oder der Aussperrung) nicht zählt.

> Pixpinus 5: "If the cargo cannot be loaded and/or discharged by reason of a strike or lock-out of any class of workmen essential to the loading and/or discharge of the cargo, or by reason of epidemics, the time for loading and/or discharging shall not count during the continuance of such strike or lock-out or epidemic, and in case of any delay by reason of the before-mentioned causes, no claim for damages shall be made by the Shipper, the Consignees of the cargo, the Owners of the Ship, or by any other party under this charter. A strike or lock-out of the Shippers' and/or Receivers' men only shall not exonerate them from any demurrage for which they may be liable under this charter if by the use of reasonable diligence they could have obtained other suitable labour."[149]

Auch in zahlreichen Generalklauseln[150] wird bestimmt, daß bei Zeitverlusten durch Streik (und Aussperrung) die Liegezeit nicht zählt.

2. Die genannten Klauseln, die das Streikrisiko weitgehend vom Befrachter auf den Verfrachter abwälzen, sind eng auszulegen. Der Befrachter wird nur insoweit entlastet, wie dies in der einzelnen Vorschrift ausdrücklich bestimmt ist. Im einzelnen folgt aus der einschränkenden Auslegung dieser Ausnahmeklauseln:

---

[146] S. Baltcon 9 B, Contcoal 7, Polcon 6, Germancon-North 6; alle diese Chartern enthalten allerdings noch eine Spezial-Streikklausel. — Vgl. auch die Generalklausel Welcon 3. Vgl. weiter den 1. Absatz der Allgemeinen Streikklausel, unten Anm. 172.

[147] Nach englischem Recht ist das Liegegeld ein Schadensersatz; Carver, S. 827 ff.; Scrutton, S. 349.

[148] S. auch Capelle, S. 232; Rordam, S. 67 ff.

[149] Austwheat 17 und Austral 18 stimmen — allerdings ohne Erwähnung der Epidemien — mit Pixpinus 5 überein; beide enthalten jedoch einen Zusatz, wonach die Streik- oder Aussperrungszeit bei der Berechnung eines Eilgeldes berücksichtigt werden muß. — Ähnlich Centrocon 30. — Mit Pixpinus 5 — allerdings nur für das Laden und wieder ohne Erwähnung der Epidemien — stimmt auch Russcon 14 überein.

[150] Beispiele s. unten J Ziff. 1.

a) Die Klauseln gelten nur für einen Streik der ausdrücklich aufgeführten Arbeitskräfte. Sind nur die Arbeiter benannt, die für das Laden (Löschen) wesentlich sind[151], fällt ein Streik von Arbeitskräften, die beim An- oder Abtransport mitwirken, nicht unter die Ausnahmebestimmung[152]. Dasselbe muß gelten, wenn die Klausel allgemein von einem Streik spricht, durch den die Beladung (Entlöschung) verhindert oder verzögert wird: Die Klausel erfaßt nur die Hafenarbeiter, nicht aber Transportarbeiter oder gar Bergleute oder andere Arbeiter des Lieferwerks. Eine allgemeine Streikklausel gilt nur für den Bereich der eigentlichen Ladearbeiten; die Verpflichtung des Befrachters, die Ladung verschiffungsbereit zu halten, bleibt unberührt[153].

Wenn also infolge eines Streiks von (in der Klausel nicht aufgeführten) Fuhrleuten oder Eisenbahnarbeitern eine Verzögerung bei der Abfertigung der löschenden Schiffe eintritt und deshalb Neuaufkommer keinen Liegeplatz erhalten, findet die Streikklausel keine Anwendung[154]; es liegt nur eine mittelbare Behinderung vor. Nichts anderes gilt, wenn durch einen schwebenden oder bereits beendeten Streik der Transportarbeiter die Lieferung der Ladung verzögert wird.

Die Streikklauseln können einen weiteren Geltungsbereich vorschreiben und den Befrachter auch von solchen Streiks entlasten, die außerhalb des Hafens auftreten und die Beladung nur mittelbar beeinflussen. Dies gilt z. B. dann, wenn die Klausel ausdrücklich alle Streiks ausschließt, die sich auf den Befrachter direkt oder indirekt auswirken[155].

Gleichgültig ist, ob es sich bei den Streikenden um eigene Leute des Befrachters oder um fremde Arbeitskräfte handelt. Die Klausel gilt in beiden Fällen gleichermaßen, wenn nur die Streikenden zu den aufgeführten Arbeitergruppen gehören. Im Grundsatz ist es auch ohne Bedeutung, ob es sich um einen Angriffs- oder Abwehrstreik, um einen politischen oder Sympathiestreik handelt. Ebenso ist gleichgültig, ob der Streik anerkannt oder ungesetzlich ist[156]. Ein Streik liegt jedoch nicht vor, wenn die Arbeitseinstellung nur eine Folge von Beschwerlichkeiten, z. B. Regen, oder Gefahren, z. B. Luftangriff im Kriege, ist[157].

b) Der Streik muß allgemein sein und alle Arbeitskräfte der in der Klausel genannten Gruppe erfassen. Der Befrachter kann sich nicht auf die Klausel berufen, wenn er sich anderweitig hätte Ersatzleute beschaffen

---

[151] S. oben Pixpinus 5.

[152] Carver, S. 440.

[153] Vgl. Queen's Bench Division Hansa 1959, 1048 und Court of Appeal Hansa 1960, 294.

[154] Carver, S. 440.

[155] S. z. B. oben Panstone 3.

[156] See- und Handelsgericht Kopenhagen Hansa 1953, 1339.

[157] Tiberg, S. 380 f.; Carver, S. 438 f.

können[158]. Streikt nur ein Teil der Arbeiter, kann der Befrachter nicht geltend machen, daß er infolge des Mangels an verbliebenen Arbeitskräften keine Leute habe einstellen können. Sog. Streikbrecher sind allerdings nicht zu berücksichtigen.

c) Der Befrachter kann sich auf den Streik nicht berufen, wenn er ihn (oder seine Folgen) durch angemessene und zumutbare Bemühungen hätte vermeiden oder beenden können[159]. Auch Zugeständnisse gegenüber den Streikenden können in bestimmten Grenzen zumutbar sein[160].

d) Die Tatsache des Streiks genügt für sich allein nicht zur Entlastung des Befrachters. Außerdem ist erforderlich, daß durch den Streik die Anlieferung der Ladung verhindert wird. Die Streikklausel kommt also nicht zum Zuge, wenn der Befrachter trotz des Streiks laden kann, weil z. B. Ersatzarbeitskräfte zur Verfügung stehen, oder wenn die Anlieferung der Ladung unabhängig vom Streik ohnehin nicht möglich ist, weil etwa die Ladung nicht verschiffungsbereit im Hafen liegt[161].

Der Streik (oder die Streikfolge) muß die alleinige Ursache der Behinderung sein. Sind zwei Möglichkeiten der Entlöschung vorhanden und die erste wegen des Streiks oder der Streikfolge, die zweite aber durch andere Ursachen ausgeschlossen, die vom Empfänger zu vertreten sind, so geht die Verzögerung zu Lasten des Empfängers, und die Liegezeit beginnt, sofern nur das Schiff selbst löschbereit ist[162].

Etwas anderes kann gelten, wenn die Klausel allgemein bestimmt, daß die Liegezeit während der Dauer eines Streiks nicht zählt.

Benennt der Befrachter, dem die Wahl zwischen mehreren Ladehäfen eingeräumt ist, einen Hafen, in dem Streik herrscht, obwohl er auch einen streikfreien Hafen hätte auswählen können, so darf er sich nicht auf die Streikklausel berufen[163].

e) Im Zweifel wird der Befrachter nur entlastet, wenn der Streik die Beladung unmittelbar verhindert. Ladungsstörungen, die sich lediglich als (mittelbare) Streikfolge darstellen, werden im Grundsatz nicht von der Streikklausel erfaßt[164].

Ist der Hafen infolge eines kürzlich beendeten Streiks überfüllt, so daß neu ankommende Schiffe keinen Ladeplatz erhalten, so liegt keine

---

[158] Capelle, S. 233.

[159] Vgl. (amerikan.) Schiedsgericht Hansa 1954, 1627. S. auch Tiberg, S. 365 f. und 382 f.

[160] Carver, S. 439 und 441. Abweichend Capelle, S. 233, und Tiberg, S. 382.

[161] Carver, S. 440 f.

[162] RG HGZ 1924, Nr. 156 (S. 272) und 1925, Nr. 21 (S. 31 f.); Hans. OLG HRZ 1923, Nr. 219 (Sp. 806). S. auch Tiberg, S. 382.

[163] Vgl. Carver, S. 440, für den Fall einer Zeitcharter.

[164] OLG Rostock Rspr. 22, 62; Schaps, § 573, A. 8, Note 2; Capelle, S. 233; Tiberg, S. 384 f.

unmittelbare Streikbehinderung, sondern lediglich eine mittelbare Behinderung bei der Einnahme des Liegeplatzes vor[165].

Mangels entgegenstehender Vorschrift wirkt die Streikklausel nur solange, wie der Streik tatsächlich andauert. Nach dem Ende des Streiks beginnt die Ladezeit sofort zu zählen bzw. zählt weiter, auch wenn die Auswirkungen des Streiks sein Ende überdauern und die Beladung nicht umgehend aufgenommen oder fortgesetzt werden kann. Auch eine solche Verzögerung ist lediglich eine Streikfolge[166].

Die Klauseln können allerdings vorschreiben, daß der Befrachter auch dann entlastet sein soll, wenn die Verzögerung nur mittelbar durch einen Streik verursacht worden ist. Diese Erweiterung kann ausdrücklich bestimmt sein[167]. Es genügt aber auch, wenn der Wortlaut im ganzen erkennen läßt, daß die Streikklausel auch für solche Störungen gelten soll, die nur mittelbar auf einen Streik zurückzuführen sind[168].

Bei entsprechend weiter Fassung der Klausel wird der Empfänger auch dann von der Haftung befreit, wenn der Hafen wegen eines kürzlich beendeten Eisenbahnerstreiks so überfüllt ist, daß der Beginn der Entlöschung verzögert wird[169].

f) Zusammenfassend ergibt sich für die Auslegung der oben behandelten befrachtergünstigen Streikklauseln: Soweit nichts anderes bestimmt ist, wird der Befrachter nur dann entlastet, wenn der Streik die in der Klausel benannten Arbeitskräfte erfaßt und wenn er allgemein und für den Befrachter unvermeidbar ist; der Streik muß die Beladung tatsächlich verhindern und die alleinige Ursache der Störung sein; er muß noch andauern und die Beladung unmittelbar behindern oder verzögern.

---

[165] Tiberg, S. 384 f.

Hamb. Schiedsgericht HRZ 1923, Nr. 154 (Sp. 537 ff.) und Hans. OLG HRZ 1926, Nr. 92 (Sp. 261): Die folgende (eng auszulegende) Klausel entlastet den Empfänger nicht: "In case of strikes .. which prevent or delay the discharging, such time is not to count."

[166] Vgl. aber die bei Capelle, S. 233, zitierte abweichende Entscheidung des norwegischen Höchstgerichts ND 1916, 433 ff.

[167] S. die oben abgedruckte Klausel Panstone 3.

[168] Nach Hans. OLG HRZ 1924, Nr. 160 (Sp. 502 f.) und RG HGZ 1924, Nr. 156 (S. 271) = HRZ 1924, Nr. 293 (Sp. 942 f.) ist die folgende Klausel Deuterz 5 sehr weit auszulegen: „Weder die Reederei noch die Befrachter sind verantwortlich für die Folgen von Streiks und Aussperrungen, die die Erfüllung dieses Frachtvertrages verzögern oder verhindern."

[169] So RG und Hans. OLG in den in Anm. 168 zitierten Entscheidungen. Aus der allgemeinen Fassung von Deuterz 5 könne nicht entnommen werden, daß die Klausel nur für einen Streik gelte, der in die Löschzeit selbst fällt und den Löschhafen unmittelbar betrifft. Es genüge vielmehr jeder Streik, dessen Folgen eine Verzögerung der Löschung verursachen würden.

### *III. Andere Streikklauseln*

1. Die behandelten Klauseln bringen vielfach eine übermäßige Belastung des Verfrachters mit sich: Das Schiff muß, auch wenn ein Streik ungewöhnlich lange andauert, ohne Anspruch auf Vergütung liegen bleiben. Verschiedene Streikklauseln tragen dieser Gefahr Rechnung, indem sie das Streikrisiko zwar grundsätzlich beim Verfrachter belassen, ihm jedoch nach einer bestimmten Wartezeit die Möglichkeit des Rücktritts vom Vertrage einräumen: Der Verfrachter kann sich also vom Vertrage lösen, wenn er einen langwierigen Streik befürchten muß und die vereinbarte Fracht in keinem Verhältnis zum drohenden Zeitverlust steht.

So enthält Russwood 9 im Absatz (a) dieselbe allgemeine Vorschrift wie Pixpinus 5[170], mit der das Streikrisiko sowohl im Lade- als auch im Löschhafen auf den Verfrachter abgewälzt wird: Die Liegezeit kann nicht beginnen, wenn die Ladung infolge eines Streiks oder einer Aussperrung von Arbeitern, die beim Laden oder Löschen notwendig sind, nicht verladen oder gelöscht werden kann. In den weiteren Absätzen (b) bis (d) schränkt Russwood 9 das Risiko des Verfrachters jedoch ein, allerdings nur bei einem Streik im Ladehafen. Gemäß Absatz (b) hat der Verfrachter, wenn das Schiff bereit ist, die Reise zum Ladehafen anzutreten und dort ein Streik (oder eine Aussperrung) besteht, nach einer Wartezeit von drei Tagen die Wahl, das Schiff gleichwohl zum Ladehafen zu schicken oder vom Frachtvertrag zurückzutreten. Absatz (c) behandelt den Fall eines Streiks bei oder nach Ankunft des Schiffes im Ladehafen und vor Beginn der Beladung; hier kann der Verfrachter nach einer Wartezeit von sechs Tagen von dem Wahlrecht Gebrauch machen, zurückzutreten oder das Streikende abzuwarten. Absatz (d) regelt schließlich den Fall, daß ein Streik während der Beladung einsetzt. — Für den Löschhafen sieht die Klausel keine entsprechenden Sonderbestimmungen vor; das Streikrisiko wird im vollen Maße vom Verfrachter getragen[171]. Es liegt nahe, daß der Verfrachter vielfach sein Rücktrittsrecht dazu benutzt, um den Befrachter zu einer (evtl. teilweisen) Anrechnung der Streikzeit auf die Liegezeit zu bewegen: Er kündigt nämlich einerseits

---

[170] Lediglich der letzte Satz von Pixpinus 5 fehlt in Russwood 9 (a).

[171] Baltwood 9, Nubaltwood 9 und Scanfin 8 lauten fast ebenso wie Russwood 9. — Pitwoodcon 8 (a) stimmt mit Pixpinus 5 überein; die weiteren Absätze (b) und (c) lauten ähnlich wie Russwood 9 (c) und (d). — Propcon 8 (a) und Contwood 9 (a) lauten ebenso wie Pixpinus 5; die weiteren Absätze (b) bis (d) weichen nur wenig von den gleichnamigen Absätzen in Russwood 9 ab; außerdem enthalten Propcon 8 und Contwood 9 aber noch einen Absatz (e), der weitgehend dem letzten Absatz der General Strike Clause (s. die folgende Anmerkung) gleicht. Die deutsche Streikklausel Papierholzcharter 19 deckt sich weitgehend, insb. auch in den Absätzen (b) bis (d), mit Russwood 9.

im voraus seinen Rücktritt an, erklärt sich aber anderseits bereit, das Streikende abzuwarten, wenn der Befrachter diese Zeit als Liegezeit gelten läßt. Der Befrachter wird sich dann für die zweite Alternative entscheiden, wenn er ein baldiges Streikende erwartet oder befürchten muß, daß er ein Ersatzschiff nur zu ungünstigeren Bedingungen bekommen kann.

2. Diese praktische Überlegung ist in der General Strike Clause (Anhang zur Gencon-Charter)[172] zur ausdrücklichen Bestimmung erhoben worden[173].

---

[172] Die deutsche Übersetzung (Allgemeine Streikklausel in der Deutgencon-Charter) lautet: „Weder die Befrachter noch die Reederei sind für Folgen etwaiger Streiks oder Aussperrungen verantwortlich, die die Erfüllung irgendwelcher unter diesem Vertrag bestehender Verpflichtungen verhindern oder verzögern.

Wenn zur Zeit der Abfahrtsbereitschaft des Schiffes von dem letzten Hafen nach dem Ladehafen oder zu irgendeiner Zeit während der Reise nach dem Ladehafen oder den Ladehäfen oder nach Ankunft des Schiffes dortselbst ein Streik oder eine Aussperrung besteht, welche die Einnahme der Ladung beeinträchtigt, kann der Kapitän oder die Reederei die Befrachter auffordern zu erklären, daß sie damit einverstanden sind, die Liegetage zu berechnen, als ob kein Streik und keine Aussperrung bestände. Wenn die Befrachter eine solche schriftliche Erklärung (wenn nötig, telegraphisch) nicht innerhalb 24 Stunden abgegeben haben, so hat die Reederei das Recht, diesen Vertrag aufzuheben. Wenn bereits eine Teilladung eingenommen ist, muß die Reederei diese befördern (Fracht zahlbar nur auf die geladene Menge) und hat das Recht, auf dem Wege andere Ladung für eigene Rechnung beizuladen.

Wenn Streik oder Aussperrung, durch welche die Entlöschung der Ladung beeinträchtigt wird, bei oder nach Ankunft des Schiffes in oder vor dem Löschhafen besteht und nicht innerhalb 48 Stunden beigelegt ist, haben die Empfänger die Wahl, das Schiff gegen Zahlung des halben Liegegeldes nach Ablauf der für die Entlöschung vorgesehenen Zeit solange liegen zu lassen, bis der Streik oder die Aussperrung beendet ist, oder das Schiff nach einem sicheren Hafen zu beordern, wo es sicher und ohne Streik- oder Aussperrungsgefahr löschen kann. Hierüber haben sich die Empfänger innerhalb 48 Stunden zu erklären, nachdem der Kapitän oder die Reederei den Befrachtern mitgeteilt hat, daß Streik oder Aussperrung die Entlöschung beeinträchtigt. Bei Auslieferung der Ladung in solchem Hafen finden alle Bedingungen dieses Frachtvertrages und des Konnossementes Anwendung, und das Schiff hat die gleiche Fracht zu erhalten, als ob es die Ladung in dem ursprünglichen Bestimmungshafen gelöscht hätte. Wenn die Entfernung des Ersatzhafens 100 sml. übersteigt, ist die Fracht für die in dem Ersatzhafen ausgelieferte Ladung im Verhältnis zu erhöhen.

[173] Die General Strike Clause ist auch Teil der Baltpulp-Charter und stimmt mit Saltcon 17 überein.

Weitgehende Ähnlichkeit mit der General Strike Clause hat die Streikklausel in Scancon 13. Die Sonderregelung des zweiten Absatzes gilt jedoch nicht nur für einen Streik bzw. Aussperrung, der die Einnahme der Ladung beeinträchtigt, sondern weitgehend für "a strike or lock-out preventing or delaying the production or the transport of the goods to port of loading or affecting the loading

Der erste Absatz belastet in einer sehr weiten Fassung den Verfrachter mit Zeitverlusten, die die Folge eines Streiks (oder einer Aussperrung) darstellen. — Der zweite Absatz enthält eine Sonderregelung für den Ladehafen: Bei einem Streik vor Beginn der Beladung kann der Verfrachter ohne Wartezeit den Befrachter zu einer Erklärung binnen 24 Stunden darüber auffordern, ob er die Ladezeit so gegen sich gelten lassen will, als ob kein Streik bestünde. Erklärt sich der Befrachter einverstanden, beginnt die Ladezeit ohne Rücksicht auf den Streik mit der Ladebereitschaft des Schiffes. Antwortet der Befrachter nicht oder nicht rechtzeitig oder lehnt er ab, beginnt die Ladezeit nicht vor dem Streikende, es sei denn, daß der Befrachter die Ladung trotz des Streiks anliefern kann; der Verfrachter ist aber zur Aufhebung des Vertrages berechtigt. Dieser Rücktritt hat aber in jedem Fall die erwähnte Aufforderung an den Befrachter und den Ablauf der 24stündigen Erklärungsfrist zur Voraussetzung.

Die General Strike Clause trifft im dritten Absatz auch für den Löschhafen eine Sonderregelung. Die ersten 48 Stunden nach Ankunft des Schiffes gehen zwar in jedem Fall zu Lasten des Schiffes, wenn ein Streik (bzw. eine Aussperrung) die Entlöschung beeinträchtigt[174]. Im übrigen kann der Verfrachter aber die Empfänger unter Hinweis auf die Behinderung zu einer Erklärung innerhalb 48 Stunden darüber auffordern, ob das Schiff im Hafen bleiben oder einen anderen sicheren Hafen anlaufen soll. Im ersten Fall beginnt die Löschzeit nach Ablauf der genannten 48 Stunden[175]; für die anschließende Überliegezeit braucht

of the cargo or any part of it". Ähnlichkeit mit der General Strike Clause hat auch Britcont 8; die Klausel enthält allerdings im dritten Absatz eine Sonderregelung für den Fall, daß vor Beginn der Beladung ein Streik im Löschhafen besteht; der Streik im Löschhafen nach Antritt der Reise dorthin ist dagegen nicht behandelt. — Große Ähnlichkeit mit der General Strike Clause hat weiter Hydrocharter 10.

Deutholzneu 11 (Laden) stimmt weitgehend mit Absatz 2 der Allgemeinen Streikklausel überein, verlängert jedoch die dem Befrachter zustehende Erklärungsfrist auf 48 Stunden; Deutholzneu 11 (Löschen) lautet fast ebenso wie Absatz 3 der Allgemeinen Streikklausel. — Deuterzneu 5 räumt beiden Parteien bei einem Streik im Ladehafen unter bestimmten Voraussetzungen ein Rücktrittsrecht ein; vgl. im übrigen die unten Anm. 211 abgedruckte Generalklausel aus Deuterzneu 5.

[174] Vgl. den in Hansa 1951, 1810 geschilderten Streitfall.

[175] Die Nichtanrechnung der ersten 48 Stunden folgt nicht unmittelbar aus dem Wortlaut der Bestimmung. Nach Absatz 1 zählt aber die Streikzeit grundsätzlich nicht. Die Ausnahme gilt nur, wenn der Streik 48 Stunden überdauert. Also bleibt es während dieser ersten 48 Stunden bei der Regel. Hierbei darf es keinen Unterschied machen, ob der Streik 47 oder 49 Stunden nach der Ankunft des Schiffes endet. Auch im zweiten Fall können die ersten 48 Stunden nicht nachträglich angerechnet werden.

der Empfänger während der Dauer des Streiks allerdings nur halbes Liegegeld zu entrichten. Entscheidet sich der Empfänger für einen anderen Hafen[176], so beginnt die Liegezeit erst, nachdem hier die Voraussetzungen der Löschbereitschaft erfüllt sind. Übt der Empfänger sein Wahlrecht nicht fristgemäß aus, so geht es auf den Verfrachter über; vgl. § 264 Abs. 2 Satz 2 BGB.

3. Eine weitere Verbesserung zugunsten des Verfrachters enthalten die Baltcon Strike Rules (Coal) 1921[177]:

> "Rule 1. If a general strike exists affecting loading port before Vessel's arrival, Owners may give notice calling on Charterers to cancel Charter. Such cancelment to be declared by Charterers before Vessel leaves her last discharging port, or (where voyage to loading port normally exceeds 72 hours) then not less than 72 hours before expected time (as named by Owners) of Vessel's arrival at loading port. Should Charterers not cancel on Owner's notice they shall pay half demurrage for all time lost after arrival off loading port and notice thereof given, through strike up to 6 days, and afterwards full demurrage, credit being given for any time saved in loading and Charterers having further option during strike to cancel Charter on giving not less than 24 hours' notice and paying all demurrage due, with a minimum of 2 days at said half rate, unless Owners elect to perform Charter and charge no further Strike demurrage.
>
> Rule 2. If a strike exists at loading port on Vessel's arrival off port and Owners have not given notice under Rule 1 or commences thereafter, the first 48 hours thereby lost after such arrival and notice given or after the commencement of strike, if commencing after arrival, not to count for lay-time or demurrage. Thereafter Charterers to pay half demurrage for all further time lost through strike (whether Vessel has reached place of readiness or not) up to 6 days, and afterwards full demurrage, but if more than 48 hours be saved in loading, credit to be given for such excess over 48 hours. Charterers also to have option to cancel Charter on giving not less than 24 hours' notice, expiring at any time during strike not earlier than the termination of the first 48 hours lost, Charterers paying all demurrage due to date, unless Owners elect to perform Charter and charge no further strike demurrage.
>
> Rule 3. Should any cargo have been shipped before cancelment under

[176] Der vom Charterer benannte Ersatzhafen muß sicher, insb. eisfrei, sein und darf nicht völlig außerhalb des geplanten Reiseweges liegen; vgl. belgisches Schiedsgericht Hansa 1948, Nr. 16, S. 2.

[177] Diese Streikklauseln finden sich außer in der Baltcon-Charter auch in Polcon 26, Contcoal 27 und Germancon-North 25. — Die Regeln 1 bis 3 sowie 5 und 6 stimmen mit den entsprechenden Ziffern der Medcon Strike Rules überein, während die Regel 4 einige Abweichungen aufweist. — Die Regeln 2 und 3 der Baltcon Strike Rules haben weiter Ähnlichkeit mit der Streikklausel Aticol 8; daneben enthält Aticol 9 eine Spezialregelung für den Fall, daß vor Beginn der Beladung ein Streik im Löschhafen herrscht.

Rules 1 or 2, Owners to have option to deliver the same at destination on Charter conditions (freight pro rata on lump sum Charter) with liberty to complete at loading port or elsewhere for the same destination or any other port or to take same over at the f. o. b. market price of seven days before commencement of strike.
Rule 4. If a strike exists at discharging port on or after Vessel's arrival off port and is not settled within 48 hours, Owners have option to take over the cargo at the current market price at port of discharge less freight, but not for delivery at same port[178].
Rule 5. Notices and declarations to be by telegram or writing and to count from delivery in business hours, viz., between 9 a. m. and 5 p. m. Monday to Friday, both inclusive and 9 a. m. to noon Saturday, but a telegraphic declaration despatched within 24 hours of receipt of notice to be valid.
Saturdays from noon, Sundays and Legal Holidays to be excluded from the 48 hours in Rules 2 and 4 and from all periods of "24 hours" for notices and declarations.
Rule 6. Definitions, etc. — For the purposes of these Rules only: "Strike" means any strike, lock-out, dispute with workmen, riot, civil commotion, military restraint or other like cause beyond Charterers' or Receivers' control which prevents or delays the Vessel reaching her place of readiness or of loading or discharge or the working, leading, shipping or discharging of the cargo.
"General Strike" means a "strike" as above defined, but affecting the district or port and not confined to the particular colliery or collieries for which the Vessel is stemmed or intended to be stemmed, or the loading or shipping therefrom. A strike confined to the seamen and/or the trimmers and/or stevedores employed or to be employed by the Owners shall not entitle Owners to the benefit of these Rules.
"Last port of discharge" means any port or place from which Vessel is intended to proceed to her loading port, whether she discharges there or not.
Where the amount payable for demurrage on cancelment is in dispute it shall be sufficient for the Charterers or Consignees to pay the admitted amount and to deposit the disputed balance of the claim in bank in joint names to abide decision of amount payable.
Under Charter for voyages cancelment applies per voyage.
Cumulative hours not to accrue in respect of any time lost through strike."[179]

Noch günstiger für den Verfrachter ist die "Baltic Conference Special Strike Clause 1936"[180]. Danach wird der Befrachter bzw. Empfänger vollen Umfangs mit dem Streikrisiko belastet.

---

[178] Nach Rordam, S. 140, Note 5, ist die Rule 4 nur eine Ergänzung zu Baltcon 15 (abgedruckt unten J Ziff. 1); die Geltung dieser Generalklausel bleibt unberührt.

[179] Zur Auslegung der Baltcon Strike Rules vgl. Rordam, S. 76—82.

[180] Abgedruckt in Hansa 1956, 1292 sowie 1939, 1926.

## H. Verzögerungen der Verladebereitschaft

1. Der Befrachter muß grundsätzlich dafür einstehen, daß seine Ladung verschiffungsbereit liegt. Zufällige Hindernisse, die die Verladebereitschaft der Ladung verzögern, gehen zu Lasten des Befrachters und beeinflussen nicht den Ablauf der Liegezeit. Viele Charterklauseln verschieben aber auch hier die gesetzliche Risikoverteilung und belasten den Verfrachter mit Zeitverlusten, die im Bereich des Befrachters oder Abladers auftreten.

Im wesentlichen lassen sich vier Gruppen von Störungen unterscheiden, deren Risiko teilweise auf den Verfrachter übertragen wird: Verzögerungen beim Transport vom Ablader zum Verladeplatz; Verzögerungen bei der Herstellung oder Gewinnung der abzuladenden (Massen)Güter; zufälliger Untergang der Ladung; behördliche Eingriffe. Daneben erwähnen die Klauseln vielfach noch eine weitere Gruppe von Störungen, die zu gewissen Zeiten erhebliche praktische Bedeutung haben, nämlich allgemeine Unruhen und Krieg.

In den meisten Chartern werden diese verschiedenartigen Hindernisse nicht in gesonderten Spezialklauseln behandelt, sondern gemeinsam mit anderen Störungen in den sog. Generalklauseln[181] zusammengefaßt. In beiden Fällen gilt aber der allgemeine Grundsatz, daß Ausnahmebestimmungen eng auszulegen sind: Soweit die Klausel nichts anderes anordnet, wird der Befrachter nur dann entlastet, wenn er nachweist, daß die ausdrücklich benannte Störung im konkreten Fall die Verzögerung der Verladebereitschaft verursacht hat.

2. Verzögerungen beim Transport vom Ablader zum Verladeplatz können die verschiedensten Ursachen haben. Im Zweifel sind nur diejenigen Störungen aus dem Risiko des Befrachters ausgenommen, die in der Klausel ausdrücklich aufgeführt sind. In den Generalklauseln reicht die Skala der Ausnahmen von speziellen Hindernissen bis zu allgemeinen Tatbeständen:

> "obstructions on the Railway"[182],
> "accidents ... on railways"[183],
> "Partial or Total Stoppage on Rivers, Railways, or other means of transport"[184],
> "accidents, which prevent or delay the ... railway transit ... of the said Cargo"[185],

---

[181] S. hierzu unten Abschnitt J. Bei sämtlichen Haftungsausschlüssen der Generalklauseln sind die dort dargelegten einschränkenden Grundsätze und Auslegungsregeln zu beachten.

[182] Welsh Coal 3.

[183] Panstone 8.

[184] Necore 14.

[185] Welcon 4.

"accidents or hindrances ... preventing or delaying the ... forwarding from the works by rail or lighter ... of the said cargo"[186],

"accidents which prevent or delay the ... leading ... of the said Cargo"[187].

3. Teilweise hängt der Beginn der Liegezeit vom turn des Abladers oder der "colliery guarantee" ab; in Kohlen- und Erzchartern werden vielfach Ruhetage im Bergwerk von der Zeitzählung ausgenommen.

Darüberhinaus wird der Verfrachter häufig sogar mit zufälligen und unvorhersehbaren Störungen im Unternehmen des Abladers belastet. Die bedeutsamste und häufigste Störung, der Streik, insb. der Bergleute, wurde bereits oben behandelt.

Daneben können auch andere Hindernisse bei der Herstellung oder Gewinnung der abzuladenden Güter auftreten, mit denen der Verfrachter teilweise speziell, teilweise auch allgemein belastet wird:

"accidents at quarries, to machinery"[188],

"accidents at the mines, or to works, gantry, lift, or machinery"[189],

"accidents which prevent or delay the working ... of the said Cargo"[190].

4. Manche Chartern behandeln den Sonderfall, daß die zur Abladung bestimmten Güter durch Zufall untergehen. Dies gilt vor allem für Holzchartern: Ein Brand kann die Holzladung vor oder während des Transports zum Verladeplatz vernichten. Die Feuerklauseln in den Holzchartern gewähren dem Befrachter ein Rücktrittsrecht, wenn das zur Verladung bestimmte Holz durch Feuer zerstört wird oder ein Feuer in der Holzmühle die Lieferung und Fertigstellung der Ladung verhindert[191].

5. Viele Chartern enthalten eine allgemeine Klausel — die allerdings nicht speziell für die Liegezeit gilt — in der politische und behördliche Eingriffe aus dem beiderseitigen Risiko ausgenommen werden.

Baltcon 13: "The Act of God, the King's Enemies, Restraints of Princes and Rulers, or peoples, including interferences of Government Authorities or their officials, and Perils of the Seas shall be mutually excepted."[192]

---

[186] Phoscon 11.

[187] Coastcon 8.

[188] Panstone 8, Cemenco 6.

[189] Iron Ore (8) 7.

[190] Coastcon 8, Welcon 4.

[191] Baltwood 4, Russwood 4, Contwood 4, Nubaltwood 4; s. außerdem Newbelwood 5 und die deutsche Papierholzcharter 5. — Die Fire Clause in Baltpulp erweitert dieses Rücktrittsrecht noch auf den Fall, daß ein Feuer in der Holzmühle des Empfängers das Löschen der Ladung verhindert.

Deutholzneu 27 gewährt dem Befrachter ebenfalls ein Rücktrittsrecht, „wenn die für das Schiff bestimmte Ladung infolge höherer Gewalt, wie Feuer, Zerstörung und ähnlicher Ereignisse, nicht geladen werden kann".

[192] Ebenso Welsh Coal 6, Medcon 8, Coastcon 23, Welcon 20, Aticol 11. Ähnliche (aber ausführlichere) Klauseln sind Polcon 18, Contcoal 19, Pixpinus 7, Meditore 20, Necore 20.

Klauseln dieser Art sind zwar in erster Linie Freizeichnungen zugunsten des Verfrachters[193]. Auf Grund des wechselseitigen Ausschlusses kann sich aber auch der Befrachter auf sie berufen[194]. Dies gilt auch für die Berechnung der Liegezeit, soweit die Charter keine Spezialbestimmung enthält, welche die in der allgemeinen Klausel aufgeführte Störung im Rahmen der Regelung der Lade- oder Löschzeit besonders behandelt. Im Ergebnis führt der wechselseitige Haftungsausschluß dazu, daß das Risiko auf den Verfrachter übergeht[195]. Soweit also die allgemeine Klausel Anwendung findet, zählt diejenige Zeit, die durch eine der aufgeführten Ursachen verloren geht, nicht als Liegezeit.

Unter "restraint of Princes" sind Zwangsmaßnahmen der Behörden zu verstehen, die über das übliche und vorhersehbare Maß von Anordnungen und Eingriffen hinausgehen[196].

6. Schließlich werden in den meisten Chartern auch politische Störungen und Unruhen behandelt, und zwar regelmäßig in den Generalklauseln:

"civil commotions"[197], "riots"[198].

Necore 14[199] führt sogar eine breite Skala politischer Störungen und Eingriffe auf:

> "War, Rebellion, Tumults, Insurrections, Political Disturbances, Quarantine, Riots ... Intervention of Sanitary, Customs, and/or other constituted Authorities."

Die aufgeführten Hindernisse werden aus dem Risiko des Befrachters ausgenommen. Zeitverluste, die durch diese politischen Eingriffe und Störungen hervorgerufen werden, zählen im Geltungsbereich der Generalklauseln nicht als Liegezeit.

Wenn sich innerhalb einer Charter einzelne Störungstatbestände der in Ziff. 5 behandelten allgemeinen Klauseln mit denen der Generalklauseln decken, so geht die letztere Regelung nach dem Grundsatz der Spezialität vor, soweit es sich um die Berechnung der Liegezeit handelt.

---

[193] Eine Reihe vergleichbarer allgemeiner Klauseln behandelt ausdrücklich nur den Haftungsausschluß des Verfrachters; vgl. Baltwood 12, Russwood 12, Pitwoodcon 10, Propcon 10, Contwood 12, Centrocon 29, Aracon 12, Spanfrucon 22.

[194] Hans. OLG HGZ 1898, Nr. 55 (S. 135 f.) und RG HGZ 1899, Nr. 26 (S. 67 f.); Schaps, § 557, A. 12; Capelle HRGZ A 1932, Sp. 138 f.; Tiberg, S. 371 f. — Vgl. auch Pappenheim, S. 126 und Anm. 2.

[195] Vgl. hierzu oben G II Ziff. 1.

[196] Vgl. Tiberg, S. 378 f.

[197] Welcon 4, Baltcon 15, Coastcon 8 und 18 u. a.

[198] Welsh Coal 3, Baltcon 9 B, Polcon 6, Panstone 8 u. a.

[199] Ebenso Meditore 14.

American. Welsh Coal 3: ".. embargo or delay on the Railway or in the Dock .."

Zahlreiche Chartern enthalten besondere Kriegsklauseln, in denen unter bestimmten Voraussetzungen die Aufhebung des Vertrages vorgeschrieben oder den Parteien ein Rücktrittsrecht eingeräumt wird.

> Austral 28: "If the nation under whose flag the Vessel sails shall be at war whereby the free navigation of the Vessel is endangered, or in case of blockade of or prohibition of export from the loading port, this charter shall be null and void at the last outward port of delivery or at any subsequent period when the difficulty may arise, previous to cargo being shipped."[200]

Wie in den meisten Kriegsklauseln wird die Blockade des Ladehafens — hier außerdem auch ein Ausfuhrverbot in diesem Hafen — dem Kriegsfall gleichgestellt[201]. Die ausführlicheren Kriegsklauseln[202] sehen einen noch erheblich weiter gehenden Anwendungsbereich vor und gelten auch für

> "any blockade or any action which is announced as a blockade by any Government or by any belligerent or by any organised body, sabotage, piracy, and any war, hostilities, warlike operations, civil war, civil commotion, or revolution"[203],
>
> "if owing to ... the operation of international law, entry thereto or departure therefrom (= loading port) become in the Master's discretion dangerous or be prohibited, or
>
> if owing to or during any war, hostilities .. any cargo loaded or to be loaded under this contract of carriage become, or be declared to be, contraband, whether absolute or conditional, or liable to confiscation or detention, but only insofar as cargo so affected is concerned .."[204].

Mit der vorzeitigen Aufhebung des Vertrages ist der Verfrachter aus dem Kriegsrisiko entlassen. Bleibt der Vertrag aber bestehen, weil die Parteien von ihrem Rücktrittsrecht keinen Gebrauch machen oder die Kriegsgefahr erst nach dem Beginn der Beladung eintritt, so übertragen die Klauseln das Risiko weitgehend auf den Befrachter bzw. Empfän-

---

[200] Ebenso Austwheat 26, fast ebenso Centrocon 32 und Russcon 13. — Vielfach enthalten die Kriegsklauseln neben der abgedruckten Bestimmung eine weitere Vorschrift, durch die dem Schiff das Recht gegeben wird, den Anordnungen seiner Regierung bzw. Versicherungsgesellschaft Folge zu leisten; s. Russwood 14, Pitwoodcon 12, Spanfrucon 25; vgl. weiter Aticol 20, Scanfin 12, Newbelwood 27, Herrings 8 sowie die deutsche Papierholzcharter 21.

[201] Nur den Kriegsfall behandeln Germancon-North 24 und Pixpinus 8.

[202] S. die ausführliche Baltwar Clause in Contcoal 20, Orecon 21, Aracon 22 und Saltcon 18; die General War Clause in Gencon und Baltpulp; ähnliche ausführliche Kriegsklauseln in Polcon 25, Propcon 12, Contwood 14. Vgl. auch die "Voywar 1950", abgedruckt in Hansa 1950, 1319 f. S. die deutschsprachige Kriegsklausel in Deutholzneu 23.

[203] Polcon 25.

[204] Baltwar Clause.

ger[205]: Der Verfrachter kann die Ladung in einem anderen als dem vereinbarten Hafen löschen oder den Anordnungen seiner Regierung oder der Versicherungsgesellschaft, die Schiff und Ladung gegen das Kriegsrisiko versichert hat, folgen, ohne hierdurch seiner Ansprüche aus dem Frachtvertrag verlustig zu gehen; die Löschbereitschaft hat nicht zur Voraussetzung, daß das Schiff den Bestimmungshafen erreicht[202]. Die Kriegsklauseln haben insoweit eine gewisse Ähnlichkeit mit den oben beschriebenen Eisklauseln.

## J. Generalklauseln

1. In vielen Chartern finden sich die mehrfach erwähnten Generalklauseln. Sie zählen verschiedenartige Störungen und Hindernisse auf, die sämtlich aus dem Haftungsbereich des Befrachters (Empfängers) oder auch beider Parteien ausgenommen werden. Außerdem enthalten sie regelmäßig noch einen weitgehenden allgemeinen Haftungsausschluß, der im folgenden auch als Generalklausel i. e. S. bezeichnet wird.

> Polcon 6: "The parties hereto mutually exempt each other from all liability (except as under the Strike Rules) arising from or for time actually lost through riots, strikes, lock-outs of workmen, or disputes between masters and men, or by reason of accidents to mines, railways or machinery, obstructions in harbours (not including congestion of shipping or shore traffic) or by reason of frost, floods, fogs, storms, and any unavoidable accidents and hindrances beyond their control, either preventing or delaying the working or loading of the cargo for which the Vessel is stemmed taking place on or after the date of the Charter until the expiration of the loading time.
> But no detention shall be allowed for the time lost through any such causes unless due notice of such loss and the causes thereof be given immediately to the Master or the Owners.
> In the event of any stoppage or stoppages arising from any of these causes (other than a "strike" as defined in the Strike Rules), continuing for the period of 4 running days from the time of the Vessel being ready to load coal or coke or patent fuel for which she is stemmed, the Charter shall become null and void, provided that no cargo shall have been shipped on board the Vessel ..."[206]
> Coastcon 8: "Any time lost through strikes, lockouts, or stoppages of pitmen or workmen, or the consequences thereof (but exemptions through such consequences not to exceed 72 hours), civil commotions, frosts, floods, storms, bad weather, or accidents which prevent or delay the working, leading or loading of the said Cargo, not to count unless

[205] Die ausführlicheren Kriegsklauseln enthalten noch weitere den Verfrachter begünstigende Bestimmungen, die jedoch in keinem Zusammenhang mit der Frage der Lade- oder Löschbereitschaft stehen.

[206] Ebenso Contcoal 7 und Germancon-North 6; ähnlich Baltcon 9.

Vessel is already on demurrage. Demurrage not to accrue during any time the Vessel is withdrawn from Charterer's disposal for loading."[207]
Baltcon 15: "In case of strikes, lock-outs, civil commotions, accidents or any other causes beyond the control of the Consignees which prevent or delay the discharging, such time is not to count, unless the Vessel is already on demurrage."[208]

Necore 14: "Time lost by reason of all or any of the following causes, shall not be computed in the loading or discharging time, viz.: War, Rebellion, Tumults, Insurrections, Political Disturbances, Quarantine, Riots, Strikes or Lock-outs, stoppage of Ore miners, Ligthermen, Tugboatmen, or other hands essential to the Working, Carriage, Delivery, Shipment or Discharge of the said Cargo whether partial or general, or Accidents at Mines, Loading Place, Receiving Works or Wharf, Landslips, Floods, Frost or Snow, Intervention of Sanitary, Customs, and/or other constituted Authorities, Partial or Total Stoppage on Rivers, Railways, or other means of transport, or any cause of any kind whatsoever beyond the control of Charterers, Shippers, or Receivers respectively, exempting scarcity of trucks, provided that due notice is given at the time to the Master or Owners with full particulars to enable prompt investigation and verification to be made, and provided that the Steamer is not already on demurrage."[209]

Pitwoodcon 6: "..not count .. any time during which the loading may be prevented by floods, rain, frost, snow or tempest (when men will not work for the aforesaid reasons), or by any other cause beyond the control of the Shipper."[210]

Aracon 6: "Any detention in the loading and discharging caused by strikes, lock-outs, ice, floods, or quarantine shall not count as lay-time, unless the Vessel is already on demurrage."
Phoscon 11: "The parties hereto mutually exempt each other from all liability arising from frosts, fogs, storms, floods, strikes, lockouts of workmen, and any other unavoidable accidents or hindrances beyond their control, either preventing or delaying the working, forwarding from the works by rail or lighter, or shipping of the said cargo, or vessel's readiness, occurring on or after the date of this charter until the actual completion of the loading."[211]

---

[207] Fast ebenso, aber ohne die Streikfolgen, Aticol 6.

[208] Ebenso Polcon 12, Contcoal 14, Germancon-North 12; ähnlich Welsh Coal 7 und american. Welsh Coal 8 sowie Medcon 10.

[209] Fast ebenso Meditore 14. Sehr ähnlich auch Iron Ore (7) 5, allerdings ohne die Gegenausnahme für Wagenmangel und den Hinweis auf die erforderliche Anzeige an den Verfrachter; Iron Ore (7) 25 schafft aber für den Löschhafen eine Gegenausnahme: "Any time lost at discharging port owing to scarcity of wagons and/or labour is to be computed as lay days."

[210] Entsprechend für das Löschen Pitwoodcon 16.

[211] Vgl. auch die Generalklauseln Welsh Coal 3 und american. Welsh Coal 3, Medcon 4, Welcon 3, 4 und 16, Coastcon 18, Orecon 10, Centrocon 30, Cemenco

Die meisten Generalklauseln sagen ausdrücklich, daß beim Eintritt der aufgeführten Störungen die Liegezeit nicht zählt, der Verfrachter also das Risiko für solche Zeitverluste trägt. Nichts anderes gilt aber, wenn die Klausel die fraglichen Störungen wechselseitig aus dem Haftungsbereich beider Parteien ausnimmt. Für die Berechnung der Liegezeit bedeutet dies nämlich im Ergebnis, daß den Verfrachter die Gefahr des Zeitverlustes trifft[212]. Bei der oben abgedruckten Klausel Polcon 6 folgt dies im übrigen auch aus dem Wortlaut.

2. Die in den Generalklauseln aufgezählten verschiedenartigen Störungen lassen sich in bestimmte Gruppen unterteilen:

a) Natureinflüsse, wie z. B. Frost, Eis, Schnee, Flut, Sturm, Nebel, Regen und sonstiges schlechtes Wetter[213];

b) Streiks und Aussperrungen oder sonstige Streitigkeiten mit Arbeitern[214];

---

6, Panstone 8; weiter Iron Ore (8) 7, Newbelwood 4, Herrings 7 sowie die deutschsprachige Deutküst 9.

Africanphos 22: "Time shall not count during which discharging is hindered, delayed or stopped by reason of strikes, lock-outs, disturbances, requisitions, intervention of constituted authorities, quarantine, accidents, fire, floods, ice or other cases of force majeure. The same will apply to all delays caused by the vessel or her crew or by any other cause beyond the control of the Receivers."

In der Generalklausel Synacomex 7 werden ebenfalls "force majeure"-Hindernisse ausgenommen.

Kalicharter 17: „Wenn die Beladung des Schiffes verzögert oder unmöglich gemacht wird durch Betriebsstörungen in den Häfen oder bei der Bahn oder den Lägern des Befrachters durch Streiks, Aussperrungen, Feuer, Krieg, Verfügung von hoher Hand, Fälle von höherer Gewalt, so ist kein Überliegegeld zu bezahlen. Nach Ablauf von 10 Tagen haben bei Eintritt vorgenannter Ereignisse beide Teile das Recht, ohne gegenseitige Entschädigung zurückzutreten."

Deuterzneu 5: „Der Befrachter ist nicht verantwortlich (auch nicht hinsichtlich Liegezeit) für Fälle von höherer Gewalt, Feindeshandlungen, Verfügungen von hoher Hand, Streiks der Hafen- und/oder Gruben- und/oder Transportarbeiter und für die Folgen dieser Ereignisse, wodurch die Erfüllung dieses Frachtvertrages verzögert oder verhindert wird. Indessen soll die Reederei für diejenige Zeit, die der Dampfer im Ladehafen durch Streiks der Gruben- und/oder Transport-Arbeiter und/oder im Löschhafen durch Streiks in der Binnenschiffahrt und/oder Kahnmangel und/oder Leichtermangel und/oder Eisenbahnwagenmangel über die vereinbarte Liegezeit hinaus verliert, eine Entschädigung in Höhe des halben in diesem Frachtvertrage vereinbarten Liegegeldes vom Befrachter oder Empfänger erhalten. Diejenige Zeit, für welche die vorstehend vereinbarte Entschädigung in Höhe des halben Liegegeldes bezahlt wird, rechnet ebenfalls nicht als Liegezeit."

[212] Zur Begründung s. oben G II Ziff. 1; s. auch Capelle, S. 225, Note 112.

[213] Vgl. oben E Ziff. 4.

[214] Vgl. oben Abschnitt G.

c) sonstige Störungen beim Laden oder Löschen, z. B. "obstructions ... in harbours"[215], "breakdown of machinery or excavator which may hinder or detain the loading or discharging"[216];

d) behördliche Eingriffe, Zwangsmaßnahmen der Regierung, Beschlagnahmen[217];

e) politische Störungen, Aufruhr, Landfriedensbruch, Unruhen, Eingriffe feindlicher Mächte und Krieg[218];

f) Hindernisse und Störungen beim Transport vom Ablader zum Verladeplatz[219];

g) Hindernisse und Verzögerungen bei der Herstellung oder Gewinnung der Ladung[220].

Dieser Abgrenzung verschiedener Gruppen von Störungen kommt bei der Auslegung der Generalklauseln i. e. S., die in den folgenden Ziffern behandelt wird, erhebliche praktische Bedeutung zu. Die aufgeführten Gruppen lassen sich noch weiter unterteilen. Die Abgrenzung kann im übrigen auch nach anderen Maßstäben erfolgen, so insb. nach der in manchen Klauseln gebräuchlichen Unterscheidung: Herstellung, Transport und Verladung (working, leading and loading).

3. Die Generalklauseln i. e. S. erweitern den Haftungsausschluß zugunsten des Befrachters, indem sie im Anschluß an die ausdrücklich benannten Störungstatbestände allgemein auch irgendwelche anderen Ursachen, die sich dem Einfluß des Befrachters entziehen, aus seinem Haftungsbereich ausnehmen:

> "Any time lost through .. or accidents .. not to count."[221]
>
> ".. and any unavoidable accidents and hindrances beyond (the parties') control .."[222]

Diese Haftungsausschlüsse gehen zwar schon recht weit; sie erfassen aber noch nicht alle möglichen Störungsursachen, sondern gelten nur für "accidents"[223] (und "hindrances") im rechtstechnischen Sinne.

Die allgemeineren und typischen Generalklauseln i. e. S. lauten:

---

[215] Baltcon 9 B.

[216] Orecon 10.

[217] Vgl. oben H Ziff. 5 und 6.

[218] Vgl. oben H Ziff. 6.

[219] Vgl. oben H Ziff. 2.

[220] Vgl. oben H Ziff. 3.

[221] Welcon 4.

[222] Baltcon 9 B.

[223] "Accidents" sind Unfälle, die außerhalb des gewöhnlichen Geschehens liegen; darunter fallen keine Beeinträchtigungen durch das Wetter, ebenso keine mit Vorbedacht durchgeführten Maßnahmen, insb. von Behörden; vgl. Tiberg, S. 375 f.

"... or by any cause beyond the control of the Charterers or their Agents ..."[224],

"... or any other causes beyond the control of the Consignees ..."[225]

Die englische Rechtsprechung hat bei der Beurteilung dieser sehr weit gefaßten allgemeinen Haftungsausschlüsse eine einschränkende Auslegung entwickelt, die als eiusdem generis rule bezeichnet wird: Die Generalklausel i. e. S. erfaßt nur solche Störungstatbestände, die von derselben Art wie die vorher ausdrücklich benannten Hindernisse und Störungen sind[226]. Der Befrachter kann sich also trotz der weiten Fassung der Klausel (any other causes) nicht auf den Haftungsausschluß berufen, wenn die Verzögerung auf einer Störung beruht, die der Art nach nicht mit den ausdrücklich ausgenommenen Störungsursachen verwandt ist. Im einzelnen ist die Anwendung dieser eiusdem generis rule allerdings umstritten. So wird die Geltung der Regel teilweise davon abhängig gemacht, daß die in der Klausel benannten Störungen einer einheitlichen Gruppe (genus) angehören oder zumindest einen einheitlichen Charakter aufweisen. Daneben wird aber auch die Auffassung vertreten, daß die Regel ebenso gilt, wenn die beispielhaft aufgeführten Störungen zu verschiedenen Arten rechnen und erheblich voneinander abweichen[227].

Die eiusdem generis rule findet nach englischer Auffassung keine Anwendung, wenn die Generalklausel i. e. S. nach ihrem eindeutigen Wortlaut über den Rahmen der benannten Einzelfälle oder die damit umschriebene Art von Störungen hinausgehen soll[228]:

"... or any cause of any kind whatsoever beyond the control of Charterers ..."[229],

"... and any other unavoidable accident or hindrances of what kind soever, beyond Charterers control."[230],

"... or any accident or any cause whatsoever beyond the control of the charterer .."[231].

Ebenso gilt die eiusdem generis rule nicht, wenn der allgemeine Haftungsausschluß am Anfang der Klausel steht und anschließend einzelne oder mehrere Störungstatbestände beispielhaft aufgeführt werden; die Beispiele beeinflussen dann nicht den Geltungsbereich der Generalklausel i. e. S.[232]:

---

224 Panstone 8; fast ebenso Welsh Coal 3.

225 S. oben Baltcon 15 und Anm. 208 sowie Pitwoodcon 6 und Anm. 210.

226 Capelle, S. 227; Carver, S. 357; Tiberg, S. 387 f.

227 Vgl. Carver, S. 357—361.

228 Capelle, S. 227; Carver, S. 358 ff.; Tiberg, S. 388.

229 Necore 14.

230 Merseycon 10.

231 Zitiert nach Carver, S. 360.

232 Capelle HRGZ A 1932, Sp. 138; Carver, S. 360; Tiberg, S. 388.

"Should the vessel be detained by causes over which the charterers have no control, viz., quarantine, ice . . . lay days not to count."[233]

Für das deutsche Recht haben diese Grundsätze der eiusdem generis rule zwar keine Geltung[234]. Immerhin liegen ihnen aber dieselben Auslegungsregeln zugrunde, die auch im deutschen Recht Anwendung finden, daß nämlich Vertragsbestimmungen nach den erkennbaren oder mutmaßlichen Absichten und Vorstellungen der Vertragsparteien auszulegen sind. Die Grundsätze der eiusdem generis rule können also als mögliche Auslegungsergebnisse verwertet werden[235].

4. Die Generalklauseln sind als Ausnahmebestimmungen einschränkend und als Freizeichnungsklauseln im Zweifel gegen den Begünstigten, also den Befrachter oder Empfänger, auszulegen[236].

a) Der Befrachter kann sich auf den Haftungsausschluß nur berufen, wenn die ausgenommene Störung den Zeitverlust tatsächlich und unmittelbar verursacht hat[237]. Der Befrachter wird nicht entlastet, wenn er dem Hindernis mit üblichen und zumutbaren Maßnahmen hätte begegnen können[238].

b) Der Haftungsausschluß der Generalklausel gilt nur insoweit, als für die einzelne Störung keine Spezialregelung vorliegt. Enthält also die Charter eine Sonderklausel für den Streikfall, so ist die allgemeine Ausnahme im Rahmen der Spezialregelung aufgehoben[239]; die Generalklauseln schreiben die beschränkte Geltung der allgemeinen Streikausnahme teilweise sogar ausdrücklich vor ("except under the Strike

---

[233] Zitiert nach Carver a. a. O.

[234] Die anderen nichtenglischen Rechte halten sich ebenfalls nicht an diese englischen Auslegungsregeln gebunden, auch wenn es um die Beurteilung typisch englischer Generalklauseln geht. So vertritt die herrschende Auffassung in Skandinavien eine erheblich freiere Auslegung. Danach sind alle vorhergenannten Einzelstörungen bei der Auslegung des allgemeinen Haftungsausschlusses zu berücksichtigen. Je verschiedenartiger die aufgeführten Tatbestände sind, um so weiter reicht der allgemeine Haftungsausschluß. S. Tiberg, S. 389 f. — S. aber Capelle HRGZ A 1932, Sp. 137 f.

[235] Vgl. unten Ziff. 4 d.

[236] RG JW 1938, 1594 ff. u. H. a. RGZ 142, 353; Hans. OLG HRGZ 1936, Nr. 76 (Sp. 246). Vgl. Capelle HRGZ A 1932, Sp. 136 f.

[237] Capelle, S. 228; Rordam, S. 60 und 62 ff.; Tiberg, S. 355.

[238] Rordam, S. 63; Tiberg, S. 356 ff.

[239] Tiberg, S. 372: Eine Spezialklausel, die ausführlich den Einfluß eines Streiks im Ladehafen auf die Berechnung der Ladezeit regelt, ist möglicherweise dahin auszulegen, daß der allgemeine wechselseitige Haftungsausschluß für Streiks in einer Generalklausel — für die Frage der Liegezeit — bei Streiks im Löschhafen keine Anwendung findet. — Vgl. aber auch oben Anm. 178.

Rules"[240]). Entsprechende Fälle sind vor allem die Spezial-Eisklauseln und die Sonderregelungen für Platzmangel.

c) Der Geltungsbereich der Generalklauseln wird vielfach durch besondere Zusätze abgegrenzt. Danach zählt die Liegezeit nicht, wenn und soweit die aufgeführten Störungen bestimmte Tätigkeiten verhindern oder verzögern:

Die oben abgedruckte Klausel Pitwoodcon 6 gilt nur, soweit die genannten Störungen das Laden verhindern (time during which the loading may be prevented). Der Befrachter kann sich also nicht auf die Generalklausel berufen, wenn die aufgeführten Schlechtwetterstörungen Zeitverluste bei der Gewinnung oder dem Transport zum Verladeplatz hervorrufen.

Entsprechend beschränkt sich die Anwendung der ebenfalls oben abgedruckten Klausel Baltcon 15 auf eine Verhinderung oder Verzögerung beim Löschen[241]; für Störungen beim Abtransport, z. B. durch einen Streik der Transportarbeiter, gilt die Klausel dagegen nicht[242].

Dieselbe Einschränkung findet sich in verschiedenen Generalklauseln, die für das Laden und Löschen gleichermaßen gelten; so in der oben abgedruckten Aracon 6[243].

Diese Abgrenzung hat vor allem auch für die Generalklauseln i. e. S. erhebliche Bedeutung: Der allgemeine Haftungsausschluß reicht nicht über die aufgeführten Tätigkeitsbereiche hinaus. In den vorgenannten Klauseln sind die „anderen Ursachen" nur dann zugunsten des Befrachters ausgeschlossen, wenn sie das Laden bzw. Löschen behindern; Störungen bei der Gewinnung oder dem Transport der Ladung werden von der Klausel nicht erfaßt.

Diese Einschränkung auf das Laden oder Löschen gilt in manchen Klauseln allerdings nur für den allgemeinen Haftungsausschluß, während sich die ausdrücklich aufgeführten Störungen auch auf die Gewinnung oder den Transport der Ladung beziehen. So heißt es in Panstone 8 u. a.:

> "Any time lost . . . by accidents at quarries . . or on railways . . or by any cause beyond the control . . . which may impede the ordinary loading and/or discharging . . . shall not be computed . ."

Der einschränkende Relativsatz bezieht sich hier erkennbar nur auf die Generalklausel i. e. S.; bei den Einzelstörungen ist dagegen von Hindernissen im Steinbruch oder bei der Eisenbahn die Rede.

Allgemein ist festzustellen, daß die Ausnahmebestimmungen zugunsten

---

[240] Baltcon 9 B und die oben abgedruckte Klausel Polcon 6 sowie die übereinstimmenden Contcoal 7 und Germancon-North 6.

[241] Vgl. auch die oben in Anm. 208 aufgeführten Klauseln.

[242] Rordam, S. 59, Note 12, und S. 139. — Dasselbe gilt für Coastcon 18 und Welcon 16.

[243] Dasselbe gilt für Orecon 10. Vgl. weiter Newbelwood 4.

des Befrachters im Zweifel nur für Hindernisse bei der unmittelbaren Beladung, nicht dagegen für Schwierigkeiten bei der Gewinnung oder Beschaffung der Ladung oder ihrem Transport an den Verladeplatz gelten[244]. Die Verpflichtung des Charterers, die Ladung verschiffungsbereit zu halten, bleibt also grundsätzlich unberührt[245].

Gegenüber diesen Generalklauseln mit engerem Geltungsbereich finden sich allerdings zahlreiche andere Klauseln, die ausdrücklich eine weitergehende Anwendung vorschreiben.

Nach Welsh Coal 3 wird die gesamte Zeit, die durch die aufgeführten Störungen verloren geht, nicht in die Ladezeit eingerechnet. Eine Begrenzung auf eine Behinderung bei der Beladung oder anderen Tätigkeitsbereichen ist nicht vorgesehen und auch nicht beabsichtigt. Die aufgeführten Störungen fallen nämlich teilweise in den Bereich des Kohlenbergwerks und auch des Transports. Daraus folgt, daß auch die Geltung der Generalklausel i. e. S. (any cause beyond the control of the Charterers) nicht auf Störungen bei der Beladung beschränkt werden kann.

Die oben abgedruckten Generalklauseln Polcon 6 und Coastcon 8 enthalten ebenfalls keine Beschränkung auf Störungen bei der Beladung. Die benannten Hindernisse gehören teilweise zum Bereich des Abladers (Bergwerk) oder des Bahntransports. Auch die Generalklausel i. e. S. in Coastcon 8 — die allerdings nur von "accidents" spricht — gilt ausdrücklich für den gesamten Bereich vom Abbau der Kohlen bis zur Verladung (working, leading or loading)[246]. Denselben weiten Anwendungsbereich schreiben Baltcon 9 B[247] und die oben abgedruckte Klausel Phoscon 11 für "any unavoidable accidents and hindrances" vor.

d) Der Geltungsbereich der Generalklauseln i. e. S. kann einmal dadurch eingeschränkt sein, daß anstelle der "causes" nur "accidents" ausgeschlossen werden. Zum anderen kann die Anwendung auf Störungen bei der Beladung bzw. der Entlöschung begrenzt sein.

Neben dem eigentlichen Text des allgemeinen Haftungsausschlusses sind für die Beurteilung des Geltungsbereichs auch die im einzelnen benannten Störungen zu berücksichtigen. Art und Umfang sowie etwaige Verschiedenartigkeit der aufgeführten Tatbestände können — parallel zur englischen eiusdem generis rule — zusammen mit dem weiteren Klauselinhalt als Anhaltspunkt für die Vorstellungen der Vertrags-

---

[244] Scrutton, S. 152 f.

[245] Carver, S. 427 ff.

[246] Ähnlich Welcon 4; dort wird jedoch das allgemeine "leading" durch die spezifizierte und zugleich einschränkende Wendung "railway transit" ersetzt.

[247] Nach Rordam, S. 65, fallen unter Baltcon 9 B auch behördliche Eingriffe (government restrictions). Der Befrachter (Importeur) wird selbst dann entlastet, wenn der Ablader von einem Hindernis durch höhere Gewalt betroffen wird; Rordam, S. 59.

parteien dienen, wenngleich hier im Hinblick auf den Formularcharakter der Bedingungen eine gewisse Vorsicht geboten ist.

Wenn die benannten Einzelstörungen einen einheitlichen Charakter aufweisen und sämtlich einer bestimmten Art von Störungen zugehören, wird auch ein folgender allgemeiner Haftungsausschluß den hiermit umgrenzten Rahmen nicht ohne weiteres sprengen; denn die Generalklausel i. e. S. ist regelmäßig nur ein Zusatz gegenüber der Einzelaufzählung, der verbleibende Lücken ausfüllen soll. Ein solcher Zusatz kann im Zweifel aber nicht den allgemeinen Ausschluß aller übrigen möglichen Störungen bewirken. Andernfalls wäre seine Bedeutung um ein Vielfaches größer als die der ausdrücklich aufgeführten Haftungsausschlüsse. Es erschiene unangemessen und unvernünftig, wenn eine Klausel umständlich eine Reihe von Störungen einer bestimmten Gruppe einzeln aufzählt und von der Haftung ausschließt und die weit größere Zahl der sonstigen verschiedenartigsten Tatbestände mit dem kurzen Zusatz „oder irgendwelche anderen Ursachen“ in die Regelung einbezieht. Unklarheiten, Mißverständnisse, Täuschungen wären die Folge.

Dies gilt um so mehr, als die Chartern regelmäßig für einige Arten von Störungen Sonderklauseln enthalten, so daß eine allgemeine Regelung aller möglichen Hindernisse und Störungen weder erforderlich noch möglich ist. Wenn aber die Generalklausel ohnehin nur für die verbliebenen nicht besonders geregelten Störungen gelten kann, so muß der Anwendungsbereich deutlich herausgestellt werden. Hierbei ist noch zu bedenken, daß die erwähnten Sonderregelungen wenig übersichtlich in den Chartern verstreut sind, so daß der Restbereich nicht leicht und schnell festzustellen ist.

Wenn also die Klausel nur eine einzige Art von Störungen aufführt, so ändert im Zweifel auch ein anschließender allgemeiner Haftungsausschluß nichts an der Begrenzung auf die beschriebene Art; Störungen, die nicht zu der aufgeführten Gruppe gehören, bleiben unberührt. Anderseits bewirkt der allgemeine Zusatz aber, daß alle etwaigen Störungen, die zu dieser Gruppe rechnen, ausgeschlossen sind, ohne daß es noch auf eine spezielle Ähnlichkeit mit einem ausdrücklich benannten Einzeltatbestand ankommt. Die Aufzählung mehrerer der Art nach verwandter Störungen mit dem anschließenden allgemeinen Zusatz hat also die Bedeutung der Umschreibung einer bestimmten Störungsart[248]. Dabei kann es sich — je nach der Skala der aufgeführten Störungen — um eine kleine Gruppe nah verwandter oder auch um eine größere Art entfernt verwandter Störungen handeln.

Die oben abgedruckte Klausel Pitwoodcon 6 führt verschiedene Störungen auf, die sich sämtlich unter der Bezeichnung Natureinflüsse zusam-

[248] Ähnlich Tiberg, S. 388 und Note 5.

menfassen lassen. Auf Grund des allgemeinen Zusatzes gilt die Klausel über die benannten Tatbestände hinaus für alle Fälle, in denen widrige Natureinflüsse das Laden verhindern. Der allgemeine Ausschluß am Ende der Klausel erfaßt aber nicht andere Störungen bei der Beladung, wie etwa Streik, Platzmangel oder Schäden an den Verladeeinrichtungen.

Die weitaus meisten Generalklauseln enthalten jedoch Störungen verschiedener Art. Eine Begrenzung des allgemeinen Haftungsausschlusses auf eine bestimmte Gruppe von Hindernissen ist also nicht möglich. Trotzdem können auch hier die Grundüberlegungen der eiusdem generis rule bei der Auslegung des allgemeinen Haftungsausschlusses herangezogen werden. Auch wenn die in der Klausel aufgeführten Störungen verschiedenartig sind, besagt der Zusatz „und andere Ursachen" nicht notwendig, daß hiermit sämtliche übrigen möglichen Störungen erfaßt werden.

Will der Befrachter das Risiko für alle möglichen Hindernisse und Störungen dem Verfrachter aufbürden, muß die Klausel dies in unmißverständlicher Weise herausstellen. Dies ist der Fall, wenn der allgemeine Haftungsausschluß am Anfang der Klausel steht und die im Anschluß genannten Einzeltatbestände ausdrücklich als Beispiele bezeichnet werden[249]. Es mag auch genügen, wenn der Zusatz am Schluß der Klausel ausdrücklich hervorhebt, daß „alle sonstigen Störungsursachen gleich welcher Art" ausgeschlossen sein sollen[250].

Wird die unbegrenzte Geltung des Haftungsausschlusses nicht in dieser Weise herausgestellt, kann der Zusatz „und andere Ursachen" nur im Zusammenhang mit den vorher benannten Einzelstörungen beurteilt werden. Der enumerative Charakter der Klausel darf dann nicht unbeachtet bleiben, und es kann nicht gleichgültig sein, ob die Klausel eine Vielzahl verschiedenartiger Störungen enthält oder ob sie nur einen kleinen Teil der möglichen Tatbestände aufführt.

Eine weitreichende allgemeine Geltung kann der Zusatz am Schluß der Klausel nur dann beanspruchen, wenn die aufgeführten Störungen die verschiedenartigsten Bereiche betreffen und die Aufzählung erkennbar zumindest alle typischen Störungstatbestände erfassen will. Hier rundet der allgemeine Zusatz den weit gefaßten Rahmen ab und schließt die bei jeder Aufzählung unvermeidlichen Lücken.

Wenn aber die Generalklausel nur Störungen aus zwei oder drei verschiedenen Kategorien benennt und andere Gruppen von typischen Hindernissen unerwähnt läßt, bleibt der durch die Aufzählung begrenzte Rahmen der Klausel trotz des allgemeinen Zusatzes bestehen. Im Einzelfall kann der Geltungsbereich der Generalklausel i. e. S. nur nach dem

---

[249] S. oben Ziff. 3 zu Anm. 233.

[250] S. oben Ziff. 3 zu Anm. 229—231.

Umfang und der etwaigen Verschiedenartigkeit der aufgeführten Tatbestände bestimmt werden. Außerdem ist zu berücksichtigen, welche Hindernisse in der Charter durch Sonderklauseln geregelt sind. Allgemein verbindliche Auslegungsvorschriften werden sich deshalb kaum finden lassen.

Wenn die Klausel z. B. nur Tatbestände aus der Gruppe der Witterungseinflüsse und der Arbeitsstreitigkeiten enthält und danach noch „irgendwelche anderen Ursachen" ausschließt, so ist der Rahmen erkennbar eng gehalten. Die Klausel erfaßt dann keine technischen Unfälle oder behördlichen Eingriffe oder sonstigen Störungen, die aus anderen Bereichen als die benannten Hindernisse herrühren. — Die oben abgedruckte Klausel Baltcon 15 führt nur wenige typische Störungen auf und ergänzt die Aufzählung durch den Zusatz "accidents or any other causes"; dieser Haftungsausschluß gilt aber nicht für behördliche Maßnahmen oder für einen Mangel an Schuten oder Eisenbahnwaggons, durch welche die Abnahme der Ladung verzögert wird[251].

Anderseits ist für eine allgemeine Geltung der Generalklausel i. e. S. nicht zu fordern, daß sämtliche in Betracht kommenden Kategorien von Störungen in der Aufzählung erwähnt sind. Ebenso setzt die Anwendung des allgemeinen Haftungsausschlusses nicht voraus, daß die Störung, auf die sich der Befrachter bzw. Empfänger berufen will, eine gewisse Ähnlichkeit mit einem der benannten Tatbestände aufweist.

Zusammenfassend ergibt sich, daß die allzu engen Auslegungsgrundsätze der englischen eiusdem generis rule nicht anzuwenden sind; der Zusatz, der der Einzelaufzählung folgt, stellt vielmehr einen — je nach seinem Wortlaut und dem Umfang der aufgeführten Störungen — mehr oder weniger weitreichenden allgemeinen Haftungsausschluß dar. Wenn aber die im Vordergrund stehende Aufzählung der einzelnen Tatbestände erkennbar begrenzt ist und nur einen kleinen Teil der verschiedenen Kategorien von Störungen erwähnt, kommt auch dem folgenden allge-

---

[251] Die Klausel erfaßt auch keine Streikfolgen; Hamb. Schiedsgericht HRZ 1923, Nr. 154 (Sp. 537 f.).

Nach Rordam, S. 143 f., ist Baltcon 15 weit auszulegen und gilt auch für behördliche Maßnahmen und Wetterstörungen. Auf schlechtes Wetter kann sich der Empfänger aber nur berufen, wenn die Löschung überhaupt unmöglich gemacht wird, Rordam, S. 143. Stellen allerdings die Arbeiter wegen des schlechten Wetters ihre Tätigkeit ein, so kommt es nicht auf die Schwere des Unwetters an; denn die Hinderung besteht dann nicht im schlechten Wetter, sondern in der Weigerung der Arbeiter und entlastet den Empfänger in jedem Fall, Rordam, S. 143 f. — Rordam, S. 139 f., will — gegen die von ihm S. 139, Note 4 zitierten skandinavischen Entscheidungen — den Empfänger bei einem Mangel an Arbeitskräften entlasten, wenn sich der Empfänger bei den zuständigen Arbeitszentralen vergeblich um Arbeiter bemüht hat.

meinen Zusatz nur eine eingeschränkte Bedeutung zu, und der Haftungsausschluß gilt nicht für solche Arten von Hindernissen, die außerhalb des durch die Einzelaufzählung geschaffenen Rahmens liegen.

5. Die Generalklauseln stellen eine sehr weitgehende Belastung des Verfrachters dar. Vielfach werden deshalb besondere Voraussetzungen aufgestellt oder Einschränkungen und Ausnahmen eingeschoben, um das Risiko des Verfrachters nicht unbegrenzt wachsen zu lassen.

a) Die oben abgedruckte Klausel Polcon 6 schreibt ausdrücklich vor, daß der Befrachter den Kapitän oder Reeder unverzüglich über etwaige Zeitverluste und ihre Ursachen unterrichten muß; andernfalls kann sich der Befrachter nicht auf den Haftungsausschluß berufen[252]. — Die ebenfalls abgedruckte Klausel Necore 14 weist noch besonders darauf hin, daß die erforderliche Anzeige an den Kapitän oder Reeder genaue Einzelheiten enthalten muß, damit der Verfrachter oder sein Vertreter die Begründetheit der Anzeige umgehend überprüfen kann.

b) Nach Baltcon 9 B ist erforderlich, daß das Hindernis bei Vertragsschluß unvorhersehbar war und daß sich die Möglichkeiten zur Verschiffung der Ladung seit Abschluß des Frachtvertrages tatsächlich für den Befrachter verschlechtert haben[253].

c) Nach der oben abgedruckten Klausel Polcon 6 wird der Frachtvertrag unwirksam, wenn die dort aufgeführten Störungen vom Zeitpunkt der Ladebereitschaft des Schiffes gerechnet vier laufende Tage andauern. — Meditore 21 gibt dem Verfrachter ein Rücktrittsrecht, wenn die Beladung durch eine der ausgeschlossenen Störungen[254] verhindert wird und seit der Ankunft des Schiffes sieben Tage vergangen sind, ohne daß auch nur ein Teil der Ladung verschifft ist[255]. Manche Chartern geben ein solches Rücktrittsrecht nur bei einzelnen Störungstatbeständen:

> Phoscon 12: "Should Charterers elect to forward the goods from the interior to the port of shipment by means of lighters through the waterways and should frost, floods or neaps set in and prevent or delay the lighters in reaching the port of shipment for more than three days, Owners shall have the option to cancel this charter ..."

d) In einzelnen Fällen wird der Haftungsausschluß zugunsten des Befrachters auf einen bestimmten Zeitraum beschränkt. In der oben abgedruckten Klausel Coastcon 8 werden Streiks und andere Arbeitsstreitigkeiten ausgeschlossen, außerdem auch die Folgen solcher Störungen; der Ausschluß für diese Folgen gilt jedoch nur für 72 Stunden.

---

[252] Ähnlich Welsh Coal 3 und american. Welsh Coal 3.

[253] Rordam, S. 59 f.

[254] S. die oben in Ziff. 1 abgedruckte Klausel Necore 14.

[255] S. auch das Rücktrittsrecht des Verfrachters in der oben Anm. 211 abgedruckten Kalicharter 17.

e) Schließlich sehen einzelne Chartern sogar eine Risikoverteilung unter den Parteien vor. Danach zählt zwar die Liegezeit während der Behinderung durch die ausgeschlossenen Störungen nicht; der Befrachter muß aber für die über die Dauer der Liegezeit hinausgehende Verzögerung ein Liegegeld in Höhe der Hälfte des vereinbarten Satzes zahlen[256].

6. Die meisten Generalklauseln enthalten am Schluß den Zusatz: "unless the Vessel is already on demurrage"[257].

Diese Bestimmung entspricht dem englischen Rechtssatz "once on demurrage, always on demurrage". Danach kann sich der Befrachter oder Empfänger nur bis zum Ablauf der Liegezeit auf etwaige Ausschlußklauseln zu seinen Gunsten berufen. Sobald die Lade- oder Löschzeit abgelaufen — das Schiff also "on demurrage" gekommen ist, geht jede zufällige Störung zu Lasten des Befrachters bzw. Empfängers, und evtl. Ausschlußklauseln finden insoweit keine Anwendung mehr; auch Sonn- und Feiertage und sonstige ausgenommene Zeiträume zählen als Liegezeit[258]. Dieser Grundsatz hat zwar für das deutsche Recht keine Geltung. Die Parteien können jedoch eine entsprechende Vereinbarung treffen. Enthält also eine Klausel den oben zitierten Zusatz, so wird die Anwendung der Ausschlußklausel im Sinne des beschriebenen englischen Rechtssatzes eingeschränkt.

Tritt die General- oder sonstige Ausschlußklausel an die Stelle der gesetzlichen Bestimmungen, weil die Charter die zugunsten des Befrachters ausgenommenen Störungen erkennbar abschließend regelt, so kann sich der Befrachter auch nicht hilfsweise auf § 573 Abs. 2 Ziff. 1 berufen: Die Klausel "unless already on demurrage" gilt dann für jedes zufällige Hindernis, das nach Ablauf der Liegezeit im Bereich des Befrachters eintritt[259].

Für die hier behandelte Frage des Beginns der Liegezeit hat der Grundsatz "once on demurrage, always on demurrage" kaum Bedeutung; denn er kommt erst nach Ablauf der Lade- bzw. Löschzeit zur Geltung. Immerhin kann diese Regel beim Beginn der Liegezeit im Löschhafen

---

[256] S. die oben in Anm. 211 abgedruckte Klausel Deuterzneu 5.

[257] S. z. B. die oben abgedruckten Klauseln Coastcon 8, Baltcon 15, Aracon 6; ebenso Welcon 4, Coastcon 18, Orecon 10; fast ebenso die oben abgedruckte Klausel Necore 14.

Deutholzneu 7 (für den Fall der Schlechtwetterbehinderung): "... es sei denn, daß das Schiff bereits auf Liegegeld liegt." Die oben in Anm. 211 aufgeführten deutschsprachigen Generalklauseln enthalten dagegen keine solche Bestimmung.

[258] S. Tiberg, S. 436 f.; Rordam, S. 137; Scrutton, S. 352.

[259] Im Ergebnis übereinstimmend Schwedisches Höchstgericht Hansa 1955, 1708 für die entsprechende Frage der hilfsweisen Anwendung der §§ 84 f. des schwedischen Seegesetzes.

Anwendung finden, wenn nämlich eine Gesamtzeit für das Laden und Löschen[260] oder eine Reversible-Klausel[261] vereinbart ist[262] und der Befrachter die volle Zeit schon im Ladehafen verbraucht hat; dann ist im Löschhafen der Beginn der Liegezeit mit dem der Überliegezeit identisch, und der genannte Grundsatz gilt auch für die Berechnung des Beginns dieser Liege- bzw. Überliegezeit.

---

[260] Baltcon 16 und Panstone 7: "The cargo to be loaded and discharged in ... running hours." Fast ebenso Coastcon 4, Welcon 5, Contwood 6 B, Scancon 9 B.

[261] Herrings 9: "Loading and discharging time reversible." S. weiter Phoscon 7, Hydrocharter 13.

Necore 12: "Charterers to have the right to average the time allowed for loading and discharging." Ebenso Meditore 12; fast ebenso Iron Ore (7) 9 und Iron Ore (8) 5.

Deuterzneu 7: „Lade- und Löschzeit ist gegeneinander zu verrechnen."

[262] Die Vereinbarung einer Gesamtzeit und die Reversible-Klausel sind allerdings nicht gleichzusetzen; Schiedsgericht HRGZ 1930, Nr. 41 (Sp. 116 f.); Hamburger Schiedsgericht HRGZ 1932, Nr. 69 (Sp. 248); Capelle, S. 218; Schutzverein Deutscher Rheder Hansa 1954, 1153; ausführlich Tiberg, S. 344 ff. — Bei der Reversible-Klausel bleibt es bei dem Grundsatz, daß Lade- und Löschzeit voneinander unabhängig und getrennt zu berechnen sind. Der Charterer hat lediglich das Recht, eine etwa im Ladehafen aufgelaufene Liegegeldforderung durch schnelleres Löschen wieder auszugleichen. — Bei konsequenter Handhabung der getrennten Berechnung bei der Reversible-Klausel kommt der Grundsatz "once on demurrage, always on demurrage" in keinem Fall zur Geltung, gleichgültig wieviel Zeit im Ladehafen verbraucht wurde; denn im Löschhafen beginnt in jedem Fall eine getrennt zu berechnende selbständige Löschzeit. Nach der abweichenden Auffassung von Schaps, § 568, A. 1 a, sind beide Arten von Klauseln gleichzusetzen.

Vgl. auch Queen's Bench Division in Hansa 1954, 999.

**Börsengesetz nebst Ausführungsbestimmungen**
auf der Grundlage des Kommentars von OSCAR MEYER. 4. Auflage, völlig neubearbeitet von Oberregierungsrat HEINZ BREMER. Oktav. XI, 451 Seiten. 1957. Ganzleinen DM 36,—
(SAMMLUNG GUTTENTAG 41)

**Die Anwendung des EWG-Vertrages auf Seeschiffahrt und Luftrecht.** Zur Auslegung des Art. 84 Abs. 2 des Vertrages. Von JÜRGEN ERDMENGER. Oktav. XII, 180 Seiten. 1962. Ganzleinen DM 28,—
(CRAM, DE GRUYTER & CO., HAMBURG)

**Das Abladegeschäft.** 4., völlig neu bearbeitete und erweiterte Auflage. Von Dr. HANS HAAGE. Oktav. XX, 238 Seiten. 1958. Ganzleinen DM 18,—
(CRAM, DE GRUYTER & CO., HAMBURG)

**Schiffsmakler-Kompaß.** 3., berichtigte und ergänzte Auflage. Zusammengestellt von Konsul F. GUIDO CAULIER-EIMBCKE. Oktav. 160 Seiten mit 3 Formularen und 5 Bildern auf 8 Kunstdrucktafeln. 1958. Halbleinen DM 9,80
(CRAM, DE GRUYTER & CO., HAMBURG)

**Grundriß des Sachenrechts bei Schiffen und Schiffsbauwerken.** Von HERBERT WOLFF. Groß-Oktav. 103 Seiten. 1949. Kartoniert DM 4,—
(CRAM, DE GRUYTER & CO., HAMBURG)

**Allgemeine Deutsche Seeversicherungs-Bedingungen / ADS / nebst Anhang Zusatzbestimmungen für die Güterversicherung** (1947). Im Jahre 1919 herausgegeben von den deutschen Seeversicherern nach Beratungen mit deutschen Handelskammern und Fachverbänden unter Vorsitz der Handelskammer Hamburg. 32.—34. Tausend. Berichtigter Abdruck. Oktav. 67 Seiten. 1960. DM 3,50
(CRAM, DE GRUYTER & CO., HAMBURG)

**General Rules of Marine Insurance.** 2., durchgesehene Auflage. Neudruck 1954. Oktav. 76 Seiten. Kartoniert DM 5,—
(CRAM, DE GRUYTER & CO., HAMBURG)

**Schiffahrtsrecht.** 2 Bände, herausgegeben von Rechtsanwalt Dr. WERNER VAHLDIEK (enthaltend Seerecht und Binnenschiffahrtsrecht). Oktav. XVI, 743 Seiten. 1953. Halbleinen DM 29,70
(ENTSCHEIDUNGEN DES REICHSGERICHTS IN ZIVILSACHEN, SAMMLUNG DER NOCH WICHTIGEN ENTSCHEIDUNGEN. GRUPPE III: HANDELSRECHT, NEBENGESETZE)

**Amtliche Liste der Seeschiffe** mit Unterscheidungssignalen, Funkrufzeichen der Bundesrepublik Deutschland als Anhang zum Internationalen Signalbuch, abgeschlossen am 15. 12. 1963 mit Nachtrag bis 31. 12. 1963, hrsg. vom Bundesministerium für Verkehr. Oktav. IV, 142 Seiten. 1964. Halbleinen DM 16,—

**Internationales Signalbuch 1931.** Amtliche Deutsche Ausgabe. Herausgegeben vom Bundesministerium für Verkehr, Bonn. Quart. Band I. SIGNALBUCH. 6. Auflage unter Berücksichtigung der bis zum 1. November 1956 eingetretenen Änderungen. VII, 789 Seiten mit 10 Flaggentafeln. 1957. Kaliko DM 64,—; Band II. FUNKVERKEHRSBUCH. 5. Auflage. Unter Berücksichtigung der bis zum 31. August 1957 eingetretenen Änderungen. XX, 1015 Seiten. 1958. Kaliko DM 76,—; Nachtrag zu I/II. 8 Seiten mit 2 Flaggentafeln. 1962. DM 5,—

**Die Seeversicherungs-Police.** Leitfaden für die Praxis der Güterversicherung nach den Allgemeinen Deutschen Seeversicherungsbedingungen. Von BERNHARD BECKER. Oktav. Etwa 240 Seiten. 1964. Ganzleinen DM 9,80
(CRAM, DE GRUYTER & CO., HAMBURG)

**Die Geschäftsbedingungen des Vereins zur Förderung des hamburgischen Handels mit Kolonialwaren und getrockneten Früchten.** (Waren-Verein der Hamburger Börse) 3., berichtigte Auflage von OTTO MATHIES und WALTER GRIMM. Oktav. XII, etwa 180 Seiten. 1964. Ganzleinen etwa DM 20,—
(CRAM, DE GRUYTER & CO., HAMBURG)

**Hafen Hamburg / Bildband.** Photographie JÜRGEN WIECHMANN. Text und Gestaltung CLAUS LAFRENZ. Quart. 2., erweiterte Auflage. 136 Seiten mit 121 Bildern auf 88 Tafeln. 1962. Ganzleinen DM 19,80
(CRAM, DE GRUYTER & CO., HAMBURG)

Kolibri 360 GmbH
Ferdinand-Jühlke-Straße 7
99095 Erfurt, Deutschland
produktsicherheit@kolibri360.de